이 도서의 국립중앙도서관
출판예정도서목록(CIP)은
서지정보유통지원시스템
홈페이지(http://seoji.nl.go.kr)와
국가자료종합목록 구축시스템
(http://kolis-net.nl.go.kr)에서
이용하실 수 있습니다.
CIP제어번호 : CIP2019024015

balanced
and barefoot

작업치료사가 전하는
아이의 미래를 바꾸는 놀이의 힘

놀이는
쓸데 있는
짓이다

목수책방
木水冊房

앤절라 핸스컴 지음
오필선 옮김

이 책을
조엘, 샬럿, 노아에게
바칩니다.

차례

008 서문

011 옮긴이의 글

017 들어가는 글

①
우리 아이는 왜 가만히 있지 못할까?

030 우리 아이가 치료를 받아야 할까?
033 우리 아이는 왜 집중하지 못할까?
036 우리 아이는 왜 이렇게 힘이 달릴까?
048 우리 아이는 왜 이렇게 자주 넘어지고 떨어질까? - 낙상
050 우리 아이는 왜 이렇게 감기를 달고 살까? - 질병
052 우리 아이는 왜 이렇게 공격적일까? - 공격성
054 우리 아이는 왜 읽기를 어려워할까? - 눈의 기능과 시각
057 우리 아이는 왜 감정이 격해질까?
062 우리 아이는 왜 놀이를 좋아하지 않을까? - 놀이 문화의 변화

②
신체와 감각

070 신체
088 감각
106 심리

③

놀이가 118 움직임 제한의 영향
답이다 136 활동적 자유 놀이
154 얼마나 놀아야 하나? – 연령별 적정 놀이 시간
156 우리 아이, 강하고 유능하게 키우려면

④

바깥 놀이의 161 왜 바깥이어야 할까?
치유 효과 170 자연의 치유 효과

⑤

안전을 201 안전 강박증의 실태
챙기려다 216 아이가 주도하는 놀이와 안전
놓치는 것들 225 바깥 놀이를 할 때 알아 두어야 할 안전 상식

⑥

놀이터의 233 놀이터의 딜레마
변화와 254 실내 놀이터
실내 놀이
공간의 문제점

⑦

**쉬는 시간과
교실 환경의
중요성**

264 쉬는 시간을 다시 생각한다
276 교실 환경을 다시 생각한다
288 어린이집에 대하여

⑧

**아기의
바깥 활동,
어떻게
시작할까?**

301 갓난아기, 자연에 눈뜨다
　　(생후 여섯 달까지)
315 자연 속의 아기
　　(7~12개월까지)
324 안 된다는 말 대신 해도 된다고 말하기

⑨

**아이가
잘 놀게
하려면?**

335 독립적 놀이의 장애물 걷어 내기
340 독립심과 창의성을 키우며 놀려면

359 추천 도서
361 참고 문헌
373 찾아보기

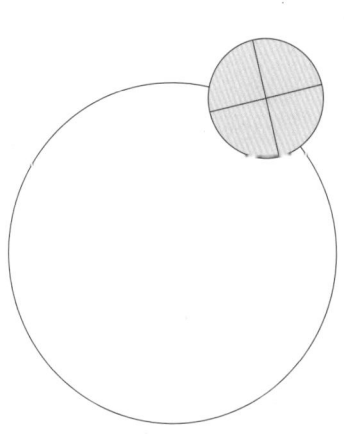

서문

최근 자연주의 운동이 새로이 전개되면서 기존의 자연보호와 지속가능성 논의는 물론, 아이들이 누려야 할 권리에도 각별한 관심이 쏟아지고 있다. 그 권리란 모든 아이는 몸과 마음의 건강, 학습능력과 창의력 향상 등 자연에서 오는 이점을 누릴 수 있어야 한다는 것이다. 그동안 자연주의 운동의 타당성을 뒷받침하는 근거로 인정받는 과학적 증거들도 점차 늘어났다. 이 분야에서는 비교적 새롭기는 해도(때늦은 감도 있지만), 모든 연구 결과들이 같은 방향을 가리키고 있다는 점에서 대부분의 증거들이 서로 연결되어 있다.

그 결과, 가족과 가족이 모여 아이들을 바깥으로 데리고 나간다. 북미를 비롯해 여러 나라의 도시와 주에서 캠페인이 등장하고, 지역 단체장들은 관련된 조치를 행정에 적극 반영하고 있다. 교육계에서는 교사들이 학교 텃밭을 일구고, 자연주의적 접근 방식을 지지한다. 정신건강 분야의 전문가들은 치료 기법에 자연의 요소를 도입한다. 의료 분야에서는 가족이 자연에서 시간을 많이 보내도록 처방하는 소아과 의사들이 점점 늘고 있다.

소아 작업치료사인 앤절라 핸스컴Angela Hanscom은 이 책에서 자연 놀이가 균형 잡힌 아동기를 위해 꼭 필요하다는 사실을 열정적으로 설파한다. 정확히 말하자면, 핸스컴은 자연 놀이가 만병통치약이라거나 여타 요법을 대체해야 한다기보다는 예방과 치료에서 강력한 요소가 될 수 있다고 주장한다. 그녀의 말대로 분명 자연 속에서 큰 효과를 보는 아이들이 있을 것이다. 오늘날에는 교실이나 집 밖에서 풍부한 감각 경험을 할 수 있는 기회를 놓치고 사는 아이들이 너무도 많다. 아이들이 감당할 만한 모험과 독립적이고 상상력을 자극하는 놀이는 신체의 건강뿐 아니라 자기주도적 성향을 키우기 위해서도 꼭 필요하다.

그러나 부모와 교사의 입장에서는 아이들이 밖에서 활동적으로 지낼 수 있도록 여건을 만들어 주는 일이 말처럼 간단하지 않다. 낯선 이에 대한 공포(그 공포가 합당한 지역도 있지만 그렇지 않은 곳도 있다)와 빈약한 도시 환경, 쉽게 가기 힘든 공원, 심화되어 가는 전자기기들의 지배 등이 그들의 간절한 바람을 가로막는다. 하지만 저자는 독자들이 그런 난관을 극복하고 아이들의 건강과 교육, 환경을 구축하는 데 참고할 만한 조언들을 이 책에 풍부하게 담았다. 부모와 교사, 의사와 작업치료사, 건축가와 놀이 공간 디자이너, 그리고 많은 분야의 사람들이 이 책에서 큰 영감을 받을 수 있으리라 기대한다.

균형을 전파하는 앤절라 핸스컴의 목소리가 강력하게 울려 퍼진다.

리처드 루브

리처드 루브Richard Louv는 저널리스트이자 《자연에서 멀어진 아이들Last Child in the Woods》(즐거운상상), 《지금 우리는 자연으로 간다The Nature Principle》(목수책방), 《비타민N Vitamin N》의 저자다. 사람과 자연을 잇는 단체인 '아동과 자연 네트워크Children and Nature Network'를 공동 설립했다. 〈뉴욕타임스〉와 〈워싱턴포스트〉를 비롯한 여러 매체에 글을 기고해 왔으며 NBC 방송의 '투데이'와 NPR의 '프레시에어'에도 출연하고 있다.

옮긴이의 글

아이의 밝은 미래를 원한다면 놀게 해 주세요

늦봄과 초여름의 경계에서 무료한 기운이 무르익던 5월 중순. 나는 4학년 아이들에 이끌려 학교와 접한 성미산으로 갔다. 우리는 접이식 톱 몇 개, 각자 싸온 과일과 매실물을 챙겨 가 전에 만들다 만 아지트에 돗자리를 폈다. 아지트라고 해 봐야 굵은 나무 둥치 사이에 부러진 잔가지를 모아 울타리를 세우고 낮게 드리운 단풍나무 가지를 지붕 삼은 것뿐이지만 불과 십여 미터 떨어진 탐방로에서 보면 눈에 띄지 않을 만큼 위장 효과도 그럴듯했다. 마침 바닥에 깔린 낙엽이 푹신하니 우리끼리 숨어 낄낄거리며 놀기에 더없이 좋았다. 조릿대 꼬치로 콕콕 찍어 먹던 과일이 거의 사라질 즈음, 아이들 몇 명이 먹을 걸 구하러 간다며 더 깊숙한 숲으로 들어갔다. 남은 몇 명이 듬성듬성한 울타리 틈을 잔가지로 덮는 사이, 나갔던 아이들이 두 손 가득 아까시나무 꽃을 담아 왔다. 우리는 그렇게 채집해 온 양식을 단물만 쪽 빨아먹기도 하고 꽃 뭉치를 입속으로 훑어 내 먹는가 하면 매실물에 띄워 새소리를 배경음악 삼아 홀짝이기도 했다. 그간 큰 비바람이 없었던 터라 그날 우리가 숨어 놀던 아지트는 여전히 자리를 지키며 놀이꾼들의 방문을 기다리고 있다.

그날의 일정은 사실 4학년들의 '몸 활동', 공교육으로 치면 체육에 해당하는 시간이었다. 교육과정에 반영된 엄연한 수업 시간이기는 해도 나는 가능하면 정해진 틀에서 벗어나 자유롭게 운영하려고 한다. 부상을 예방하기 위한 몸풀기 시간을 제외하면 아이들의 의사를 물어 그날 활동을 하는 공간과 날씨에 맞게 놀이를 선택한다. 아까시나무 꽃을 비롯해 버찌가 열리는 오뉴월은 채집하기에 좋고 놀다 더워지면 준비해 온 물통을 물총 삼아 놀기에도 좋다. 놀다 지치면 전망대에 있는 정자에 누워 새소리를 들으며 낮잠을 청할 수도 있다. 언뜻 보기에 체계적인 신체 단련 프로그램도 아닌 이런 활동을 나는 일부러 '조직'한다. 무엇보다 학교 수업과 방과 후 활동에서 시키는 대로 따라야 하는 아이들에게 자기 의사대로 활동할 수 있는 시간을 찾아 주고 싶어서다. 불규칙한 산을 오르고 쫓고 쫓기며 놀다 보면 의식하지 않고도 신체가 단련되며 그 와중에 아이들의 기발한 상상력이 놀이에 녹아들어 나도 흠뻑 빠져들게 된다. 또 하나의 이유는 이제 도시에서는 쉽게 접할 수 없는 자연의 존재를 이 작은 산에서나마 마음껏 느끼게 해 주고 싶어서다. 자연의 영향력은 굳이 부연할 필요가 없다. 하지만 자연은 요즘 도시인들에게 귀한 것이 되고 말았다. 그동안 수차례에 걸친 개발 시도를 견뎌 낸 성미산 생태계는 원망하는 기색 하나 없이 인간의 아이들을 맞이한다. 변화무쌍한 자연의 지형 속에서 아이들은 모험을 즐기며 신체 능력을 키운다. 부러진 나무와 잔가지를 모으고 무거운 돌을 옮겨 쉼터를 만들고 둥치에 밧줄을 묶어 깊이 파인 곳을 오르내린다. 바람과 햇빛과 그늘, 산새와 곤충, 흩날리는 꽃잎, 참나무 외피의 깔깔한 결과 바스락 밟히는 낙엽이 아이들의 잠든 감각을 깨워 주고 감수성을 자극한다. 나는 가까스로 연명하는 도시 속 숲과 우리 아이들이 서로의 보호자가 되기를 바란다.

나는 대안학교에 있다. 대안학교라고는 해도 마음 놓고 놀 터도 부족한 도시 속 학교인데다 맞벌이하는 부모의 사정에 밀려 방과 후 음악 레슨을 받거나 체육관에 다니는 아이들이 꽤 많다. 이런 활동의 가치를 부정하지는 않지만 아이들이 주도적으로 무언가 할 수 있는 시간이 그만큼 부족해지는 것은 안타깝다. 하물며 학원 수업이 일반화된 공교육 학생들의 일상은 말할 것도 없다. 어느 통계자료를 보면 9~17세 아동의 방과 후 희망활동 가운데 집에서 쉬기와 친구들과 놀기가 나란히 1·2위를 차지했다. 모질게도 아이들의 그런 바람을 등진 채 실제 활동은 학원 공부나 과외 받기, 집에서 숙제하기가 1·2위를 차지하는 것으로 나타났다(통계청, 보건복지부 아동종합실태조사, 2013). 심지어 우리 주변에서는 이른 오후가 되면 유치원이나 어린이집을 마치고 저녁 무렵까지 몇 군데 학원을 순회하는 어린이들을 심심찮게 볼 수 있다. 학부모들 사이에서는 어떤 친구와 어떤 학원을 다니느냐에 따라 아이의 장래가 달라진다는 이야기도 들린다. 그런 대화에는 아이들의 현재는 없고 미래에 대한 염려뿐이다. 학창 시절 내 아이만큼은 이렇게 살게 하지 않으리라 다짐했던 지금의 부모들은 미래에 대한 걱정 속에 우리의 과거를 당시의 우리보다 더 어린 아이들에게 되풀이하고 있다. 그나마 남는 시간도 이제는 스크린으로 상징되는 스마트폰, 텔레비전, 컴퓨터, 게임기가 아이들의 정신세계를 사로잡는 시대에 접어들었다. 초등학생도 고학년이 되면 게임이나 스마트폰에 사활을 걸어 부모조차 어찌할 수 없는 지경에 이른다. 그렇게 해서 현재 아이다운 삶을 누리지 못한 아이들이 신체적으로나 정서적으로나 힘든 상황에 빠지고 만다는 사실이 보건 분야 여러 통계와 경험적 사례로 확인되고 있다.

"아이들은 주도적으로 자기 학습을 할 수 있도록 생물학적으로 타고 났기 때문에 안전한 여건 속에서 자기 관심사를 추구할 수 있는 자유가 주어지면, 어른이 미처 예측하지 못한 방식으로 성장하며 닥쳐올 도전에 맞설 수 있는 능력과 자신감을 습득한다." 이것은 대안교육 전문가나 놀이 운동가들이 한결같이 외치는 대목이다. 이렇게 되려면 아이들의 학교교육은 줄이되(학원도 같이) 마음껏 놀고 자유로이 탐색할 수 있는 여건을 보장해야 한다. 내가 15년 넘게 대안교육 현장에서 확인한 사실도 이 주장을 뒷받침한다. 이 주장이 보편적으로 실현되려면 소수 현장의 범위를 넘는 사회 전반의 구조적 변화가 따라야 하나, 애석하게도 학교교육의 영향력은 나날이 증가하고 그와 비례하여 어른의 간섭과 실내 생활도 늘어난다. 반면에 바깥 놀이 환경은 점점 열악해지고 있다. 실내 생활과 정적 활동을 부추기는 스크린까지 감안하면 우리 아이들은 온통 반놀이적 문화에 둘러싸여있는 형편이다.

위의 주장은 그러나 주로 진보적인 맥락으로 이해되어 이념적 반발을 사거나 사회적 통념에 어긋난다거나("노는 건 쓸데없는 짓"이라는 말처럼) 또는 공교육과는 대척점에 있는 양 이해된 까닭인지 그 절실함과 경험적 근거에도 불구하고 공감을 얻기에 역부족이었다는 생각이 든다. 또한 아이들의 놀이와 성장, 자연과의 연관성을 논하더라도 어른 세대의 과거와 현재에 대한 감상적 비교나 직관, 저자의 신념에 의지하는 경우가 많아 객관적 시각을 넓히는 데 한계도 있었다. 이 책은 작업치료사이자 아동 발달 프로그램 설립자인 저자의 지식과 경험은 물론, 의학을 비롯해 아동과 놀이 관련 분야의 연구와 실증이 망라되어 있다는 점에서 같은 주제의 여러 책들보다 큰 설득력을 지닌다. 전문가의 의견을 많이 담았으면서도 저자의 경험으로 쉽게 풀어내 읽기에 어렵지도 않다. 핸스컴의 설명을 따라가다 보면 사소한 놀이 하나도 새롭게 보이고 흔히 생각하듯 놀이가 쓸데없는 짓이라는 고정관념에서 벗어날 수 있다. 자연에서 하는 놀이, 특히 자유 놀이가 아이의 신체와 감각, 인지와 정서 발달에 큰 영향을 끼친다는 의학적 과학적 분석은 주목할 만하며, 어린 자녀나 학생이 있는 독자라면 숙지해야 할 대목도 많다. 결과적으로 아이의 놀이를 위해 직접 나서거나, 적어도 놀이의 자유를 허락할 부모가 늘어나리라고 기대한다. 아이들의 시간은 현재를 위해 쓰여야 하며 그 중심에 놀이가 있다. 아무쪼록 아이를 위한다며 아이의 현재를 희생시키는 모순에 제동이 걸리길 바라는 마음이다.

2019년 7월 성미산 자락에서
옮긴이 오필선

> **들어가는 글**

행복에 겨운 아이들의 소리가 숲 속에 울려 퍼지는 가운데 나는 불을 지핀다. 아이들은 자기들끼리 놀이에 푹 빠져 있다. 다들 재미있나 보다. 아이들이 배고파지면 구워 먹을 수 있도록 과자를 늘어놓고 있는데, 한 아이가 곁에 와서는 투덜거린다. "재미없어요." 고개를 들어 숲을 둘러보니 늪에서 무리를 지어 개구리 잡는 아이들이 눈에 들어온다. 또 다른 아이들은 편을 갈라서 나뭇가지 같은 재료로 요새를 짓는다. 외진 구석에 모여 뭔가 모의하느라 정신이 팔린 아이들도 있다. "이제 뭐 해요?" 아이가 묻는다. 나는 다시 내 앞에 선 이 작은 아이에게 시선을 돌린다. 이제 여섯 살인 이 아이는 허리춤에 손을 얹고는 굳은 자세로 서 있다. 나는 "노는 시간이야"라고 말하고는 다시 별생각 없이 덧붙인다. "특별한 계획은 없는데."

"뭐라구요?" 아이가 놀라서 나를 노려보며 말한다. "나를 재미있게 해 달라고 우리 엄마가 여기다 돈 냈잖아요!"

팀버누크TimberNook는 자연을 토대로 하는 아동 발달 프로그램이다. 아이들을 즐겁게 대접하는 일이 우리의 일은 아니다. 우리는 독특한 프로그램을 시행해 치료 효과를 거두어 국제적으로 인정받고 있으며, 그 바탕에는 아이들을 바깥outdoors(단순한 '실외'와 '자연에 밀접한 야외'를 포괄한다. 이 책의 맥락에서는 두 번째를 의미하는 경우가 많다.-옮긴이)에서 자유로이 놀게 하되 어른의 개입은 제한적이어야 한다는 원칙이 있다. 나는 어린 손님들에게서 보이는 수많은 감각 문제를 해결하기 위한 답을 찾고자 몇 년 전 팀버누크를 설립했다. 소아 작업치료사인 나는 본래 그 나이 또래에 있을 법하지 않은 문제로 힘들어하는 아이들이 점점 늘어난다는 사실에 마음이 쓰였다. 얼굴에 와 닿는 바람을 참지 못해 괴로워하는 표정부터 균형과 협응력이 떨어진 신체, 새로운 환경에서 안절부절 못하고 우는 모습에 이르기까지, 그런 증상들의 발생 빈도와 범위에 깜짝 놀랐다.

나는 작업치료사로 일하며 수련을 하는 동안 신체 활동, 그것도 많은 활동이 아이들의 문제를 예방하는 열쇠라는 사실을 알게 되었다. 그리고 연구와 경험을 통해서도 '활동적 자유 놀이active free play', 특히 '야외' 활동을 통한 놀이야말로 건강한 신체와 정서적 안정, 창의성과 학업의 성공, 탄탄한 사회적 기술을 형성하는 데 꼭 필요하다는 사실을 확실히 깨달았다. 부모이자 교사로서, 돌보는 어른으로서 우리가 아이들에게 줄 수 있는 최고의 선물이 바로 이것이다.

이 책의 독자 가운데에는 틀에 짜인 활동이 아니면 제

힘으로 놀 줄 모르는 아이를 두었거나 그런 아이를 아는 사람도 있을 것이다. 이 책에는 그런 분들을 위한 내용이 담겨 있다. 활동이 지나치고 좀처럼 차분히 있지 못하는 아이를 둔 사람도 있을 것이다. 이 책은 그런 분들에게도 도움이 될 것이다. 아이가 좀처럼 집중하지 못한다거나 발달지체 혹은 장애(주의력결핍과잉행동장애ADHD 같은) 여부를 검사받아 보라며 교사에게서 지속적으로 권유를 받는 부모에게도 도움이 될 것이다.

어쩌면 사랑스럽고 속 깊은 자녀가 학교에서 놀이 중에 다른 아이들을 너무 세게 밀친다는 이야기를 듣는 부모도 있을 것이다. 또는 아이가 끝없이 빙글빙글 원을 그리며 돈다거나, 동작이 너무 서툴러 넘어지거나 부딪히는 일이 자주 일어나고, 쩔쩔매는 경우가 많을지도 모른다. 어쩌면 걱정이 지나치고 새로운 환경에서 쉽게 당황하는 아이를 둔 부모도 있을 것이다.

사실 그런 사람이 생각보다 많다.

위와 같은 문제를 보이는 아이들이 늘고 있으며, 그 수는 놀랄 만한 수준이다. 수업 중에 의자에서 떨어지는 아이들, 점점 과격해지며 쉽게 화내는 아이들, 좀처럼 집중하지 못하고 불안에 떠는 아이들, 상상력 넘치는 놀이에 좀처럼 빠져들지 못하는 아이들과 이런 상황을 토로하는 부모와 교사가 점점 늘고 있다. 이런 증상은 부분적으로는 운동기능과 감각기능이 미처 발달하지 못한 것이 원인일 수 있다. 이 경우 아이들은 수업을 소화할 준비를 제대로 하지 못하게 되고, 일상생활을 하고 주변 환경과 상호작용하는 데 어려움을 겪게 된다. 감각과 운동기능 발달이 미흡하면 여러 문제로 이어질 수 있으며, 그 심각성은 최근 빠르게 높아지는 추세에 있다.

그런 상황에서도 희망은 있다! 과학적 연구는 물론 일상적으로 드러난 관찰 결과를 보면, 이들 행동의 대다수가 바깥에서 활동적 자유 놀이를 충분히 하지 않았기 때문이라는 사실이 여실히 드러난다. 아이들을 자연 속에서 자유롭게 독립적으로 놀게 해 준다면 이런 문제를 일부 해결하고, 예방도 할 수 있다. 이 책에서 그 방법을 소개하려 한다.

자연에서 이루어지는 놀이가 아이들의 건강에 미치는 영향
바깥에서 하는 활동적 자유 놀이는 아이들의 감각과 운동기능 발달을 촉진한다. 오랜 시간 실내에 앉아 스크린을 바라보며 지내는 아이들뿐만 아니라, 바쁜 업무에 더해 자녀와 함께할 활동을 계획하느라 쉴 틈 없는 부모에게도 즐거운 육아를 위한 해독제가 된다. 바깥 활동을 하게 되면 잠든 마음이 깨어나 활기를 찾고 온몸의 감각이 동시에 작동한다.

자연 속에서 아이들은 모험하는 법을 터득하고 두려움을 넘어설 줄 알게 된다. 친구를 사귀고 감정을 조절하며 상상의 세계를 만드는 요령도 익힌다. 따라서 아이들이 일상적으로 바깥에서 놀 수 있도록 시간과 공간을 마련해 주는 일은 중요하다. 아이들이 자기만의 이론과 놀이 계획을 시험할 수 있도록 믿음을 주고 자유를 허락해 주어야 한다.

나는 이 책에서 바깥 놀이의 치유 효과를 알리고, 아이들이 바깥 놀이를 경험하여 건강하게 성장할 수 있는 방법에 독자들이 주의를 기울일 수 있게 하려 한다. 나는 학교와 가정 모두에서 바깥 놀이가 아이의 발달에 영향을 미치리라 믿는다. 아이들이 '매일' 바깥에서 자유로이 놀 수만 있다면 학교와 가정 양쪽에서 모두 무럭무럭 성장할 수 있을 것이다.

이 책에 대하여

나는 이 책을 특히 부모를 위해 썼다. 이 책을 고른 부모들의 상황을 짐작해 보면, 아이에게 일어나는 일로 걱정과 불안이 크거나, 실망과 좌절에 빠져 있을 수도 있다. 그러나 희망은 있다! 1장에서는 아이들에게 일어나는 발달상의 변화를 개괄해 볼 것이다. 주의력결핍과잉행동장애 진단이 점점 늘어나는 상황부터, 갈수록 늘어나는 낙상과 부상 사례에 이르기까지 아이들이 마주한 문제를 다룬다. 2장에서는 감각 이상(접촉이나 큰 소음을 참지 못하는 상황 등)과 주의 산만을 비롯해 여러 놀랄 만한 문제를 보이는 아이들이 늘어나는 근본 원인을 짚어 볼 것이다. 그다음 장들에서는 바깥에서 하는 활동적인 자유 놀이의 중요성, 자연에서 지내는 시간이 아이는 물론 더 어린 아기의 발달에 미치는 효과, 그리고 가정과 어린이집, 학교 환경에 바깥 놀이를 적용하여 튼튼하고 능력 있으며 창의적인 아이로 키우는 방안에 관해 본격적으로 다룰 예정이다. 책을 다 읽고 나면 시골이나 도시, 교외, 아파트 등 주거 조건에 구애받지 않고 아이들을 바깥에서 독립적으로 놀게 할 수 있는 다양한 전략에 눈이 뜨일 것이다.

    이 책은 아이들을 대상으로 꾸준히 작업하는 전문가와 교육자들에게도 도움이 되리라 믿는다. 많은 교사와 전문가들이 걱정스럽게 관찰하는 행동들(부주의, 꼼지락거림, 서툰 동작, 창의력 부족, 공격성 등)에 관심이 모이고, 그 행동의 원인을 짐작할 수 있게 될 것이다. 또한, 이 모든 현상을 바깥 놀이와 관련하여 짚어 볼 수 있을 것이다. 또 이 책에는 자연 또는 바깥이라는 환경을 치유 도구로 활용하여, 아이의 일생에 걸친 배움의 기반이 될 독립심과 창의성을 키우는 데 도움이 될 실속 있는 아이디어도 담겨 있다.

책을 쓰는 과정에서 내가 느꼈던 마음 만큼 독자 여러분도 이 책을 기쁘게 읽었으면 좋겠다. 독자들이 새로 발견한 지식에 고무되어 직접 행동에 나설 수 있기를 바란다. 변화를 일구어 내고 우리 사회의 새싹들이 제대로 싹을 틔우게 하려면, 어른인 우리가 제 역할을 해야 한다.

1
우리 아이는
왜
가만히 있지
못할까?

전혀 알지 못하는 사람이 전화에 대고 내게 하소연한다. 여섯 살짜리 아들이 교실에서 의자에 가만히 앉아 있지를 못한다는 것이다. 학교 측에서는 아이가 주의력결핍과잉행동장애가 아닌지 검사를 받아 보라고 한다. 그 어머니는 자기 아이가 나쁜 행동을 한 벌로 매일 노란색 스마일 스티커를 받아 온다며 속상해 한다. 다른 아이들은 착한 행동을 했다며 상으로 녹색 스마일 스티커를 받는데 말이다. 아이는 그저 진득하게 앉아 있지 못한다는 것 때문에, 매일같이 꾸지람을 들어야 한다.

이윽고 아이의 어머니는 울음을 터뜨린다. "이제 아이가 '내가 미워', '나는 잘하는 게 하나도 없어'라고 자책하기 시작했어요."

이런 딱한 사정을 너무도 자주 들어 왔던 터라, 나는 이 아이가 자주 움직여 줘야 하는데 그러지 못해서, 자존감이 바닥으로 떨어지는 상황이 되었다고 생각할 수밖에 없다.

이 이야기에 속으로 뜨끔하는 사람도 있을 것이다. 여러분의 아이도 수업 중에 잠시도 가만히 있지 못하거나 수업 분위기를 해치지는 않는가? 그래서 교사로부터 아이가 발달지체나 장애가 아닌지 검사를 받아 보라는 권유를 들은 적이 있는가? 부모라면 이런 상황에 속이 타들어 가고, 아이의 내면에 무슨 일이 벌어지고 있는지 노심초사하게 된다. 그런데 그런 걱정에 휩싸여 있는 부모들이 적지 않다. 불과 30년 전만 해도, 발달장애나 신경학적 문제가 있다는 진단을 받거나 그렇게 분류된 아이는 매우 드물었다. 그런데 이제는 그런 추세가 증가하더니, 급기야 빨간 불을 켜야 할 정도로 심각한 상황이 되고 말았다. 집중력 부족·감정 조절·균형 잡기·체력과 지구력 감소·공격성 증가·면역 체계 저하 등의 문제로 어려움을 겪는 아이들이 점점 늘고 있다. 소위 발달지체로 불리는 사례가 증가하면서 그 증상에 대처하기 위해 작업치료가 필요한 아이들도 꾸준히 늘고 있다(Harris n. d.).

나도 지난 10년간 사적으로, 또 직업적 경험을 통해 이 심각한 상황을 목격하고 있다. 큰딸의 친구 중에는 어려서부터 정기적으로 작업치료를 받는 아이가 많고, 내 막내딸도 감각 문제로 가벼운 치료를 받아야 하는 상황이다. 직업적으로는 작업치료를 받으려고 대기하고 있는 이들이 꼬박 1년은 기다려야 할 만큼 넘치는 상황이다.

이런 와중에 내 딸이 다니는 학교의 5학년 담당 교사가 학생들이 집중을 못 하고 하루 종일 가만히 있지 못해서 걱정이라는 이야기를 전했다. 그 교사의 요청으로, 나는 그 반에 들어가 상황이 어느 정도인지 직접 관찰해 보기로 했다. 교사가 책에 실린 이야기를 아이들에게 읽어 주는 동안 나는 조용히 자리에 앉아 교실을 살펴보기 시작했다.

시간이 지나 수업이 거의 끝날 무렵쯤에는 한 아이만 제외하고 모든 아이가 꼼지락대고 있었다. 몇몇은 과격하게 자기 손목을 때리기도 하고, 한 아이는 의자에 앉아 계속해서 몸을 흔들거렸다. 물병 뚜껑을 물어뜯는 아이도 있었다. 팔짱을 낀 채 이리저리 흔드는 아이가 있는가 하면, 위태로워 보일 정도로 의자를 뒤로 젖히는 아이들도 있었다. 예전에는 이 정도 연령의 아이들이 수업 중에 이렇게까지 과도하게 몸을 뒤척이는 것을 본 적이 없다. 그처럼 안절부절못하는 모습을 보니 5학년이 아니라 마치 유치원 아이들을 보는 듯한 착각마저 들었다.

'이 아이들이 왜 이렇게 힘겨워하는 걸까?' 나는 5학년뿐만 아니라 요즘 아이들 대다수가 겪으리라고 짐작되는 문제를 곰곰이 생각해 보았다. '우리가 요즘 아이들의 욕구에 더 예민해져서 그럴까? 아니면 아이들의 감각 문제가 정말로 증가하고 있는 것일까? 이런 문제가 일어나는 원인은 무엇일까?' 나는 답을 찾기에 벅찰 만큼 많은 질문을 던졌다.

이 책을 집어 든 사람이라면 나와 마찬가지로 많은 질문을 안고 있으리라 생각한다. 그리고 이제 그 답을 찾기에 적당한 기회를 만난 셈이다. 이 책은 내가 지난 10여 년간 아이들을 관찰하고 나름대로 연구를 진행하며 과학적 연구에 몰두해 온 과정의 핵심을 담고 있다. 오늘날 우리 아이들에게서 보이는 문제의 상당 부분은 치료가 가능하며, 예방까지 할 수 있다는 점에서 희망을 찾을 수 있다. 이 책을 다 읽고 나면, 활동적 자유 놀이를 할 수 있도록 아이들을 바깥 환경으로 데려갈 준비를 갖출 수 있을 것이다. 활동적 자유 놀이는 발달상의 문제를 해소해 주는 데 도움이 된다.

그러나 그에 앞서 오늘날 아이들에게 널리 퍼진 발달상의 문제를 좀 더 깊이 들여다보고자 한다. 그러고 나서 부모와 교사들이 자주 묻는 문제에 답할 것이다.

우리 아이가 치료를 받아야 할까?

이 책의 독자 중에는 자신의 아이가 작업치료·언어치료·물리치료를 받고 있거나, 그런 치료를 받는 아이를 아는 사람도 있을 것이다. 실제로 어느 조사에 따르면(Szabo 2011) 부모 여섯 명 가운데 한 명 꼴로 이런 문제를 안고 있다. 이 현상이 점점 커지면서 나는 문제의 근원이 무엇인지 파헤쳐 보기로 결심했다. 미국 교육부가 펴낸 자료에 따르면, 1991년부터 2001년 사이에 장애교육·장애 이해 통합프로그램Integrated Disability Education and Awareness Program의 '관련 서비스(작업치료와 물리치료, 언어치료 포함)'를 받는 5세 아동은 31퍼센트 증가했다. 4세 아동의 수는 76퍼센트 증가했으며, 3세 아동의 수는 무려 94퍼센트나 증가했다(Szabo 2011).

〈소아청소년과 저널Journal of Pediatrics〉의 2011년 연구에 따르면, 아동 여섯 명 가운데 한 명이 발달장애를 지니고 있다. 1997년에서 2008년 사이, 같은 진단을 받은 아동은 17퍼센트 증가했다(Szabo 2011). 심지어 유치원 연령대의 아이들 사이에서도 조기 치료를 받아야 할 대상이 꾸준하면서도 가파르게 증가하고 있는데, 이는 전례를 찾아볼 수 없는 추세다.

관련 치료 서비스 중에서도 작업치료는 꾸준히 수요가 늘고 있다. 아이가 주의력, 균형, 근력, 협응coordination(근육·신경기관·운동기관 등의 움직임의 상호 조정능력을 뜻한다.-옮긴이), 감각 처리에 문제를 보이면 의사는 작업치료를 권한다. '감각 처리sensory processing'는 감각과 연관이 있으면 무엇이든 포함된다. 아이들이 흔히 겪는 감각 문제는 공간 지각 부족에서부터 청취력 결손, 맨발로 다니는 것을 견디지 못하는 상황에 이르기까지 다양하다. 작업치료사는 이런 아이들이 다양한 감각 경험을 견디고 감각기관이 최대한 독립적으로 기능하도록 돕는다. 지난 4년 동안 뉴욕 시의 공립학교에서는 작업치료 위탁을 받은 학생이 30퍼센트 증가했다. 시카고의 공립학교에서는 3년이라는 단기간에 20퍼센트나 증가했으며, 로스앤젤레스에서도 5년 만에 30퍼센트나 뛰어올랐다(Harris 2015).

나도 이 조사 결과에 깜짝 놀라 나름대로 연구를 진행하면서 뉴잉글랜드 주 각지의 초등학교에서 노련한 교사 열 명을 인터뷰했다. 이들은 모두 30년 이상 경력을 쌓은 교사들이기 때문에, 지난 수십 년에 걸친 아이들의 변화상을 잘 파악할 수 있을 것으로 보았다. 이 교사들은 학생의 신체 능력과 관련하여 전반적으로 비슷한 고충을 털어놓았다. 그들은 수년에 걸쳐 아이들의 대근육 능력과 소근육 능력, 안전 감각, 자제력, 주의력, 협응력이 감소하고 있다는 사실을 알아차렸다. 이 장 전체에 소개된 그들의 관찰 내용은 놀랄 만한 수준으로, 내가 제시하는 자료에 현실감을 보태기에 충분하다. 또한, 우리 아이들에게서 보이는 감각과 운동motor 문제를 새로운 각도에서 바라볼 수 있게 해 줄 단서가 될 것이다.

이 교사들의 의견을 계기로 여러 문제가 꼬리에 꼬리를 물고 이어졌다. 이제 막 걸음마를 떼기 시작한 아기까지 포함해 그토록 많은 아이들이 작업치료를 받게 된 원인이 무엇일까? 아이들에게 발달장애와 지체가 늘어나는 이유는 무엇일까? 균형과 운동기술motor skills, 주의력과 감정 조절에 어려움을 겪는 아이가 증가하는 이유는 무엇일까? 우리 아이들의 몸에서 대체 무슨 일이 벌어지고 있을까? 이 책의 나머지 부분에서는 이 문제들과 이후 추가로 제기되는 문제에 대한 답을 자세히 탐구해 볼 것이다. 그 과정에서 우리 아이의 문제를 낙관적인 시각으로 볼 수 있고, 마음을 놓을 수 있는 단서가 발견되었으면 한다.

우리 아이는 왜 집중하지 못할까?

지난 10년간, 주의력 문제가 있거나 주의력결핍과잉행동장애ADHD의 가능성을 보이는 아이들의 수는 증가 추세에 있다. 이 책을 읽는 독자의 아이나 같은 반에 있는 이이가 그런 상황일 수도 있다. 〈미국 소아청소년정신의학회 저널Journal of American Academy of Child and Adolescent

Psychiary〉(Visser et al. 2013)에 수록된 연구를 보면 놀랍게도 미국에서만 200만 명이나 되는 아이들이 지난 8년 동안 ADHD 판정을 받았다(2003년에서 2011년 사이).

어느 초등학교 교사는 '운 좋은' 날에는 반 전체 학생 스물두 명 중 적어도 여덟 명이 주의력 문제를 보인다고 전한다. 존경받는 3학년 교사이자 나의 인터뷰 대상이기도 한 프랜 파머는 이렇게 말한다. "내가 교사가 된 후 아이들이 정말 많이 변했어요." 요즘 아이들이 예전 아이들에 비해 주의력 문제가 더 심한지 물어 본 직후였다. "특별히 치료를 받아야 하는 아이들이 늘고 있어요. 우리 반 아이들 스물두 명 가운데 여섯 명은 주의력 문제가 심각한 편이에요. 이런 상황에 따라 수업 방식도 바꿔야 했어요. 예전에는 학급 전체를 한 모둠으로 묶어 가르치는 게 가능했거든요. 그런데 이렇게 변한 아이들에게 효과적으로 수업을 하려면 이제는 모둠을 여럿으로 나누고 1대1로 작업해야 해요."

아이들은 주의력에 어려움을 겪는 정도가 아니라 온몸으로 집중력 부족을 드러낸다. 쉼 없이 꼼지락거리는 피지팅fidgeting이 바로 그런 형태에 속한다. 또 다른 교사도 안타까운 마음을 토로한다. "아이들은 잠시도 가만히 앉아 있지 못해요. 마치 어떤 이야기도 귀담아 듣지 않으려는 것 같다고나 할까. 늘 몸을 비비꼬고 틈만 나면 화장실을 드나들어요." 어느 중학교 교사도 공감하며 말한다. "아이들이 자리에서 일어나 돌아다니는 걸 도무지 멈추지 못하네요. 2분에 한 번꼴로 자리를 벗어날 구실을 찾아내죠. 일단 화장실에 다녀온 다음에는 연필을 깎으러 다녀온다고 하는 식이에요. 제가 학생이던 시절에는 이런 일이 없었던 걸로 기억해요."

쉽게 말해, 아이들은 가만히 앉아 집중하는 것만 빼고는 온갖 행동을 다 하고 있다. 아이들이 집중하지 못하는 이유는 무엇일까? 왜 그렇게 움직여야만 할까? 쉬는 시간에 움직일 기회가 충분하지 않아서일까? 이런 동작들이 아이의 학습 능력과 교사의 수업 활동에 부정적인 영향을 끼치지는 않을까? 이 모든 피지팅의 근본적인 이유는 무엇일까?

우리 아이는 왜 이렇게 힘이 달릴까?

요즘 아이들이 어린 시절의 우리와 달리 철봉에 잘 매달리지 못하는 모습을 보았을지도 모르겠다. 아이는 손아귀 힘이 약해 1~2초 정도 버티다가 떨어지고는 좌절감에 훌쩍거리면서 다시 매달리기를 포기하고 다른 기구를 시도한다. 어쩌면 몇 계단만 올라도 힘들어하거나 낮은 오르막을 오르기만 해도 투덜거리는 아이도 있을 것이다. 이제 이런 모습이 자연스러운 일이 되고 있다. 여러 연구와 표준 평가 기록을 보면 아이들의 힘이 전반적으로 약해지고 있는 것으로 드러난다. 아동 건강 분야의 학술지인 〈소아과기록Acta Paediatrica〉에 수록된 연구에서는 2008년 에식스 지역의 10세 아동 315명의 운동능력을 알아보기 위해 1998년 같은 연령의 아동 309명과 비교했다. 연구에 따르면 10세 아동의 윗몸 일으키기 횟수는 과거에 비해 27.1퍼센트 줄었다. 팔 힘은 26퍼센트 떨어지고 악력은 7퍼센트 떨어졌다. 늑목wall bars에 매달려 자기 무게를 버티지 못하는 아이는 1998년에는 스무 명 중 한 명꼴이었으나 2008년에는 열 명 중 한 명꼴로 늘어났다(Campbell 2011).

나도 최근 아이들의 힘이 약해 벌어진 사고를 생생하

게 경험했다. 팀버누크가 자리 잡은 숲은 아이들의 놀이와 웃음소리로 늘 활기가 넘쳐서 마치 마법이 깃든 느낌이 든다. 그날, 아이들은 한구석에서 새로 선출한 '대장'과 힘을 모으고 있었다. 대장인 아이는 특별한 깃털 장식이 달린 가면을 쓰고 치렁치렁한 망토를 어깨에 둘렀다. 다른 무리의 아이들은 통나무와 벽돌, 밧줄을 동원해 가게를 차리는 중이었다. 몇몇 아이들은 타오르는 모닥불에 모여 과자를 굽고 있었다.

팀버누크 세상에서는 모든 것이 순조롭게 돌아갔다. 그때까지만 해도.

여덟 살짜리 아이가 밧줄 그네에 매달려 흔들리다 줄을 놓쳐 땅에 쿵 떨어졌다. 아이는 그 충격으로 숨을 쉬지 못했다. 나는 차분히, 그러나 재빠르게 달려가 아이 옆에 조용히 무릎을 꿇고 앉았다. 아이는 파란 입술을 부르르 떨었고 거의 공황에 빠져 있었다. 숨을 쉬지 못해 처음 접하는 두려움에 사로잡힌 것이다.

"숨을 쉬어 보렴. 곧 괜찮아질 거야. 몇 초 동안 호흡이 멈춘 것뿐이야." 나는 차분하게 아이에게 말했다.

이내 아이가 울음을 터뜨리기 시작했다.

"울고 있구나. 그건 좋은 신호란다. 이제 숨을 쉴 수 있게 된 거야."

그러나 아이의 울음이 격해지자, 주위의 부모와 아이들이 초조하게 지켜보는 가운데 내 머릿속에는 최악의 시나리오가 떠오르기 시작했다. 그렇게 몇 시간처럼 긴 몇 분이 흘렀다. 갑자기 아이가 대수롭지 않다는 듯이 몸을 일으켜 세우더니 눈물을 훔치고 옷에 묻은 흙을 툭툭 털어냈다. 아이는 다시 자기 발로 일어섰고, 나는 그제야 안도의 한숨을 내쉬었다.

비록 끔찍한 경험이기는 해도 이 아이는 모든 아이가 배워야 할 것을 이제 막 깨우친 셈이다. 그것은 바로 자기의 힘과 능력을 제대로 가늠하는 요령이며, 이것은 아동기에 겪어야 할 과정의 일부일 뿐이다. 그러나 이 사건은 나로서는 꽤나 충격적이었다. 그 나이와 덩치의 소년이라면 밧줄에 매달리는 일이 그다지 어렵지 않아야 한다. 그런데 그 한 주에만 세 명이나 더 밧줄 그네에서 떨어졌다. 그리고 나서야 나는 이 일을 심각하게 되돌아보았다. 이런 낙상 사고는 예전 같으면 매우 드문 사건이다. 밧줄 그네는 튼튼하고 안전할 뿐만 아니라, 지면까지 늘어져 있어서 어린아이라도 힘들이지 않고 움켜잡을 수 있다. 하지만 아이들이 밧줄 그네를 잡으려면 악력은 물론 코어와 상체 근력도 있어야 한다. 밧줄 그네 자체는 문제될 것이 없지만, 적절한 힘이 뒷받침되지 않는 아이들이 문제였다.

아이들의 코어 근력 감소는 특별히 관심을 기울여야 할 문제다. 2012년, 나는 지역의 초등학교 아이들을 대상으로 슈퍼맨 자세(바닥에 배를 대고 누워 팔과 다리를 들어 올리는 자세)와 수파인플렉션(등을 대고 누워 다리를 가슴 쪽으로 끌어 올리는 복부 운동의 변형), 플랭크 자세(바닥을 향한 상태로 다리를 펴고 팔을 굽혀 엎드린 자세)를 얼마나 오래 유지할 수 있는지 측정했다. 대다수의 아이가 1980년대 초 아이들의 코어 근력 평균치에 미치지 못했다. 측정에 참가한 세 학급의 아이들은 30년 전의 아이들에 비해 적정 수준의 코어 근력을 갖추지 못한 것이다.

오하이오에서 열린 작업치료사 회의에서 내가 팀버누크의 사례를 발표한 뒤, 한 참가자가 나를 찾았다. 그녀는 요즘 아이들의 측정치가 예전에 비해 떨어지기 때문에 표준근력측정을 설계하는 사람들이 기준을 재조정해야 할지 고민 중이라고 알려 주었다. 그녀는 이 일로 작업치료 분야에서 엄청난 논란이 일고 있다고 말을 이었다. 작업치료사들은 보통, 최신 평균치를 기준으로 요즘 아이들의 근력을 판정하려고 한다. 그러나 그녀는 아이들의 힘이 점점 약해지고 있으니 1980년대 아이들과 같은 기준을 적용하는 편이 너 낫지 않겠느냐고 지적했다.

이런 사례가 처음은 아니다. 그 전에도 건강관리 분야

의 전문가 연수에서 또 다른 작업치료사가 비슷한 문제로 걱정을 늘어놓았다. 그녀가 보기에도 요즘 아이들은 두드러지게 약해져 있다. 그녀는 비대해진 사람들이 점점 늘어나면서 이에 맞추려고 바지 치수도 변했다는 점을 들면서, 이러다가는 아이들의 표준 측정치에도 같은 일이 일어나 약한 아이들에 맞추어 '기준'이 바뀌지 않겠느냐고 우려했다.

요즘 아이들은 예전에 비해 낮은 근력 측정치를 보인다. 이렇게 놀랄 만한 상황 변화에 대처하기 위해 적극적으로 해결책을 찾기보다는 새로운 기준을 적용하는 편이 수월할 수도 있다. 그러나 우리가 높은 기준을 적용하지 않고 기대 수준을 낮춘다면, 도리어 아이들을 그러한 상황에 방치하는 것일지도 모른다.

우리 아이들이 점점 약골이 되는 이유는 무엇일까? 이런 상황이 장기적인 관점에서 성장과 발달에 시사하는 점은 무엇일까? 이 문제의 근원은 도대체 무엇일까?

⊗
나쁜 자세가 퍼지다

근력이 약해지고 앉아 지내는 시간이 늘어나면서 나쁜 자세가 아이들의 몸에 밴다. 인근의 중학교를 방문해 관찰하면서 내 눈에 가장 먼저 들어온 모습도 바로 이런 현상이었다. 교사가 약 한 시간가량 수업을 진행하는 동안, 아이들의 자세는 점점 무너졌다. 수업을 시작할 무렵에는 자세가 안 좋은 아이들이 대략 3분의 1 정도였다. 그런데, 수업이 끝날 무렵에는 족히 4분의 3 정도 되는 아이들의 자세가 흐트러졌다. 책상에 엎어진 아이들도 있었고 의자 등받이에 축 늘어져 기대앉은 아이들도 있었다. 자리에서 일어나는 아이들 중에는 여전히 자세가 나쁜 아이들이 있었는데, 등이 굽고 머리가 앞으로 쭉 나온 모습이었다.

코어 근력이 약해지면 척추 주변을 안정적으로 지탱하기 힘들어지는데, 이 때문에 신체를 가지런히 정렬하기 어렵게 된다. 신망이 높은 척추교정 전문가 파리아 박사는 자기 환자의 30퍼센트가 아동이라고 말한다. 파리아 박사는 교정 자세를 유지하기 힘들어 하는 아이들이 많다고 설명하며, 근육 조직의 불균형을 원인으로 본다. 균형이 잡히지 않은 근육은 도르래 장치와 흡사하다. 한쪽이 약하면, 다른 쪽이 쉽게 팽팽해진다. 예를 들어, 대퇴부 사두근(넓적다리 전면부의 근육들)이 약하면, 뒤넙다리근(햄스트링. 넓적다리 후면)이 쉽게 팽팽해져 통증을 일으키고 신체 정렬도 어긋나게 된다.

파리아 박사가 맡은 아동 환자의 대부분은 1번 경추(목뼈)와 2번 경추가 일치하도록 바로잡아야 하는 상황이다. 이 부위가 경직되면 신경을 건드리고 신경 계통을 드나드는 자극 입력에도 영향을 끼친다. 신경 압박impinged nerves은 고무호스가 접혀 물의 흐름이 막히는 상황을 떠올리면 이해하기 쉽다. 신경이 압박을 받거나 눌리면, 신경 충동nerve impulses이 뇌를 신속하게 드나들 수 없어 아이들의 반응 시간도 오래 걸린다.

아이에게서 특히 목 부위 경직이 일어나는지 유심히 살펴볼 필요가 있다. 목과 머리 부위의 근육 경직은 나쁜 자세 때문일 수 있다. 전자 기기를 들여다보느라 항상 목을 앞으로 기울이거나 너무 무거운 가방을 메고 다녀도 목 부위가 경직된다. 스트레스를 받거나 움직임이 제한되어도 경직이 일어난다.

파리아 박사의 설명은 이렇다. "목 윗부분이 경직되어 신경이 압박을 받으면 그 영향이 미치지 않는 데가 없어요. 목 위쪽의 움직임이 제한을 받기만 해도 눈과 부비동(코 안쪽으로 이어지는 두개골 속의 구멍-옮긴이)이 영향을 받고, 어떤 아이들은 두통을 호소하기도 합니다. 목 아래쪽이 제약을 받으면 엄지와 검지로 물체를 집는 동작이 어려울 수도 있고요. 부위에 상관없이 움직임이 제한되면 뇌를 원활하게 드나들어야 할 신경자극이 막혀 버리거든요."

지역의 물리치료사 한 명도 아이들의 자세가 변하고 있다는 데 동의한다. 그녀 또한 지난 10년 동안 아이들 사이에 요통이 증가하는 상황을 보아 왔다. 일반적으로는 만성 요통을 겪는 성인을 치료하지만, 의사의 진단에 따라 그녀가 치료를 맡게 된 어린 환자가 점점 늘고 있다. 심지어 열 살밖에 안 된 어린아이까지 병원을 찾는 상황이다.

그녀는 소아 요통이 급격히 증가한 원인으로 오랜 시간 의자에 앉아 있어야 하는 생활, 전반적인 근력 감소, 등에 메고 다녀야 하는 무거운 가방을 꼽는다. 많은 아이가 고개를 앞으로 내밀고 어깨를 안으로 움츠리며 척추가 비정상적으로 만곡한 모습을 보이는데, 이로 인해 허리와 목 근육에 부담이 가서 요통과 두통이 유발된다.

척추 교정을 받는다 하더라도, 요통을 예방하려면 어떻게 해야 할까? 아이들의 자세 중 코어 근력을 약하게 하지 않는 것이 있다면 무엇일까? 나쁜 자세가 학업 성적에도 영향을 끼칠까?

⊗
체력 감소

코어 근력이 약해지고 앉아서 생활하는 습관이 겹치면 체력이 떨어져 웬만한 활동적 놀이를 하는 것도 버거워진다. 자기 아이에게서 이런 상황을 눈치 챈 사람도 많을 것이다. 가벼운 하이킹을 힘들어하거나 시도 때도 없이 쉬어야 하는 아이, 부모와 함께 한두 시간 쇼핑한 후에 다리가 쑤신다고 불평하는 아이가 그렇다. 실제로 현장에서는 신체 활동을 할 때 아이들의 지구력이 점점 떨어진다고 보고하는 교사가 많다. 숨이 가빠 투정을 부리고 다리에 힘이 빠졌다고 하거나, 짤막하게 자연 탐방이나 체육 활동이라도 하면 끊임없이 쉬자고 보채는 소위 저질 체력의 아이들이 점점 늘어난다는 것이다.

팀버누크에서도 이런 모습을 자주 보는데, 야외 교실로 걸어가는 그리 길지 않은 길에서 자주 목격할 수 있다. 가는 길 내내 경사는 완만하지만 울퉁불퉁한 편이라 길을 잘 살펴야 한다. 교실로 걸어가는 길은 길어야 몇 분 정도밖에 걸리지 않는다. 캠프 시작 초반에는 이것저것 채워 출렁거리는 배낭을 등에 메고 걷는 아이들이 앓는 소리와 투정을 쏟아 내기도 한다. "너무 힘들어요!" 아이 하나가 쩔쩔매며 한소리 하면, 다른 아이가 그 말을 이어받아 투덜거린다. "얼마나 남았어요?" 그러면 또 다른 아이가 한탄하듯 말한다. "다리가 아파요." 적어도 1주일은 지나야 아이들은 참을 줄 알고, 걸어가는 시간을 즐길 줄 알게 된다.

체력이 약한 아이들이 평소 익숙하지 않은 활동을 하면서 각기 다른 부위의 근육을 쓰면 뻐근하게 아픈 느낌이 들기 마련이다. 그렇더라도 고작 몇 분 거리의 오르막길을 걷는다고 아프거나 피곤할 정도는 아니어야 한다. 교실에서는 활동이 지나치고 한시도 몸을 가만히 두지 못하는 아이들이 신체 활동을 할 때면 다리가 아프다거나 힘이 빠지는 이유는 무엇일까? 우리 아이들은 과연 교실에서도 바깥에서도 어려움을 벗어날 수 없는 처지일까? 그 원인이 무엇일까?

⊗
도자기처럼 뼈가 약한 아이들

요즘 아이들을 보면 할머니가 애지중지하던 자기들이 떠오른다. 그 자기들은 크리스마스같이 특별한 날에만, 그것도 운이 좋아야 구경 정도만 할 수 있었다. 보통은 어른들의 몫이었고 나 같은 꼬맹이들은 플라스틱 식기로 만족해야 했다. 어른들은 우리가 자기 그릇을 떨어뜨려 깨뜨릴까 봐 걱정스러웠을 것이다. 요즘 아이들을 보면 떠오르는 이미지가 바로 그것이다. 무언가에 부딪히거나 넘어지기라도 하면 꼭 부러지기 때문이다.

신체복원운동협회Restorative Exercise Institute의 생체 역학 전문가인 케이티 보먼Katy Bowman은 아이들에게 체중 증가와 근력 감소 현상이 복합적으로 나타나면서 관절 탈구의 가능성이 높다고 전망한다. 예를 들면, 아이가 철봉에 매달릴 때 자기 몸무게를 견딜 만큼 근력이 세지 않으면 이 하중이 인대로 전해지고, 종종 팔꿈치 탈구로 이어지기도 한다. 소위 팔꿈치 아탈구nursemaid's elbow라고 하는 부상의 전형적인 발생 원인이다(Crawford 2013).

한편, 요즘 아이들에게는 팔이나 다리의 골절도 점점 잦아지고 있으며, 최근 아동 골절 사고도 증가 추세다. 한 가지 예로, 2010년 스웨덴의 연구를 보면 1998년과 2007년 사이 아동 골절 사고가 13퍼센트 증가했다고 나온다. 골절이 가장 자주 일어나는 부위는 전완 말단부, 즉 팔뚝 중 손에 가까운 부위이며 가장 큰 부상 원인은 낙상이었다. 연구는 골절 사고 증가 원인을 아이들의 활동 양식 변화에서 일부 찾을 수 있다고 결론 내리고 있다(Hedström et al. 2010). 골절은 여러 요소가 복합적으로 작용하여 발생한다. 단순히 뼈가 약하거나 다공성인 경우 말고도 뼈를 보호하는 근육이 약할수록 골절에 더욱 취약해진다.

아이들이 뼈를 단련할 수 있는 활동 기회가 줄어들면, 뼈가 무게를 지탱할 수 있는 능력도 현저하게 줄어든다. 이로 인해 칼슘이 방출되어 체내로 흡수되면서 뼈는 더욱 약해지고 골절의 위험성이 더욱 높아진다(National Space Biomedical Research Institute n. d.).

신시내티아동병원의 연구는 미국 내 수백만이나 되는 어린이의 뼈가 기준치보다 약해 골절과 구루병(비타민D 결핍증으로, 뼈에 칼슘이 붙기 어려워 머리·가슴·팔·다리 뼈의 변형과 성장 장애의 원인이 된다.-옮긴이)을 비롯한 여러 뼈 질환에 취약하다는 결과를 보여 주고 있다. 힘줄과 인대는 활동 부족으로 영향을 받기도 한다(둘 다 결합조직으로, 힘줄은 근육과 뼈를 붙여 주고 인대는 뼈끼리 연결하는 역할을 한다.-옮긴이). 사용하지 않아 결합조직이 느슨해지면, 점차 줄어들고 팽팽해진다. 힘줄과 인대, 근육이 팽팽해질수록 상하기 쉽다(Southern Illinois University School of Medicine 2007).

아이들의 뼈를 튼튼하게 하는 영양분, 그중에서도 칼슘이 충분하지 않은 것일까? 매일 마시는 우유의 양이 부족해서일까? 골절의 위험성이 늘고 있다면 어떻게 안심하고 아이들을 놀게 할 수 있을까? 아이들에게 적당한 운동은 과연 무엇일까?

우리 아이는 왜 이렇게 자주 넘어지고 떨어질까? - 낙상

내가 1학년 교실을 관찰하고 있는데, 그 반의 담임교사가 다소 까칠하게 아이들에게 말했다. "됐어. 이번 주에는 넘어질 만큼 넘어졌잖니. 이제 그만 좀 자리에 앉으렴." 아이들의 무질서와 철없는 행동이 지나쳐 교실은 소란스러웠다. 책상 위에 퍼져 눕거나 끊임없이 엉덩이를 들썩거리는 아이들이 많았다. 교사는 아이들이 단 15분만이라도 앉아 있으면 다행이라고 푸념했다.

현장의 많은 교사에게서 아이들의 공간 지각이 떨어져 '몸치'같이 서툰 동작과 낙상으로 이어진다는 보고가 나온다. 아이들이 의자와 책상 위에 늘어져 있다가 종종 바닥으로 넘어져 다친다는 보고도 있다. 내가 인터뷰한 교사들은 이런 일이 거의 일상이 되다시피 했다고 말한다. 아이들은 심지어 실내 집기에 부딪히거나 서로 부딪히고, 벽까지 들이받는 경우도 있다고 한다.

지역의 어느 중학교에서는 수업 간 이동시간에 아이들끼리 부딪히는 일이 자주 일어나 문제가 되자 복도 한가운데를 테이프로 붙여 갈라 놓기까지 했다. 아이들은 마치 차를 운전할 때처럼 우측통행을 하라는 지시를 받았.

협응이나 균형을 잡는 데 어려움이 있는 아이들이 많

다. 내 작업치료실에 온 부모들 중 많은 이들이, 아이들의 동작이 서툴고 늘 자기 발에 걸려 넘어진다고 하소연한다. 아이들이 단순히 실내를 이동할 때건 스포츠를 할 때건 간에, 늘 걸려 넘어진다는 것이다. 내 딸 조엘이 아이스하키를 연습하던 첫 몇 년을 보더라도, 쉴 새 없이 넘어지고 담장에 부딪히거나 서로 부딪쳐 다치는 아이들이 너무도 흔했다. 이제 조엘은 어렵지 않게 얼음판 위를 지칠 수 있게 되었지만, 그 아이를 제치기는커녕 따라잡지도 못하는 아이들이 여전히 많다. 조엘의 운동 능력은 딱 그 또래 수준이고 전혀 뛰어나다고 할 수 없는데도 이제는 비범하게 보일 정도다.

각종 연구를 보면 지난 15년 사이에 운동하다 부상당하는 아이들의 사례가 명백하고 경계할 만한 수준으로 늘고 있다. 일례로, 전국어린이병원Nationwide Children's Hospital 부설 부상 연구와 정책 센터Center for Injury Research and Policy에서 실시한 연도별 춤으로 인한 부상 사례 연구를 들 수 있다. 연구 결과에 따르면 1991년에서 2007년 사이에 아이들 가운데 춤 관련 부상이 37퍼센트나 늘었으며, 이들 부상의 가장 흔한 원인으로 낙상이 꼽혔다(Nationwide Children's n d.).

체육 시간에 발생하는 부상의 수치는 이보다 훨씬 우려

할 만하다. 1997년에서 2007년 사이, 미국의 초·중·고등학교에서 체육 시간에 발생한 부상이 150퍼센트나 증가했다는 연구가 있다. "부상 증가의 원인을 체육 시간 참여의 증가로 돌리기에는 무리가 있다." 그 연구의 참여자이자 부상 연구와 정책 센터의 주요 연구원이며 오하이오 주립의과대학의 교직원인 라라 매켄지Lara McKenzie 박사는 이렇게 설명한다(Nationwide Children's 2009).

낙상으로 부상을 입는 아이가 현저히 증가한 원인은 무엇일까? 한 세대 전 아이들에 비해 요즘 아이들의 동작이 점점 서툴고 몸치가 되는 이유는 무엇일까? 아이들이 복도를 걷기만 하면 부딪히고 스포츠를 하다가 어김없이 다친다면, 전반적인 신체·신경상의 건강과 어떤 연관성이 있을까?

우리 아이는 왜 이렇게 감기를 달고 살까? - 질병

우리 딸이 다니는 학교에서는 학년 초만 되면 한 아이당 티슈 네 통을 준비해야 하는 상황이 벌어진다. '티슈가 왜 네 통이나 필요하다는 거지?' 가정통신문에서 티슈 네 통을 가져오라는 말을 처음 접했을 때만 해도 어이가 없었으나, 한 해가 끝날 무렵에는 그 이유를 수긍할 수밖에 없었다. 심지어 그보다 많이 가져오라고 요구하는 교사도 있었다.

겨울만 되면 병을 앓아서 감기가 끊이지 않고, 학교를 빠지고 가족에게까지 옮기는 일이 잦은 아이들이 많다. 불행하게도 내가 만나는 수많은 부모들이 이런 상황을 하소연한다. "한번 감기가 찾아오면 겨울 내내 안 떨어져요." 딸의 아이스하키 경기를 응원하다 보면, 경기 내내 티슈로 코를 풀어야 하는 아이들이 몇몇 보인다. 한번은 그런 아이의 어머니에게 아이가 감기에 걸렸냐고 물어보았더니 이렇게 대답했다. "아뇨. 우리 애가 원래 그래요. 아이스하키 시즌만 되면 콧물이 흘러내리는 걸요."

비만, 당뇨, 고혈압이 장시간의 의자 생활에서 오는 건강상의 문제라는 사실은 명백하다. 그런데 면역 체계가 점점 약해진 아이들은 이들 질병 외에도, 감기를 비롯해 알레르기성 질환에 걸리기 쉽다. 국제천식알레르기아동조사International Study of Asthma and Allergies in Children에 따르면 세계적으로 아동기 알레르기, 천식, 습진 발생률이 1990년대 중반부터 2002년 사이에 매년 0.5퍼센트씩 증가했다(Asher et al. 2006).

전문 가정의이자 전인의학holistic medicine 분야의 선도적 의사인 데이비드 브라운스타인David Brownstein 박사는 면역 체계와 관련된 이야기를 자주 전한다. 어느 기사에서 그는 공항에서 만난 팬과 나눈 대화를 소개한다. "그 많은 아이가 이런 갖가지 알레르기를 앓는 이유가 대체 뭔가요? 우리가 어릴 때만 해도 땅콩이나 우유, 글루텐 알레르기는 찾아볼 수도 없었잖아요. 그 원인이 뭘까요?" 팬의 물음에 그는 이렇게 대답한다. "여러 복합적인 원인이 있겠지만, 무엇보다도 어린 세대의 면역 체계가 점점 약해지기 때문이라고 봅니다(Hubbard 2005에서 인용)."

아이들에게서 감기가 그치지 않는 이유는 무엇일까? 알레르기와 천식이 증가하는 원인은 무엇일까? 음식과 환경의 탓일까, 아니면 우리가 주의를 돌려야 하는 또 다른 요인이 있을까?

우리 아이는 왜 이렇게 공격적일까? - 공격성

술래잡기. 어린 시절을 떠올릴 때면 가장 소중하게 기억하는 놀이이며 모두가 이 놀이의 순진하고도 무해한 성격에 동의한다. 그러나 과연 그럴까? 요즘 들어 이런 기억에이의를 제기하는 교사가 늘고 있다.

예전 같으면 소박하고 꾸밈없으며 재미있는 놀이로 여기던 활동이 요즘 들어 놀이터의 악몽 취급을 받고 있다. 술래인 아이가 쫓는 아이들을 세게 때리는가 싶더니 급기야 상대방의 등을 무지막지한 힘으로 후려치는 사태가 종종 벌어진다. 이런 상황은 팀버누크에서도 쉽게 볼 수 있다.

"아야!" 맞은 아이는 비명을 지르며 무릎을 꿇고 간신히 눈물을 참는다. "너무 아프잖아!"

그러면 그 아이 머리 위로 버티고 선 아이가 대꾸한다. "일부러 그런 건 아닌데…"

때린 아이는 고의가 없어 보이지만 맞은 아이는 무척 고통스럽다. 한때 동심을 사로잡던 술래잡기에서 보이는 아이들의 공격성이 화두로 떠오르더니 급기야 미국 전역의 학교에서 금지 조치를 내리기에 이르렀다.

2013년 가을, 이 오래된 놀이에 강력한 조치가 내려졌다. 안전 문제로 뉴햄프셔 주의 한 학교에서 술래잡기가 금지된 것이다. 부모와 아이들은 어리둥절했고 그중에는 분노하는 사람도 있었다. "쉬는 시간에 술래잡기 금지라는 멍청한 조치 내려(Stevenson 2006)", "부상 염려한 학교들 '술래잡기' 금지 동참(Wang 2013)"과 같은 갖가지 제목이 신문의 헤드라인을 장식했다. 나는 그 상황이 궁금해 쉬는 시간에 무슨 일이 벌어지는지 지역 학교의 교사들에게 물어보았다.

내가 추측한 대로, 교사들은 쉬는 시간에 아이들의 공격적 행동이 점점 늘어나고 있다고 판단했다. 한 교사는 이렇게 전한다. "아이들이 어느 정도의 세기가 적당한지 몰라서 규칙을 추가로 만들어야 할 정도예요(금지 조치를 내리기 전에도 학교 당국은 술래가 상대를 넘어뜨리지 못하게 두 손가락만 사용하도록 규칙을 정했다)." 다른 주에 있는 교사도 비슷한 불만을 토로한다. "아이들이 웬만해서는 조심할 줄을 몰라요! 우리가 아무리 주의를 주어도 뾰족한 수가 없네요."

아이들은 점점 공격적으로 변해 간다. 요즘 아이들이 단지 안전하게 노는 법을 몰라서일까? 아이들을 이기적이고 거칠게 만드는 무언가에 노출되어서일까? 아니면 아이들에게 적절한 신체 지각이 없기 때문은 아닐까?

우리 아이는 왜 읽기를 어려워할까? - 눈의 기능과 시각

'근시'가 늘어나고 있다. 현재 미국을 비롯한 여러 나라의 아이들에게는 1970년대 아이들에 비해 근시가 더 흔히 나타난다. 아시아 국가에서는 근시가 사실상 전염병처럼 퍼지고 있다고 해도 과언이 아니다. 예를 들어 대만에서는 7세 아이들의 근시 비율이 1983년의 5.8퍼센트에서 2000년에는 21퍼센트로 증가했다. 15세 아이들에게서는 그 비율이 놀랍게도 81퍼센트로 치솟는다(Palmer 2013).

시능교정학 교수인 캐스린 로즈Kathryn Rose가 시각 문제를 자세히 들여다보았더니 싱가포르에 사는 중국계 6~7세 아이들의 근시 비율은 29.1퍼센트인 반면, 시드니에 사는 동일 대상 아이들 중 근시는 3.3퍼센트에 불과했다. 더욱 흥미로운 사실은 스크린이나 책을 보는 데 들인 시간으로는 이러한 불일치를 밝힐 수 없었다는 사실이다(Palmer 2013).

미국의 근시 비율은 아시아만큼 크게 유행하지는 않았으나, 역시 빠르게 증가하는 추세다. 2009년의 연구에 따르면 1970년대 초, 12세에서 54세 사이의 미국인 가운데 근시 비율은 25퍼센트였지만 20세기가 지날 무렵에는 42퍼센트로 크게 치솟았다(Palmer 2013).

아이들의 시각 문제는 멀리 있는 물체를 볼 때 겪는 어려움에서 그치지 않는다. 오늘날 발달장애가 증가하는 추세에서 알 수 있듯이, 시각장애 또한 증가하리라는 점도 예측할 수 있다. 시각 문제가 있는 아이, 두통을 호소하거나 같은 또래에 비해 읽고 쓰기가 안 된다고 투덜거리는 아이가 점점 늘고 있다. 요즘 치료사들이 짚고 있는 문제는 시근육을 일제히 움직여, 이를테면 방을 훑어보고 물건을 찾거나 책을 정확히 읽는 것을 어려워하는 아이들이 30년 전에 비해 점점 늘고 있다는 점이다.

이와 같은 시각 문제는 드러나지 않는 경우가 종종 있는데, 이런 문제가 있는 아이는 학교 공부를 할 때 수많은 어려움을 겪게 된다. 학교에서 하는 시력 측정은 전형적으로 도표상의 문자나 숫자 읽는 능력을 측정하는 데 그친다. 대상을 따라 눈의 초점을 이동하고 훑어보며 효과적으로 시근육을 사용하는 능력을 측정하는 학교는 거의 없다.

지역의 차터 스쿨(공적 자금을 받으면서도 교과과정과 인사를 자체 교육 시스템으로 운영하는 자율형 공립학교-옮긴이)에 근무하며 여러 아이와 1대1 교육을 하는 독서 전문가도 시각장애가 점점 큰 문제로 부각되고 있다는 데 동의한다. 그녀는 독서 지도로 만나는 아이들 가운데 어떤 종류로든 시각 기능에 어려움을 겪는 아이들이 많다는 사실을 파악하고 있다.

나도 감각과 운동 발달에 문제가 있는 아이를 치료한 적이 있다. 1학년이던 그 아이는 학교에서 자기 앞에 있는 단어를 알아보려면 한쪽 눈을 손으로 가려야 했으며, 아직 제대로 읽지 못했다. 그 아이가 다니는 학교에서는 흔히 쓰는 시력 검사표로 시력을 측정했다. 아이는 검사를 쉽게 통과했으며 '시력 양호'라는 판정을 받았다. 그러나 그 아이의 눈이 어떻게 기능하는지 더 자세히 살펴보려 한 사람은 아무도 없었다. 나중에 내가 그 아이의 눈을 자세히 검사해 본 결과 두 지점 사이를 이동하는 눈의 움직임이 곡선을 그리고 있었다. 틀림없는 읽기 장애였다.

근시가 늘어나는 이유는 무엇일까? 아이들이 시근육을 조절해 방을 훑어보거나 책을 읽는 데 어려움을 겪는 이유는 무엇일까?

우리 아이는 왜 감정이 격해질까?

"나는 캠핑이 짱 좋아!" 여러 아이들과 무리 지어 걷는 도중에 여섯 살이 된 조엘이 자기 또래 아이에게 이렇게 말했다. "우리는 텐트에서 지낼 거야. 너도 캠핑 해?"

그러자 그 아이가 혐오스럽다는 표정으로 조엘을 쳐다보며 말했다. "캠핑? 벌레들이 우글거리는데 캠핑이라고? 진드기들이 텐트 속으로 기어 들어온단 말이야. 난 됐거든!"

나중에 조엘은 풀이 무성한 곳에 도착하자 그 위에 드러누웠다. "풀밭이야, 짱 좋아!" 조엘은 신이 나서 소리를 질렀다.

"일어나!" 조엘에게 역정을 내던 아이가 어쩔 줄 몰라 말했다. "풀밭에는 진드기가 우글거린단 말이야! 끔찍한 진드기들 같으니라고. 빨리 일어나라고!" 아이는 겁에 질려 소리를 질러 댔다.

감정 조절에 어려움을 겪는 아이가 점점 늘어나는 가운데, 아이들의 불안도 어느 때보다 크게 부각되고 있다. 걱정과 두려움이 커지면서 천진난만하고 즐거워야 할 아동기에 걸림돌이 되고 있다. 아이들에게 걱정과 두려움이 커지는 이유는 무엇일까? 단지 어른들이 예민해져서 그렇게 보이는 것일까? 아니면 아이들의 감정 문제에 어떤 신경학적 요인이 있는 것은 아닐까?

⊗

감정 조절의 어려움

아이들에게 감정을 다스리는 법, 즉 자기 조절을 가르치는 일이 요즘 큰 화젯거리다. 대략 10년 전 즈음부터 부모를 대상으로 자녀가 효과적으로 자기를 조절하도록 지도

하는 요령을 다룬 각종 블로그 게시물과 기사, 자기계발서가 쏟아져 나오고 있다. 이런 현상은 유행처럼 일고 있어서, 우리가 어떤 방식을 취사선택해야 할지 이제는 신중히 계획할 필요가 있다. 요가와 명상, 모델링 같은 수련에 이르기까지 다양한 방법들이 있지만, 직관에 어긋나지 않으며 아동의 자연스러운 발달 형태에 부합하는 방식이어야 한다.

불안장애 아동이 전문 분야인 언어치료사 졸린 퍼날드 Joleen Fernald 박사는 지난 10년 동안 사회-정서적 이슈가 크게 대두되는 현상을 목격하고 있다. "여덟 살이면 어느 정도 감정을 조절할 수 있어야 하는 나이인데, 요즘 아이들은 그러지를 못해요! 저는 지금 자폐 스펙트럼에 속한 아이들을 말하는 게 아닙니다. 이 아이들은 특별한 진단이나 치료를 받는 아이들이 아니란 말이지요."

내가 만나 본 교사들도 학교에서 요즘 아이들이 30년 전 아이들보다 감정 조절 문제가 심각해 보인다고 입을 모은다. 교실에서 곧잘 울음을 터뜨리거나 마음먹은 대로 일이 되지 않으면 금세 좌절하는 아이들이 많다는 사실도 지적한다. "예전에는 수업 중에 주저앉아 우는 아이가 드물었는데 지금은 아주 흔해요. 비교적 정도가 덜했던 남자아이들도 이제는 그런 경우가 많습니다." 그들은 아이들이 학교 프로젝트와 수업에 흥미가 없고 동기가 부족해 보인다는 점도 파악하고 있다. 저학년 때부터 집에 오면 학교가 싫다는 말이 터져 나오는 아이들이 많다 보니 부모들의 염려도 늘어나는 상황이다. 이런 상황이라면 학업을 이어 가기에 최상의 여건이라 할 수 없다.

아이들의 감정 기복이 심해지는 배경은 무엇일까? 요즘 아이들이 과거의 아이들에 비해 자기 조절에 어려움을 보이는 이유는 무엇일까?

⊗
아동기 불안의 증가

불안 증세를 보이는 아이들도 늘었다. 이런 아이들은 어두운 환경을 겁내거나 병에 걸릴까 봐 걱정한다. 새로운 환경을 어려워하고, 다치지는 않을까 무서워한다. 어느 연구에 따르면, 적어도 부모 네 명 중에 한 명꼴로 불안장애 진단을 받은 자녀가 있다(Cohen 2013). 심리학자이며 이 분야의 연구로 수상한 로런스 코헨Lawrence Cohen 박사는 그 사실을 다음과 같이 설명한다. "아동기의 불안이 증가 추세에 있다는 점은 틀림없는 사실이다. 아이들은 침대 밑에 숨은 괴물에 대한 공포에서부터 각종 포비아와 패닉,

심각한 불안장애에 이르기까지 온갖 층위의 불안 증세를 보인다." 이어지는 설명에 따르면 그가 심리학 공부를 하던 30년 전에는 아이들 중 10~20퍼센트가 새롭고 낯선 환경에 민감하게 반응하는 기질을 타고났다. 이런 아이들 가운데 일부는 자라면서 걱정이 많고 소심하며 낯가림이 많아지지만, 그 가운데 훨씬 적은 비율인 1~5퍼센트의 아이들만이 이후에 실제로 불안장애 진단을 받았다(Cohen 2013).

그러나 지금도 민감성 기질을 타고나는 아이들은 여전히 전체의 10~20퍼센트 정도지만, 그중에 불안장애 진단을 받는 아이들이 25퍼센트로 치솟았다는 것이 국립정신건강연구소National Institute of Mental Health의 연구 결과다(Cohen 2013). 팀버누크에서도 불안 증세를 보이는 아이들이 일상적으로 눈에 띈다. 아이들이 캠프 환경에 적응할 수 있도록 우리가 어떤 조치를 취하는지 묻는 부모를 보면, 그 아이가 많이 불안해 할 것이라고 짐작할 수 있다. 그런 부모들은 하나같이 이렇게 말한다. "우리 애가 변화에 잘 적응하지 못해요.", 또는 "우리 애는 새로운 환경에 어울리는 일을 어려워해요."

바깥에 존재하는 무언가에 대해 두드러지게 공포를 드러내는 아이들도 많다. 사방이 갇혀 있나는 느낌에 숲에 가기를 두려워하거나 캠프 시작 첫 주에 맨발 활동에 대해 노골적으로 거부감을 드러내기도 한다. 부리에 쪼일까 봐 닭을 만지는 것조차 겁내는 아이들도 있다. 매주 캠프에 오는 아이들 스무 명에 거의 다섯 명꼴로, 어떤 형태로든 불안 증세를 보인다.

우리 아이들의 뇌는 수십 년 전 아이들과는 다른 방식으로 연결되어 있단 말인가? 그렇지 않다면 환경의 요인이 작용하고 있는 것일까? 그 많은 불안 증세는 다 어디에서 오는 것일까? 무엇보다도 불안 증세를 예방하려면 어떻게 해야 할까?

우리 아이는 왜 놀이를 좋아하지 않을까? - 놀이 문화의 변화

어쩌면 놀이터에 간 지 몇 분 만에 돌아와서는 "놀 만한 게 없어"라거나 "재미없어"라고 말하는 아이도 있을 것이다. 여러 연구에서 지난 수십 년에 걸쳐 아이들의 놀이 문화에 큰 변화가 일어났다는 사실이 드러나고 있다(Bundy 1997; Juster, Ono, and Stafford 2004). 아이들이 조직되지 않은 놀이unstructured play를 하며 보내는 시간은 과거에 비해 50퍼센트 감소했다. 그 대신, 요즘 아이들은 시간의 대부분을 실내 활동으로 보낸다(Clements 2004). 또, 아이들은 그 어느 때보다 많은 시간을 전자기기의 스크린 앞에서 보낸다. 아이들이 텔레비전이나 컴퓨터, 비디오 게임에 할애하는 시간이 하루 평균 여섯 시간 이상이라는 연구 결과도 있다(Rideout, Foehr, and Roberts 2010). 아이들이 바깥에서 노는 시간이 눈에 띄게 줄어들면서, 독립적이고 창의적으로 놀지 못하는 모습은 그다지 놀라운 일도 아니게 되었다.

교사들은 쉬는 시간이면 대개 아이들의 모습을 돌아가며 관찰하곤 한다. 내가 몇몇 교사에게 30년 전에 비해 요즘 아이들의 놀이 문화가 어떤지 물어보자 이런 대답이 나왔다. "상상력을 자극하는 놀이는 점점 사라지고 있어요. 예전에는 아이들이 '가상 놀이pretend play'를 하는 모습을 꽤 자주 보곤 했어요. 놀이터에서 자기들의 게임과 세계를 고안해 내곤 했지요. 그런데 지금은 놀이 시설이나 술래잡기 같은 것에만 끌리고 그만 들어오라고 하기 전까지는 그렇게밖에 못 놀아요. 정말 시끄럽고 정신없어요. 목적 없이 무작정 뛰어다니는 것처럼 보이기도 하고요. 과거에 우리가 보던 창의성이란 지금은 거의 찾아볼 수 없어요. 아이들도 자기들끼리 어떻게 놀아야 할지 모르는 것처럼 보이고요. 수다만 떠는가 하면 매번 교사들에게 와서 무엇을 할지 지시를 받고 나서야 안심하고 노는 아이들이 많아요. 그런 모습을 보고 있자니 당황스럽기도 하고 한편으로는 안타깝기도 합니다."

 놀이란 근본이 인간의 본성에서 나오는 것이다. 그런데 우리의 아이들은 놀고자 하는 욕구와 능력을 모두 잃어버리고 있다. 놀고 싶은 마음이 있는데도, 아이들이 스스로 자기들만의 놀이를 만들어 내지 못하는 이유는 무엇일까? 아이들이 조직되지 않은 놀이보다 규칙이 정해진 놀이, 지시에 따르는 놀이에 끌리고, 자기들끼리 이끌어 가기보다는 어른의 지도를 구하는 이유는 무엇일까? 상상놀이가 사라지면서 아이들에게 어떤 식으로든 피해가 가는 것은 아닐까?

요약

냉혹한 현실이지만, 요즘 아이들은 과거 세대의 아이들에 비해 많이 부족하다. 아이들은 점점 약해지고, 회복력도 약해지며, 상상력도 사라지고 있다. 학교에서는 집중하지 못하며, 감정 조절에 어려움을 겪고, 자기가 속한 환경 속에서 순탄하게 지내지 못한다.

영양과 운동exercise은 앞서 언급한 문제점들을 개선하는 데 도움이 될 수 있으며, 이 두 가지는 대다수 부모가 가장 주의를 기울이는 부분이기도 하다. 영양과 운동에 신경 쓰면 비만을 예방하고 전반적인 건강과 학업 성적도 향상된다는 사실이 입증되기도 했다. 그러나 영양과 조직적 운동만을 유일한 해결책으로 여기다 보니 아이들의 감각과 운동motor 기능 발달이 저하되는 데 일조하기도 했다(motor는 근육과 신경에 의한 운동을 말하며, 심신의 건강을 위한 일반적인 운동exercise과 구분된다. 앞으로 원문의 motor는 '운동'으로 exercise는 '신체 운동'으로 표기한다. -옮긴이). 오늘날 우리 아이들에게서 보는 바와 같이, 우리는 발달상의 이정표가 될 이 중요한 기능을 제대로 이해하지 못해 그 능력이 저하되는 것을 자초한 셈이다.

그러나 어둠 속에서도 좋은 소식은 찾을 수 있기 마련이다. 우리 아이들에게도 희망은 있으며 그 해답은 그리 어렵지 않은 곳에 있다. 바로 활동적 자유 놀이가 그 해답이다. 야외에서 이루어지는 활동일수록 더욱 이상적이다. 활동적 자유 놀이는 아이의 감각과 운동 기능의 발달에 필수적이다. 아이들이 일상적으로 바깥에서 놀 수 있도록 시간과 공간을 마련해 주기만 한다면 몸도 마음도 눈에 띄게 건강해질 수 있다. 이어지는 내용에서는 어떻게 하면 건강을 회복할 수 있는지 구체적으로 설명할 것이다. 이를 통해 우리가 지금까지 해 왔던 질문의 답을 찾아보기 바란다.

신체와 감각 ②

앞서 제기한 여러 질문의 답을 찾아 나서기에 앞서 우리 아이들의 신체를 더 자세히 살펴보고자 한다. 아이들의 신체에서 일어나는 엄청난 변화를 알고 나면, 경탄을 넘어 신체의 성장에 대한 이해를 넓힐 수 있을 것이다. 아이들의 뼈와 근육은 결코 성장을 멈추는 일이 없으며, 감각도 쉬지 않고 다듬어진다. 신경 세포인 뉴런도 끊임없이 자극과 흥분을 전달한다. 근육을 조절할 능력도 없던 아이가 1년이라는 짧은 시간에 걸음마를 떼고, 빠르면 달릴 수도 있게 되는 모습은 그야말로 경이로움 그 자체다. 또 한 해가 지나면 아이는 한 발로 설 수도 있고 혼자 힘으로 세 바퀴 자전거를 탈 수도 있게 된다.

아이들은 신체를 단련하면서 말 그대로 무럭무럭 자란다. 그러나 신체가 도전을 받아들이지 못하면 발달이 뒤처지고, 앞선 내용에서 언급한 여러 문제를 드러낼 위험도 있다. 아이들에게 나타나는 근력과 균형, 협응의 문제를 해결하려면, 먼저 운동과 감각 기능을 제대로 이해해야 한다. 이 기능들이야말로 튼튼하고 유능한 아이로 성장하기 위한 기초이기 때문이다. 또한, 신체가 어떻게 성장하는가와 함께 아이의 환경이 성장에 어떤 영향을 끼치는지도 검토하려 한다. 이어서 사회-정서적 기술이 어떻게 발달하는지도 간략히 살펴볼 것이다.

> 신체

 예전에 만난 어느 어머니는 두 딸이 집 밖의 커다란 떡갈나무를 일상적으로 오르내린다고 했다. 아이들이 타기에 그만한 나무도 없었다. 아이들은 방과 후에 집에 오자마자 메고 있던 가방을 던져 두고 나무를 타곤 했다. 그 아이들은 팀버누크에 왔을 때도 우리 숲에 있는 갖가지 나무를 마음껏 타고 놀았다. 빼빼 마른 나무, 나이 든 나무, 가지가 가까이 모여 자란 나무, 가지가 멀찍이 떨어져 자란 나무 등 모양도 다양했다. 나무 하나하나마다 그 아이들에게는 새로운 도전을 위한 축복이나 다름없었다. 아이들은 딛고 잡는 가지가 튼튼한지 확인하면서 가지와 가지 사이를 힘들이지 않고 옮겨 다녔다. 때로는 뒷걸음질하거나 옆걸음을 걸으면서 점점 높이 올라갔다. 이 아이들이 그토록 정확하면서도 수월하게 나무 타는 기술을 익힐 수 있었던 것은 집에서 일상적으로 나무 타기를 연습했기 때문이다.

 신체 발달을 논할 수 있는 주제는 다양하지만, 우리의 목적과 관련해서는 두 가지 주요한 기술의 발달을 염두에 두고 살펴보고자 한다. 그 두 가지는 바로 대근육 운동기술gross motor skills과 소근육 운동기술fine motor skills이다. 이

두 기술은 근육과 뇌, 신경계가 함께 작용하여 신체 활동으로 이어질 때 연마된다. 공을 차고(대근육), 크레용으로 그림을 그리는 것까지(소근육), 그 활동은 다양하다. 대근육·소근육 운동기술을 가다듬고 강화하려면 일상적으로 연습해야 한다.

⊗
대근육 운동기술

대근육 운동기술은 전신의 움직임과 팔다리를 비롯해 여러 신체 부위의 협응을 아우르며, 걷고 달리고 오르내리는 활동에 관여한다. 바닥을 기거나 첫걸음을 내디딜 때처럼 아기가 처음 하는 대근육 운동은 부모라면 가장 애틋하게 간직할 만한 동작일 것이다. 두 살 즈음이 되면 아이들은 서고 걷고 달리며, 물건에 올라타고 내리며, 계단을 오르내리고, 바퀴 달린 놀이 기구를 타며 한 발로도 설 수 있게 된다. 이러한 대근육 운동 활동은 감각 경험과 지속적인 연습, 익숙해질 때까지 가다듬는 노력이 동반되어야 향상되며, 성인이 되어서도 줄곧 사용해야 하는 운동이다.

대근육 운동기술이 정확하게 딱 들어맞으려면 아이들

은 하루 종일 다양한 움직임과 감각 경험으로 대근육군(다리, 팔, 복부, 등의 근육)을 깨우고 움직이는 연습을 해야 한다. 걸음마를 예로 들어 보자. 아기가 처음 걸음마를 배울 때는 매우 불안정하다. 아기는 한두 걸음 떼다가 바닥에 주저앉기도 한다. 균형을 잡고 몸을 지탱하려고 허공에 팔을 휘젓는다. 연습과 함께 걸을 기회가 많아지면 아기는 발걸음을 더 많이 떼기 시작한다. 이제는 네다섯 걸음을 옮기고 주저앉는다. 그다음부터는 방 한쪽에서 건너편으로 더 빨리 묵직한 걸음을 내디딜 수 있게 된다. 아기는 연습을 거듭하면 할수록 요령이 생기고 힘도 붙으며 운동 기술이 몸에 배어 팔을 내리고 걸을 수 있다. 이제는 집중을 덜 하고 노력을 덜 기울이고도 걸을 수 있다.

그러나 걸음마를 떼고 걷는 일이 쉬워졌다고 해서 운동기술을 숙달했다고 할 수는 없다. 아이는 여전히 연습과 단련을 해야 한다. 이런 중요한 근육군을 지속적으로 움직이게 하려면 아이를 밖으로 데리고 나가는 것이 좋다. 바깥은 지형이 다양하고 여러 가지 장애물도 있으며, 타고 넘을 만한 물건과 뛰어내릴 바위, 쫓아다닐 곤충이 널려 있다. 놀이방이나 체육관에 비하면 야외야말로 다양하기 그지없는 환경이다. 바깥 놀이와 탐구 활동은 성인기까지 이어지는 아이들의 운동기술을 키워 주는 자극이 된다.

팔다리 근육과 더불어 코어 근육(복부와 등 근육)과 목 근육도 대근육 운동에 사용된다. 나무를 타거나 바위 사이를 뛰어다닐 때 코어 근육의 관여 여부가 늘 명확히 드러나지는 않는다. 그러나 꼿꼿한 자세와 균형을 유지하려면 코어 근육도 부지런히 작용해야 한다. 이 근육은 문자 그대로 신체 한가운데에 있어서 거의 모든 활동의 중추적 기능을 담당한다. 이 근육은 모든 대근육군과 마찬가지로 팔과 손, 손가락의 작은 근육들이 효과적으로 움직일 수 있는 기초가 된다. 대근육의 근력과 협응, 통제가 뒷받침되지 않으면, 단추 채우기나 가위질, 신발 신기 같은 소근육 운동기술을 숙달하는 것도 매우 힘들어진다.

그러므로 아이들이 대근육의 힘과 기술을 키워 소근육 운동기술을 포함한 다른 모든 운동기술을 보완할 수 있도록 충분한 시간을 주어야 한다. 이어지는 내용을 통해 이 근육들을 단련하는 것이 중요한 이유를 확실히 알 수 있을 것이다.

근력 키우기의 중요성

아이들은 매일 다양한 방식으로 대근육군을 사용해야만 근력을 키울 수 있다. 한 가지 예로, 아기가 날마다 바닥 위에서 보내는 시간이 많으면 주변 환경과 상호작용을 하는 것만으로도 힘을 키운다. 아기는 주위 물체에 닿으려 하고 물건을 발로 차려고 한다든가 더 잘 보려고 몸을 일으켜 세운다. 다른 각도에서 보려고 몸을 굴리기도 한다. 그토록 많은 육아 강좌에서 권장하는 아기 체조도 굳이 필요 없다. 그저 감각 자극이 풍부하면서도 마음을 안정시키는 환경에서 돌아다닐 수만 있다면, 아기의 근육은 충분히 자연스럽게 발달한다.

아이들은 호기심을 타고나며 본능적으로 움직이려는 욕구가 있다. 집 건너편이나 뒤뜰에서 낯선 소리가 들려오면 궁금해 몸이 근질거린다. 팔이 미처 닿지 않는 나무에 화려한 곤충처럼 무언가가 있어 눈에 들어오기라도 하면, 서서 자세히 들여다보려고 몸을 펴기도 한다. 세상을 알고자 하는 동기야말로 아기들이 근육을 써서 앞으로 나아가게 하는 추진력이다.

바깥 활동을 하면서 아이들은 변화무쌍한 환경과 친해질 수 있다. 구름 뒤에서 해가 나타나면 아기는 햇빛을 받으려 그늘 밖으로 기어나가고, 좀 더 크면 들뜬 마음에 제자리를 돌며 놀 것이다. 푹신한 풀이 가득한 경사지라면 굴러 내리고 싶은 아이도 있을 것이며, 반대로 정상까지 시합을 벌이는 아이들도 있을 것이다. 꾸준히 다양한 방식으로 대근육군이 활동에 쓰이면 팔과 다리, 머리와 눈이 움직일 수 있는 강력한 기반이 마련된다. 그와 함께 보고 듣는 기술도 좋아지고, 더 정확하고 효과적으로 신체를 움직일 수 있다.

그러나 연습을 거듭하지 않아서 적당한 근력이 생기지 않는다면, 주위를 안정적으로 돌아다니기 위해 모든 일에 수고를 더 들이고 신경도 더 기울여야 한다. 대근육 운동기술이 약한 아이들은 학교에서 허리를 펴고 앉기가 어렵고, 체육 시간에 지구력도 달린다. 또한 신체 협응력도 신통치 않고 앞에서 언급했듯이 부상의 위험도 커진다.

대근육 운동기술을 최적의 상태로 유지하려면, 두 살 아래 아이의 경우 하루 '종일', 되도록 네 시간 이상은 활동하도록 해야 한다. 기어 다니고, 오르고, 껑충 뛰고, 구르고, 걷고, 달릴 기회를 아이들에게 꾸준히 주어야 한다. 좀 더 자란 아이들은 앞서 말한 활동에 더해 쪼그려 앉기, 매달리기, 무거운 물건 나르기, 뛰어내리기, 앞뒤로 구르기를 비롯해 힘이 더 드는 활동을 적어도 하루 세 시간 이상 하는 것이 좋다.

코어 근력

코어 근력은 종종 오해를 불러일으킨다. 코어 근력이라고 하면 대개 울퉁불퉁하고 단단한 식스팩 복근에 수영

복을 입고 뽐내는 부위를 떠올린다. 그러나 코어 근력은 여러 근육군에서 나오며, 외부에 보이는 근육에만 한정되지 않는다. 코어 근육은 흔히 복근이라고 하는 코어 외근육과 코어 내근육으로 이루어진다. 코어 내근육은 엉덩이, 골반바닥, 횡격막, 척추를 둘러싼 근육들이다. 코어 내근육이 튼튼하면 척추가 안정적으로 자리 잡고 신체 정렬이 좋아지며, 동작이 유연해진다. 코어 내근육은 자세 조절과 심호흡 패턴을 지탱하고, 코어 외근육이 움직일 수 있는 강력한 기반이 된다. 아이들이 꼿꼿하고 견고한 자세를 유지할 수 있게 하는 근육이기도 하다. 코어 내근육이 튼튼하지 않으면, 더 밖에 있는 외근육을 가동해 보완해야 꼿꼿한 자세를 유지할 수 있다.

코어 외근육은 밀고 당기는 움직임(예를 들어, 문을 밀어 열거나 나뭇가지 타고 오르기)처럼 신속하고 힘이 드는 동작에 쓰이며, 지속적으로 사용하기에는 적합하지 않다. 코어 외근육이 안정적인 자세를 유지하는 데 쓰이려면 에너지와 집중력이 훨씬 더 소모된다. 따라서, 코어 내근육이 약한 아이들은 그 대신 외근육을 동원할 때 더 많은 힘을 쏟아야 하므로 금세 지치고 주의력도 빨리 떨어진다. 코어 내근육의 근력이 부족하면 자세가 축 처지고 지구력도 부족해지며 신체 균형도 무너진다.

코어 근력은 젖먹이처럼 어릴 때부터 발달하기 시작한다. 아기 시절에 특히 바닥에 엎드려 지내는 시간이 많으면 코어 근육도 발달하기 시작한다. 아기들에게 '터미 타임tummy time'(아기의 상체 힘을 길러 주기 위해 엎어 놓는 훈련-옮긴이)을 주면 머리를 들어 올리는 요령을 익히기 시작한다. 이렇게 하면 목과 등 부위의 근육도 발달한다. 따라서 더 잘 보고 잘 듣기 위해서는 목 근육이 단련되어야 한다. 터미 타임은 체중을 신체 다른 부위로 옮겨 그 부위를 강화하는 데에도 도움이 된다. 바닥 활동이 많을수록 등에서 배로, 배에서 등으로 몸을 뒤집으면서 등과 복부의 근육도 지속적으로 발달하게 된다.

몇 돌 지난 아이들은 자유 놀이 활동, 특히 바깥에서 하는 활동으로 코어 근력을 발달시킬 수 있다. 나무를 타고 언덕을 구르며, 수영하고 자전거를 타며, 폴짝 뛰고 주위를 달리면서 근육에 힘을 주고 단련한다. 자전거 타기만 하더라도 몸의 중앙 또는 코어에서 균형을 잡고 안정된 자세를 유지해야 팔다리 동작이 효과적으로 협응할 수 있다. 나무를 타려면 코어 내·외근육이 활발하게 기능해야 하며, 그렇게 해야 아이가 자기 몸의 위치를 가늠해 위로 밀어 올릴 때 흐트러짐 없이 이동할 수 있다. 거듭 강조하지만, 굳이 틀에 짜인 신체 운동을 할 필요는 없다. 아이에게 움직일 시간과 공간만 충분하다면, 견고한 코어 근육을 만들려고 일부러 근육 훈련을 하지 않아도 저절로 그 효과를 얻을 수 있기 때문이다.

상체 근력

치료사들이 '상체' 근육의 치료와 관련하여 언급하는 부위는 보통 팔과 가슴, 등과 어깨의 근육이다. 이 근육들은 손과 손가락이 더욱 정교하게 움직일 수 있는 바탕이 된다. 연필을 쥐고 잘 쓰려면 어깨와 팔이 적절한 힘으로 단단히 받쳐 주어야 한다.

상체 근육이 튼튼하고 잘 발달되면 상체와 팔이 정교하고 유연하게 움직일 수 있는 여건이 마련된다. 야구 방망이를 빠르고 정확하게 휘두르거나 큰 힘을 들이지 않고 구름사다리를 옮겨 다닐 수도 있게 된다. 바닥을 기어 다니면 상체와 어깨가 튼튼해지고, 나중에 작은 물건을 집거나 크레용으로 그리기 같은 소근육 운동기술의 기반이 된다는 점에서, 기어 다니는 활동은 아기의 성장에 이정표가 된다.

여러 돌 지난 아이들은 다양한 놀이 활동으로 어깨를 지속해서 단련하고 가다듬는다. 손 짚고 옆으로 재주넘기, 밧줄그네 매달리기, 정글짐 오르기, 큰 고무공 던지고 받기 등의 활동을 예로 들 수 있다. 놀 기회가 많을수록 아이들의 근육도 튼튼해진다.

지구력

'지구력'은 신체적으로 힘이 드는 일을 지속할 수 있는 능력을 의미한다. 지구력이 약한 아이는 쉽게 지치고 빨리 포기한다. 강한 지구력은 여러 측면에서 중요하다. 지구력이 있어야 오래 쉬지 않고도 여러 시간 동안 놀 수 있다. 건강한 신체와 면역 체계도 지구력이 관건이다. 지구력이 받쳐 주면 스포츠나 체육 활동에서 우수한 성과를 낼 수 있다. 대체로 멈추지 않고 놀이를 이어 갈 수 있으면 아이들은 기분도 좋아지고 그만큼 자신감도 높아진다.

지구력을 키우는 데 필요한 두 가지 요소는 적당한 근력과 심박 활동을 유발하는 놀이다. 아이들에게는 근력을 키우고 유지할 기회가 많아야 하는데, 앞에서 살펴보았듯이 바깥 놀이를 통해 근력을 키울 수 있다. 무거운 돌을 옮겨 둑을 쌓고 나무를 타며, 줄사다리를 오르내리고 모래사장에서 구덩이를 판다. 쉼 없이 그네를 타고 자전거를 탄다. 이런 활동은 모두 아이들이 놀면서 근력을 키울 수 있는 좋은 예다.

심박 활동을 유발하는 활동적 놀이는 단지 건강의 차

원을 넘어 심장을 튼튼하게 하고 폐의 산소 흡입 능력을 높인다는 점에서 중요하다. 달리기와 술래잡기, 수영과 스케이트보드 같은 활동적 놀이를 꾸준히 하면 심장과 폐의 기능이 향상되어 활동을 늘려 나갈 수 있다. 이에 따라 체력이 강해지면서 힘든 놀이도 잘 견뎌 낼 수 있다.

자세 조절

'자세 조절'은 신체를 가지런히 정렬해 유지하는 능력이다. 꼿꼿하게 앉기부터 기어 다니기, 마침내 제힘으로 서기까지, 아기가 발달상의 전환기를 맞이하려면 적절한 자세 조절이 받쳐 주어야 한다. 자세 조절이 된다면 아기는 주위를 돌아다니면서 안정적으로 균형을 잡을 수 있다. 아기들은 중력을 거스르는 요령을 익히면서 자세를 조절하는 것도 몸에 밴다(Case-Smith 2001).

아기들이 연습을 거듭해서 바닥 위를 돌아다니면 목과 몸을 가누는 요령을 터득하므로, 안고 다닐 때 더 이상 받쳐 주지 않아도 된다. 네 발로 기어 다니다가 허리를 세워 앉고, 마침내 혼자 돌아다닐 기회가 왔을 때 일어서기까지 이어지는 움직임도 수월할 것이다. 걸음마를 시작할 때 보이는 불안정한 모습도 몸이 튼튼해지고 자세를 제법 조절하게 되면 사라지기 시작한다. 아이들은 꾸준히 중력을 거스르는 놀이를 하면서 자세를 조절하는 요령을 숙달하고, 마침내 자세를 안정적으로 조절할 수 있게 된다.

아이들은 중력을 거슬러 움직이면서 그에 필요한 근력을 키우고 자세를 조절하고 유지하는 데 필요한 균형 패턴을 터득한다. 그네 타기, 나무나 봉 타기, 놀이터의 회전기구 타기, 엎드린 채 팔다리 들고 썰매 타기, 줄넘기, 언덕에서 굴러 내리고 다시 오르기 같은 놀이는 모두 자세 조절을 익히기에 좋은 활동이다. 흔히들 믿는 것과 달리, 꼿꼿이 오래 앉아 있는 습관은 좋은 자세를 유지하는 데 도움이 되지 않는다. 오히려 근육의 피로도를 높여 나쁜 자세를 초래한다. 척추가 완벽한 1자가 되도록 앉는 자세는 피아노 레슨에 도움이 될지는 몰라도 아이가 장시간 앉아 있어야 한다면 권할 만한 자세는 아니다.

아기용 보조기구(보행기, 유아용 좌석 등)나 아이들에게 강요하는 비정상적인 규칙(방과 후 집에서도 숙제를 시키는 등)에서 볼 수 있듯이 오랜 시간 의자에 앉아 자세와 동작이 제한되면 적절한 근력을 키우고 자세를 조절하기 어렵다. 자세 조절이 안 되는 아이들은 의자에서 넘어지기 쉽고, 앉아 있더라도 책상에 기대야 하는 경우가 많다. 놀이기구에 오르내릴 때마다 넘어지고, 앉은 자세와 선 자세가 모두 구부정하다. 그러므로 아이들에게 놀 기회를 많이 주어 신체가 중력을 거슬러 활동하고 단련되도록 해야 한다.

대근육 운동 협응

'대근육 운동 협응'은 일련의 동작을 정확하고 딱딱 맞아떨어지도록 반복적으로 실행하는 능력이다. 이 능력이 발달하지 않으면, 동작이 서툴고 사고에도 취약하다. 대근육 운동 협응이 발달하려면, 공간에서 자기 신체의 위치를 잘 지각해야 하며(이것을 전정감각이라 하는데 이 장의 후반부에서 다루겠다) 코어 근육도 튼튼해야 한다. 많은 작업치료사가 기초적인 대근육 운동 협응의 필수 조건으로 '정중선(신체 중앙) 교차crossing the midline'의 중요성을 강조한다. 코어 내근육(엉덩이, 척추, 골반바닥, 횡격막 부위의 근육)이 바로 신체의 정중선을 형성한다. 코어 근력이 받쳐 주지 않으면 신체 중앙을 제대로 인지할 수 없는데, 이것은 부드럽고 효과적인 신체 동작을 지탱해 줄 닻이 없는 상황이나 다름없다. 따라서 협응력을 높이기 위해서는 무엇보다도 신체를 움직이고 단련할 기회가 많아야 한다.

코어, 즉 중앙을 제대로 인식하고 그 힘이 잘 갖추어지면 아이들은 자기 몸의 중앙에서 이루어지는 놀이로 시험 삼아 움직이기 시작한다. 6개월 즈음 되면 아기는 자기 몸의 가운데 부근에서 물건을 부딪치기 시작한다. 좀 지나면 손뼉을 마주치기 시작하고, 마침내 기거나 물건을 집기 위해 몸 중앙에 손이 미치게 된다. 이런 과정은 고차원의 협응 기술을 익히기 위한 첫 단계라 할 수 있다. 나중에 아기들은 기는 동작같이 더욱 복잡한 대근육 운동 협응 기술을 터득한다. 아기들이 기는 동작은 정중선 반대편의 팔과 다리를 교차로 움직일 줄 알게 되면서 나오는데, 이것은 더욱 복잡한 기술이다. 아기가 새로운 기술을 하나씩 익힐 때마다 고차원의 기술을 익힐 수 있는 기반이 마련된다. 인식하지 못하는 동안에, 아기는 어느새 공을 차고 줄도 넘을 수 있게 된다.

 몇 돌 이상 지난 아이들은 신체 활동을 거듭하며 대근육 협응 기술을 꾸준히 다듬는다. 이것은 아주 간단한 이치다. 1년에 나무를 겨우 한두 번 정도 타는 아이는 그만큼 서툴고 나무에 오르는 높이도 땅에서 그다지 높지 않다. 그러나 앞서 언급한 두 소녀처럼 일상적으로 나무를 타는 아이는 능숙하게 나무 타기에 필요한 근육이 발달하고 협응 능력도 커질 뿐만 아니라, 어떤 신체 활동을 하더라도 자신감이 넘치며, 튼튼하고 안전하게 할 수 있다.

소근육 운동기술

'소근육 운동기술'은 작은 근육의 움직임과 연관된 기술인데, 보통 눈의 움직임에 상응하는 손과 손가락의 동작이 여기에 해당한다. 시리얼을 한 움큼 집어 입으로 가져간다거나 연필을 쥐고 종이 위에 쓰는 동작, 신발 끈 매기, 칼을 잡아 고기를 깔끔하게 써는 동작이 소근육 운동기술에서 출발한다. 소근육 운동기술이 좋으려면 코어 근육이 강하고 어깨도 안정적으로 받쳐 주어야 한다. 이런 기초 조건이 탄탄해야 더욱 정교한 작업에 집중하고 에너지를 쏟을 수 있다. 대근육 협응 기술에서와 마찬가지로, 일단 기초가 견고하게 다져지면 아이들은 물건을 움켜쥐고 조작할 기회를 많이 찾아 손가락 힘을 길러야 한다.

소근육 운동 근력

'소근육 운동 근력'은 손과 손가락, 손목의 작은 근육 단련에 관여하며, 상당히 많은 일상 업무에 필요하다. 지퍼 채우기, 열쇠 돌리기, 구름사다리 잡기, 포장 뜯기, 가위질 등이 여기 해당한다. 소근육 운동 근력에 문제가 있는 아이는 이러한 일들을 할 때 어려움을 겪게 된다.

아이들은 작은 물건을 만지작거리거나 저항력이 있는

일을 하면서 소근육 운동 근력을 키운다. 아기는 바닥을 기어 다니면서 손바닥의 장심arches에 힘이 붙는데, 후에 작은 물건을 움켜쥐려면 이 힘이 필요하다. 대근육 운동기술을 연마할 때와 마찬가지로 아이들에게 손을 사용하여 주위 환경을 탐색할 시간을 많이 주어야 한다. 물건을 집어서 손으로 감싸 돌리기, 잠긴 물건 열기와 풀기 같은 동작을 또 다른 물건으로 이어 갈 기회가 많을수록 좋다. 아이들이 손을 사용할 기회가 많을수록 손과 손가락의 근육이 강하고 예민해진다. 찰흙 빚기, 숟가락으로 흙 파기, 텃밭의 풀 뽑기, 길바닥에 분필로 낙서하기 같은 놀이는 아이들이 손의 힘을 저절로 키우기에 안성맞춤이다.

좀 더 큰 아이들은 매일 다양한 활동으로 소근육 운동 근력을 꾸준히 다듬고 유지한다. 삽질이나 갈퀴로 그러모으기, 텃밭 파헤치기 같은 바깥일은 일을 마칠 때까지 손으로 단단히 쥐고 해야 하는 활동이다.

연장을 사용하는 작업에도 소근육 운동 근력이 많이 필요하다. 못을 박으려면 아이는 한 손으로는 망치를 단단히 쥐고, 다른 손으로는 더 세밀한 힘으로 못을 잘 잡아 주어야 한다. 드라이버로 나사를 조이고 풀거나 볼트와 너트를 결합하는 작업, 심지어 주머니칼로 나무를 깎는 작업 모두 손과 손가락에 힘이 필요하다. 물론, 웬만큼 나이가 든 아이라면 당연히 칼을 사용할 수 있는데, 칼 다루는 기술은 아이에게도 중요하다. 대부분의 부상은 손 근육이 약하고 소근육 운동기술을 잘 단련하지 않아서 생긴다. 아이라 해도 손과 팔이 튼튼하다면 웬만한 어른만큼 다칠 염려를 하지 않아도 된다.

소근육 운동 협응

신체가 어느 정도 단단해지고 손의 힘도 제법 생기면, 손과 손가락이 다양한 종류의 움켜쥐는 동작은 물론, 손재주가 필요한 동작이나 손가락을 따로 쓰는 동작도 자유롭게 하기 시작한다. 아이들은 다양한 물건을 다루게 되면서 점점 더 정교한 손동작을 익힌다. 예를 들어, 아기는 손바닥을 편 채 물건을 찰싹 때리기를 반복하다가 나중에는 주먹을 꽉 쥐고 장난감을 움켜잡기 시작한다.

많은 연습 끝에 손에 힘이 붙으면 아기는 각각의 손가락을 따로 움직일 수 있고 조절도 할 수 있게 된다. 이때가 손가락 몇 개만 써서 물건을 잡기 시작하는 시기다. 아기는 마침내 더 복잡한 기술을 익혀, 숟가락을 쥐고 음식을 흘리지 않고도 입으로 가져갈 수 있고 크레용으로 그림을 그리면서 다른 손으로는 종이가 움직이지 않게 붙잡을 수 있다.

협응이 약한 아이는 종이를 자르고 색칠하고, 신발 끈을 묶는 등 손을 쓰는 일들에 모두 서툴다. 아이들은 매일매일 새롭고 의욕적인 활동으로 손과 손가락의 협응 기술을 향상시키는데, 물건을 쥐고 조작할 기회가 많아야 기술을 정교하게 다듬을 수 있다. 물건을 단단히 움켜쥐고 정교하게 집을 수 있는 기회가 많고 소근육 운동기술과 조절 능력을 다듬을 기회가 많다면, 연필을 올바로 쥐거나 심지어 피아노 연주 같은 동작도 좀 더 수월해진다.

좀 더 나이가 많은 아이는 다양한 방식으로 손쓰는 일을 하면서 소근육 협응을 가다듬고 익힌다. 우정 팔찌 꼬기, 메모장에 스케치하기, 뜨개질로 장갑 짜기, 드라이버로 나사 풀고 조이기, 모형 만들기, 도예 같은 작업은 모두 손가락을 움직여 협응을 향상시키기에 적당하다. 대근육 운동 협응과 마찬가지로, 손을 많이 쓰면 쓸수록 아이의 손가락 협응이 더욱 능숙해진다.

감각

인간에게 오감이 있다는 사실은 누구나 안다. 촉각, 시각, 청각, 후각, 그리고 미각이다. 그러나 실은 이 외에도 두 가지 감각이 더 있다. 그중 하나인 '고유수용성감각 proprioception'은 직접 보지 않고도 자기 신체 부위의 움직임을 알 수 있는 감각이다. 다른 하나인 '전정감각vestibular sense'은 공간에서 자기 신체의 위치를 인지하는 감각이다. 주변 환경에서 자기 몸을 조절하며 수월하게 움직일 수 있는 능력은 이 감각에 좌우된다.

우리가 환경에서 기능하는 능력에는 모든 감각이 영향을 끼친다. 진화 과정에서 인간의 생존은 사실상 감각에 달려 있었다고 해도 과언이 아니다. 감각으로 위험을 인지해 경계하고 침착히 대응하며, 심지어 쥐 죽은 듯 있을 수도 있기 때문이다.

감각에서 받은 피드백으로 우리는 주변 환경에 대한 중요한 정보를 얻는다. 아이들의 웃음소리, 다가오는 폭풍우의 냉기, 연기의 냄새. 이런 징후에서 파악한 정보로 우리는 감을 잡고 행동 방식을 정한다. 유입되는 감각을 처리해 파악하는 행동은 마치 퍼즐 조각을 하나하나 맞추어 환경과 신체, 신체 능력이 펼쳐진 멋진 그림을 완성하는 일과 같으며 이것을 '감각 구성sensory organization'이라 한다. 더 차분하고 기민할수록 감각 처리와 구성도 수월하다.

반면에 한꺼번에 너무 많은 정보가 활동하면 '감각 해체sensory disorganization'가 일어난다. 이 경우 우리 몸은 정보를 원활히 해석하지 못해 종종 '투쟁-도피 반응fight-or-flight response'으로 치닫는다. 감각 과부하로 인해 신경계는 마치 위험이 닥친 것처럼 반응하며, 이 경우 사람은 멈추어 싸우거나 도망가는 방식을 택한다.

투쟁-도피 반응에 직면하면 심박수 증가, 동공 확장, 밭은 호흡, 근육의 긴장, 발한 등의 증상이 나타난다. 곰을 마주칠 때와 같은 실제 위험 상황이라면 이런 반응은 정상적이다. 그러나 아이가 시험을 치르는데 주변에 밝은 색이 과다하거나 교실에 소음이 커서 불필요한 긴장을 유발한다면 도움이 되지 않는다.

이어지는 내용에서는 언급한 일곱 가지 감각을 살펴보고, 그 감각들이 어떻게 기능하고 발달하는지 알아볼 것이다. 아이의 전반적인 발달과정에서 감각의 중요성을 이해하면 아이가 겪게 되는 감각 경험을 최적화하여 감각 구성을 이루고 감각이 해체되는 상황을 피할 수 있다.

⊗
촉각

촉각은 자궁 속 태아에게서 가장 먼저 발달하는 감각이며 신체에서 가장 넓게 분포하는 감각기관이다(Biel and Peske 2009). 우리는 머리에서 발끝까지 피부 전체에 퍼진 감각수용기나 세포로 촉각 정보를 받아들인다. 압력과 진동, 동작, 온도와 통증 같은 감각 자극이 촉각수용기를 활성시키고 자극 입력을 뇌로 보내면 뇌가 그 정보를 해석한다. 불어오는 가벼운 미풍에서부터 맨발에 전해지는 차고 딱딱한 바닥에 이르기까지, 우리는 능동적으로든 수동적으로든 늘 무언가와 접촉한다(Kranowitz 1998).

촉각은 환경 관련 필수 정보를 전달한다. 바깥 온도가 어떤 느낌인지 알려 주고 만지는 물체에 대한 피드백을 주며(거칠거나 매끄러운가, 시원하거나 따뜻한가, 딱딱하거나 부드러운가), 통증이 있으면 알려 준다(무릎이 까질 때처럼). 촉각은 위험을 경고할 수도 있다. 등에 통증이 지속되어 왔다면 우리는 증세가 더 깊어지기 전에 의료기관을 찾는다. 우리는 촉각으로 위안을 얻기도 한다. 어린아이는 어머니의 따뜻한 품에서 마음을 달래고 진정한다.

신생아의 촉각은 아직 완성되지 않은 상태다. 기저귀가 축축하면 감지하고 누군가 볼을 톡톡 두드리면 반사적으로 고개를 돌리는 수준이다. 하지만 어디에서 감촉이 오는지 아직 제대로 파악할 수 없다. 뇌는 아직 신체 부위를 분간할 줄 모른다. 아기는 다양한 촉각 경험에 노출되면서 차츰 어디에서 촉감이 오는지, 무엇을 만지는지 구분할 줄 알게 되며, 주변의 물체와 자신에 대해서도 깨우치게 된다.

촉각에 문제가 있는 아이는 접촉 경험에 과민반응을 보이기도 한다. 이것을 '촉각 방어tactile defensiveness'라고 한다. 촉각 방어가 있는 아이는 해롭지 않은 물체에도 투쟁-도피 반응을 보이기도 한다. 손이나 얼굴이 지저분해지면 쉽게 화를 내거나, 무엇이 닿거나 남이 만지는 것을 피하기도 하고, 양치를 싫어할 수도 있다. 모래 위나 풀밭을 맨발로 걸으면 불안해하는 아이도 있다. 그런가 하면 이와 정반대로 접촉에 둔감한 아이들도 있다. 그런 아이들은 피부가 쓸리거나 입에 음식이 닿아도 알아채지 못하기도 한다.

⊗
고유수용성감각

고유수용성감각은 관절 부위의 감각수용기, 근육, 인대, 결합조직에 분포하며 관절의 위치와 움직임을 감지해 눈으로 직접 확인하지 않고도 신체 부위가 어디에 있는지 알려 주는 기능을 한다. 감각수용기는 근육과 결합조직이 늘어나거나 쉴 때를 알아차리고(Biel and Peske 2009), 뇌는 감각수용기에서 온 정보를 분석해 신체의 자세와 동작에 대한 감각을 보낸다. 고유수용성감각은 그런 정보를 바탕으로 우리가 일을 할 때 어느 정도의 힘을 사용해야 하는지 조절한다. 가령 으깨지 않고 삶은 달걀을 깐다든가 세게 쥐어짜지 않고 병아리를 감싸 쥐고, 종이가 찢어지지 않게 펜으로 종이 위에 쓰는 동작이 이 감각에서 나온다.

아이들은 일련의 밀고 당기는 동작으로 고유수용성감각을 발달시킨다. 자기만의 은신처를 만들면서 무거운 나무를 들어 올리고 바닥에 내려놓거나, 낙엽을 그러모으고 삽으로 눈을 치우는 활동에서처럼 주변 환경과 상호작용할 때 밀고 당기는 동작이 일어난다. 이런 동작으로 새로운 중력 하중과 적응력을 끌어내 점차 뼈와 근육조직이 튼튼해진다. 더불어 서로 다른 근육의 능력에 대한 지각도 늘어나고 위치 선정도 좋아져 신체 지각을 더 잘할 수 있게 된다.

고유수용성감각이 약한 아이는 대체로 골절, 낙상, 탈구, 부상에 더 취약하다. 신체 부위의 동작이 정확한지 보려고 일일이 눈으로 확인해야 할 때도 있다. 걷고 포옹하고 점프하는 등의 동작에서 얼마나 힘을 주어야 할지 몰라 조절하는 것을 어려워하기도 한다. 이 감각의 피드백을 적절히 받지 못하면 의자에서 떨어지거나 걷다가 자주 넘어지고, 계단을 오르내릴 때 자기 발에 걸리기도 한다. 그만큼 사고에도 취약하다. 앞 장에서 예시한 술래잡기도 이런 상황에 해당한다. 힘 조절이 안 되어서 너무 강하게 상대방을 때리는 원인 중 하나도 바로 고유수용성감각이 약하기 때문이다.

이 감각을 키우고 유지하려면 관절과 근육, 연결조직에 저항을 일으키는 놀이를 하는 것이 좋다. 이런 활동을 '힘든 활동heavy work'이라 할 수 있는데, 기본적으로 무거운 물건을 밀고 당기고 옮기는 활동이 여기에 해당한다. 다른 아이를 수레에 태워 끌거나 무거운 바위를 들어 냇물에 둑을 쌓고 흙이나 모래에 구덩이를 파는 활동은 관절과 근육, 연결조직에 유익한 감각 입력을 보내기에 가장 좋다. 힘든 활동을 하면 고유수용성감각계가 강해지고 잘 기능할 수 있다.

전정감각

앞서 내가 관찰했던 5학년 학급의 아이들은 수업 내내 잠시도 가만히 있지 않았다. 나는 동료와 함께 아이들이 늘 꼼지락대는 이유를 좀 더 파헤쳐 보기로 했다. 우리는 그 학교 세 학급 아이들의 코어 근력과 균형 기술을 측정해 1984년 아이들의 평균치와 비교했다. 그 결과, 30년 전 아이들의 평균치에 근접한 것은 '열두 명 중 단 한 명' 꼴이었다. 이 예비 연구에서 얻은 자료는 깜짝 놀랄 만한 수준이었다. 1980년대, 그러니까 내 세대의 아이들과 비교하면 열두 명 중 열한 명에게서 코어 근력과 균형의 결손이 심각한 것이다. 도대체 어찌 된 영문일까?

아이들 대부분은 간단한 균형 잡기조차 쩔쩔맸다. 가령, 눈 뜨고 열 번 제자리를 돌고 나서 나중에 눈을 감은 채 돌도록 하자, 두 경우 모두 아이들은 땅에 쓰러져 버렸다. 그 과정에서 달팽이처럼 느릿하게 발을 질질 끄는가 하면, 눈의 반응이 예사롭지 않은(이를테면, 제자리에서 돈 후 보통 이상으로 오랫동안 빠른 속도로 눈이 돈다든가) 아이도 있었다. 몸의 감각에 의지하는 대신 뻗은 팔을 보며 따라다니는 아이도 있었다. 많은 아이들이 단순히 제자리를 도는 동작도 어려워하며 안간힘을 쓰는 모습은 참으로 놀라웠다.

나는 곧 아이들의 전정감각에 무언가 문제가 있음을 알아차렸다.

전정감각은 모든 감각 중에서 가장 쉽게 지나치는 것이기도 하다. 그렇지만 파급력이 가장 크고, 분명 우리 감각 중에서도 최고로 꼽을 만큼 필수적인 감각이다. 전정감각은 평형감각이라고도 한다. 사람의 내이inner ear에는 미세한 털이 나 있어서, 몸과 머리를 사방으로 움직일 때 그 안의 액체가 흐르고 이 미세한 털을 자극한다. 이 자극으로 몸이 공간에서 어디에 위치하는지 인식할 수 있고, 주변 환경으로부터 자기 몸을 제어하며 수월하게 움직일 수 있다.

전정감각이 좋은 아이는 협응이 좋고 신체 지각이 정확하며 균형도 능숙하게 유지한다. 예를 들어 해변의 바위와 바위 사이를 정확히 가볍게 뛰어다닐 수 있다. 반면 이 감각의 기능이 약하면 늘 부딪치고 자기 발에 걸리거나, 대화할 때 너무 밀착하고 넘어지는 동작이 종종 나타난다.

전정감각이 잘 발달하지 않아 주위를 감안한 신체의 위치 정보를 정확히 파악하지 못하면, 다른 모든 감각도 영향을 받아 일상생활에서 난처한 상황을 종종 겪게 된다. 실제로 전정감각과 청각, 시각은 서로 연결되어 있으며, 이 중 하나라도 제대로 작동하지 않으면 다른 두 감각도 영향을 받기 쉽다.

소아 작업치료 분야의 전설로 통하는 A. 진 에이어스 A. Jean Ayres 박사는 감각 통합 연구에 평생을 바쳤는데, 특별히 전정감각에 주목해 다음과 같이 기록했다. "감각의 네트워크인 전정계는 모든 감각을 통합하는 체계다. 다른 모든 감각이 전정계의 기본 정보와 관련하여 처리된다. (…) 전정계가 일관되고 정확하게 기능하지 않으면, 다른 감각들의 해석이 불일치하고 부정확해지며 신경계도 '발동'이 걸리는 데 어려움이 따를 것이다(Ayres 2000, 37)."

안타깝게도 요즘에는 활동할 기회가 부족해서, 미처 전정감각이 발달하지 못한 채로 다니는 아이들이 많다. 그 결과, 안절부절못하고 좌절감에 울고, 넘어지고 떨어지고, 과격하며 좀처럼 집중하지 못하는 모습이 나타난다.

아이들은 움직일 기회가 많아야 전정감각이 발달하는데, 특히 중력을 거스르는 활동이 유효하다. 걷기와 달리기로도 어느 정도의 입력이 들어오지만, 꼿꼿한 자세를 벗어난 활동을 하면 내이에 입력이 더 많이 들어온다. 즉, 거꾸로 서기나 제자리 돌기, 앞뒤로 구르기, 그네 타기 같은 활동이 큰 효과가 있다. 철봉에 거꾸로 매달리기나 언덕에서 굴러내리기, 심장이 뛸 정도로 춤을 추는 등의 평범한 활동으로도 전정기관에 입력이 생긴다.

⊗
시각

시각은 복잡하고 난해한 감각이다. 들어오는 빛으로 주변 환경 자료를 해석해 시각을 얻는다. 우리는 시각으로 주위를 탐색하고, 주변 물체와의 상대적인 위치를 판단한다. 아이들이 다른 감각으로 파악한 정보는 시각으로 강화된다. 가령 아이는 다른 방에서 풍겨 오는 빵 냄새를 맡고는 살펴보러 가서 그 냄새가 정말 빵 냄새였다는 사실을 직접 눈으로 확인한다.

시각은 1차적으로 크기와 형태, 색 같은 물체의 특성과 아울러 그 물체가 무엇인지 판단하게 하는 기능을 한다. 또한 물체가 만지기에 안전한지, 어떤 느낌인지, 얼마나 무거운지 떠올리는 데 도움이 된다(Roley, Blanche, and Schaaf 2001). 시각은 생존에도 매우 중요한 기능을 한다. 쉬운 예로, 시각계가 완전히 잘 기능하는 아이는 바위에 올라설 때 지면에서 얼마나 높이 떨어져 있는지 가늠할 수 있다. 바위가 너무 높아 보인다면, 뇌는 바위에서 뛰어내리는 행위를 위험하다고 해석한다. 아이는 지난번에 자신이 무난히 뛰어내렸던 높이를 시각적으로 기억해, 바위가 지면에서 다소 가깝다고 판단하면 뛰어내리려 할 것이다.

신생아에게도 볼 수 있는 능력이 있지만, 아직 초점이

잡히지 않아 복잡한 형태나 여러 색상 간의 차이를 정확히 구분하지 못한다. 이 감각을 발달시키는 첫 단계로 아이는 움직이는 물체나 사람을 따라 눈을 움직이고, 이어서 머리를 움직일 줄 알게 된다. 목 근육이 튼튼하면 쳐다보고 관찰하는 반응이 잘 유지될 수 있도록 지탱해 준다(Ayres 2000). 완전히 잘 기능하는 전정계는 눈에 있는 여섯 개의 근육을 잘 받쳐 준다. 카메라의 삼각대처럼 눈이 흔들리지 않고 물체에 초점을 모을 수 있도록 잘 잡아 주며, 부드럽고 정확하게 물체를 탐색할 수 있는 것도 이 때문이다. 따라서 시계가 정상적으로 발달하고 잘 기능하려면 풍부한 전신 활동과 목과 눈 부위의 근력이 필수적이다.

시각에 문제가 있는 아이는 얼굴과 다른 물체에 초점을 맞추는 것을 어려워하기도 한다. 무언가를 찾으려 방 안을 살펴보거나 물체의 심도를 분석하는 것도 어려울 수 있다. 눈이 밝은 빛에 예민할 수도 있다. 이런 문제 때문에 안전상의 문제는 물론, 칠판의 판서를 옮겨 적는 등 일상의 활동이 어려워지기도 한다. 두통이 잦고 눈을 자주 비비는 아이, 눈을 가늘게 뜨고 보는 아이, 필기나 그림 솜씨가 볼품없는 아이, 잘 읽지 못하는 아이, 주변 물체에 쉽게 산만해지는 아이, 집중하기 어려운 아이라면 눈에 대한 진단을 받아 볼 필요도 있다.

아이가 실제 생활에 시각적 기술을 적용하는 데 어려움을 겪는다면 검안사에게 측정을 받아 보는 것이 좋다. 너무 밝은 빛에 예민한 아이라면 바깥에서는 챙이 넓은 모자를 쓰고, 실내에서는 빛을 약하게 해 주면 도움이 된다. 놀이 활동이 많을수록 눈에도 좋은데, 공 던지고 받기, 그네 타기, 트램펄린을 비롯해 놀이터에서 하는 다양한 놀이 활동은 몸을 움직이는 동시에 물체를 보는 시각 활동을 유발하기 때문에 아주 좋다. 이런 놀이를 통해 시각과 전정감각이 잘 조직되어 시각 기술도 향상된다.

⊗
청각

청각은 감각 통합에 중요한 역할을 한다. 소리를 듣는 것은 생존과 관련된 원초적 반사작용으로 신체 각성과 경계, 집중에 영향을 끼친다(Frick and Young 2012). 뇌의 전 영역과 전신에 영향을 미쳐 사람을 환경과 이어 주며 읽기와 쓰기, 여러 상호작용에 앞서 일어난다. 새소리를 비롯한 자연의 여러 소리처럼 환경에서 나오는 소리는 우리가 섬유하는 3차원 공간에 대한 감각을 일깨운다. 또, 집중력과 감정 조절에도 영향을 끼친다. 그런 이유로, 사람들은 감정에 따라 음악을 선곡해 듣고, 자기 기분에 내키는 소리를 들으려 한다. 일하면서 집중력을 높이기 위해 클래식 음악처럼 종류를 선별해 듣는 사람도 있다.

소리에는 여러 가지 성질이 있다. 세기(크기), 진동수에 따른 높낮이(단위 시간 내 주기적으로 반복되는 파형의 수), 길이(소리가 계속되는 정도)가 소리의 대표적 성질이며, 두 귀 사이에 음파의 강도차, 시간차 등으로 음원정위localization, 즉 음원의 위치 판단이 가능하다. 아이가 청각 처리에 문제가 있다면, 이 성질들을 하나로 조합하는 일이 어려울 수 있다(Biel and Peske 2009). 그런가 하면, 남들은 쉽게 무시하고 넘어가는 소리를 넘겨듣지 못하는 아이도 있다. 예를 들면, 아이들은 숙제를 할 때 웬만해서는 선풍기 도는 소리에 개의치 않지만, 소음에 과민한 아이라면 이런 소리에도 신경이 쓰인다.

사람들은 생존 본능에 따라 소리에 이끌린다. 소음은 자세 유지근postural muscles의 반응을 촉발하는데, 자세 유지근은 우리 신체의 자세를 잡아 눈과 귀가 대상이나 관심을 끄는 지점에 따라 정렬되도록 한다. 이러한 자세의 변화 방식이 세상과 관계 맺기를 하는 데에 기여하며, 감각을 효율적으로 제어하는 능력과 심호흡을 유도한다.

한편 교통 소음과 사이렌 소리, 각종 경보음은 종종 투쟁-도피 반응을 일으키는데, 이때 신체는 긴장하고 꼿꼿한 자세로 변하며 호흡이 밭고 얕아진다. 또한, 주변부를 추적하기 위해 눈과 귀의 초점의 선명도를 올리고 낮춘다(Frick and Young 2012). 그러나 본래 사람의 신체는 지속적인 각성이나 스트레스 상태를 견딜 수 없다. 큰 소음이나 소음 공해에 자주 노출되면 아이들은 나쁜 영향을 받으며 소리를 해석하고 판단하는 능력도 떨어진다.

아이들은 소리에 과민할 수도 있다. 실제로 큰 소음을 들으면 짜증이 나고 투쟁-도피 반응이 일어날 수도 있으며, 이에 아이들은 귀를 막고 불안에 떨기도 한다. 어떤 아이들은 자기 이름이 불릴 때 잘 인식하지 못해 몇 번이고 이름이 불리고 나서야 고개를 돌려 쳐다보기도 한다.

청각계와 전정계는 내이에 나란히 위치해 있어서 서로 큰 영향을 주고받는다. 실제로 많이 돌아다니면 청각수용기가 자극을 받으며, 소리를 들을 때마다 전정감각 수용기도 자극을 받는다. 발화發話 결손이 있는 아이가 목소리를 내도록 유도하기 위해, 종종 움직이고 흔드는 동작을 응용하는 것은 바로 이런 이유 때문이다(Biel and Peske 2009).

미각과 후각

원초적 감각인 후각은 위험을 경고하고 감정과 연결되어 있다. 우리는 연기나 상한 우유, 썩은 고기 냄새가 나면 위험을 인지한다. 무언가의 냄새를 맡기 위해 코를 킁킁거리면 공기의 흐름을 일으켜 냄새 입자를 코의 수용기로 끌어들인다. 그러면 자극이 후각로olfactory tract를 타고 감정과 동기, 쾌락의 중추 역할을 하는 대뇌변연계로 이동한다.

후각만큼 사람의 감정에 즉각적으로 영향을 끼치는 자극은 없다(Biel and Peske 2009). 가장 좋아하는 음식의 냄새를 맡으며 인자하신 할머니와 마지막으로 이 음식을 함께 먹었던 기억을 떠올릴 수도 있다. 이렇듯 냄새에 따라 기쁨과 행복감이 생기기도 한다.

신생아는 후각이 잘 발달해 있어서, 이후에 성장하면서 발달하고 다듬어지는 다른 감각만큼 더 발달하지는 않는다. 신생아는 맛도 잘 느낄 수 있으며, 미각으로 환경에 관한 정보를 알 수 있다. 어린아이는 물건을 입에 넣어 환경에 대한 정보를 모은다.

미각과 후각은 서로 밀접하게 작용한다. 가장 단적인 예가 감기에 걸렸을 때인데, 코가 꽉 막히면 음식 맛도 잘 느끼지 못한다. 우리가 여러 음식을 구분하기 위해 냄새에 의존하는 것은 이 때문이다. 사람은 대략 1만 가지 냄새를 감지할 수 있지만, 맛은 다섯 가지만 구분할 수 있다. 단맛, 짠맛, 쓴맛, 신맛, 그리고 감칠맛이다(Biel and Peske 2009). 우리는 다양한 맛을 느낀다고 생각하지만 실제로는 후각의 기능으로 맛을 구분한다.

후각과 미각 처리에 어려움이 있는 아이는 특별한 냄새와 맛을 갈망하거나 지나치게 예민하게 반응하기도 한다. 그런 아이들은 속이 쉽게 메슥거리기도 한다. 때로 특정 냄새와 맛을 견디지 못하는 아이는 여러 음식을 꺼리기도 하는데, 이로 인해 식성이 까다로워지거나 편식하는 습관이 생긴다. 나도 단 세 가지 음식만 먹는 아이들과 작업을 해 본 적이 있는데, 가리는 냄새와 맛이 많은 아이는 간단한 칩이나 피자, 빵처럼 심심한 음식을 고르는 경향이 있다. 그런 아이들의 부모나 치료사는 한 번에 한 가지 새로운 음식을 식단에 올리는 식으로 천천히 식성을 바꾸어 나간다.

텃밭 가꾸기 같은 바깥 활동으로 미각과 후각 기능을 살릴 수 있다. 아이들이 채소와 열매, 각종 식용 작물을 손수 키우면, 먹어 볼 기회도 따라오기 때문에 미각과 후각을 모두 발달시키는 데 도움이 된다. 식감과 맛이 다양한 갖가지 음식을 시식해 보는 것이다. 또 냄새가 지독한 거름이나 흙과 달리, 갖가지 꽃과 허브를 키우면서 다양한 향에도 노출된다. 열매 따기, 숲에서 발견한 식용 식물 채취, 모닥불에 요리하기 같은 활동도 이런 감각을 키우는 데 좋고, 가족이 함께 한다면 추억과 유대감을 쌓을 수 있다.

⊗ 감각 통합이란 무엇인가?

'감각 통합sensory integration'은 감각으로 탐지한 모든 자극(냄새, 시야, 소리, 온도, 균형, 중력)을 받아들여 기능적으로 사용할 수 있도록 그 정보를 조직하고 정리하는 것이다. 감각들은 함께 작용하여 자기 몸과 주위 세상에 대한 정보를 효과적으로 처리하도록 한다. 활성을 띠는 감각이 많을수록 환경에 대한 정보도 더욱 정확해진다.

감각 통합은 모든 퍼즐 조각을 모아 큰 그림으로 맞추는 작업과 같다. 나무 타기를 상상해 보면 알 수 있다. 나무를 타면 눈과 코, 손과 발은 물론이고 근육과 관절로 느낌이 전해진다. 나무 타기에서 오는 모든 느낌은 뇌의 한 곳으로 모인다. 이렇게 감각이 통합되면 뇌는 나무 타기를 전뇌적 경험, 전신 경험으로 받아들인다.

감각 통합은 자궁 속 태아가 엄마의 동작을 느끼면서 시작한다. 아기가 자라 기어 다니기 시작하고 이내 걸을 수 있으려면 생후 1년 동안 감각 통합이 많이 일어나야 한다. 아이들은 커 가면서 다양한 동작과 놀이를 경험하며 감각을 지속적으로 통합한다. 모든 아이가 건강한 감각 통합 능력을 타고난다고 해도, 아동기에 힘이 드는 신체적 도전을 충분히 경험하면서 감각 통합을 계발해야 한다(Ayres 2000).

감각 통합이 어려워지면 아이의 생활 여러 측면에 걸림돌이 된다. 더 힘들고, 난처하고 당황스러운 상황에 부딪칠 것이다. 우선 공간에서 자기 몸의 위치를 인식하기 어려워 부상이 잦아진다. 학교에서는 주위 환경이나 신체 문제로 신경이 쓰여 집중이 어려울 수도 있다. 옷을 차려입고 새로운 음식을 먹고 숙제를 하는 일에서조차 진땀을 빼다가 결국 녹초가 될지도 모른다.

감각을 통합하려면 아이들이 일상적으로 꾸준히 다양한 감각 경험을 할 수 있어야 한다. 풍부한 신체 움직임(점프, 제자리 돌기, 기어 다니기, 깡충 뛰기, 춤 등), 여러 감각 경험을 동원하는 놀이(모래성 쌓기, 물웅덩이에서 첨벙거리기, 진흙에서 놀기 등), 새로운 음식 시식(모닥불에 마시멜로를 굽거나 팝콘 만들기, 기타 여러 음식 구워 먹기 등), 여기에 단순하지만 새소리 감상 같은 활동이 골고루 결합되면 좋다. 하루 내내 더 많은 감각에 노출될수록 아이의 뇌와 감각, 신체는 잘 통합되고 조직된다.

감각 문제를 보이는 아이들이 꾸준히 늘어나면서, 이제는 과거 어느 때보다 예방의 관점에서 생각해야 할 필요성이 커지고 있다. 그 많은 아이를 한 명씩 만나기에는 작업치료사가 너무 부족하다. 놀이 활동으로 몸을 많이 움직이고 신체적 도전을 많이 접할 수 있다면 그 효과도 클 것이며 작업치료사를 만나야 하는 상황을 겪지 않을 수도 있다. 신체적 도전을 많이 겪어 본 아이는 새로운 감각을 그만큼 잘 통합해 적응하고, 다음 단계의 신체 발달로 나아가는 데 유리하다.

심리

아이의 심리는 매 순간 빠르게 발전한다. 이러한 발전은 다양한 감정이 복잡하게 상호작용한 결과이자 감각과 움직임, 기억, 계획과 배움을 해석한 결과이기도 하다. 심리의 작용으로 아이는 자기가 속한 세상을 알아 가고 판단을 내린다. 심리는 복잡하면서도 매혹적이다. 이어지는 내용에서는 무한한 심리의 영역 중에서도 범위를 좁혀 두 가지 주요 기능인 사회-정서적 기술과 인지 기능에 초점을 맞추려 한다. 이 기능들은 바깥 놀이 경험으로 향상된다.

⊗
사회-정서적 기술

자기 순서 기다리기. 규칙 지키기. 좌절감과 분노를 건전하게 해소하기. 장난감을 사이좋게 나누어 가지고 놀기. 새 친구 사귀기. 건전한 사회-정서적 발달은 이 모든 기술로 설명된다. 운동·감각 기술에서처럼, 어린아이는 꾸준히 단계를 밟고 연습하면서 사회-정서적 기술을 익힌다.

유아와 걸음마기의 아기는 일찍부터 사회-정서적 기술이 발달한다. 그저 붙잡고 만지고 말을 걸고 애정 어린 관심을 쏟으면서, 아기가 놀고 탐색하고 자기 호기심에 따라 움직이게 놓아두면 된다. 낙담하지 않을 만큼 적절히 의욕을 일으켜 성공할 정도로만 도움을 주면 아이는 새로운 기술을 익힐 것이다. 작업치료에서는 이것을 '적절한 도전just right challenge'이라고 한다. 예를 들어 아기가 한 계단씩 딛고 다음 층으로 올라가려 애쓴다면, 한 발 뒤에 물러나 있되 잘 지켜본다. 뒤에서 살짝 밀어 주는 정도의 도움이 필요할 수도 있지만, 아기는 거의 혼자 힘으로 오른 셈이다. 다음에 시도할 때 이 아기는 혼자 힘으로 계단을 오를 만한 자신감이 생길 수 있다. 이렇게 아기는 힘들지만 끈기가 있으면 성공할 수 있다는 점을 배우게 된다.

몇 돌 이상 된 아이에게도 이것은 똑같이 적용된다. 우리는 곁에서 아이의 말에 귀 기울이고 명확하고 일관된 기대를 품으며 조건 없는 애정과 지지를 보내 주되, 아이의 홀로서기를 기뻐하는 것으로 역할을 다하면 된다. 아이가 친구 집까지 자전거를 타고 갈 준비가 되었다면, 혼자 가게 해 주는 것이다. 그저 혼자 힘으로 해 보고 자기 흥미를 좇을 기회만 있어도 아이의 자신감은 쑥쑥 커진다. 또한 다른 아이들과 꾸준히 놀 수 있다면, 아이는 순서 정하기, 남을 배려하기, 남을 위로하기와 같은 중요한 절충 요령을 비롯해 여러 값진 사회-정서적 기술도 익힐 수 있다. 실제로, 어른 세계에 구애받지 않고 다른 아이들과 노는 것은 사회-정서적 기술을 끌어올리기에 가장 자연스럽고 유익한 방법이다(Gray 2013).

사회-정서적 기술에 문제가 있는 아이는 다른 아이들과 어울려 노는 데 어려움을 겪기도 한다. 화를 다스리지 못해 쉽게 짜증을 내고 성을 낸다. 다른 아이들의 욕구에 공감하지 못하는 모습도 자주 보인다. 나이가 들면서 자연스럽게 몸에 배어야 할 때가 되어도 나누고 경청하는 능력이 약하며 차례를 지킨다거나 규칙에 따라 노는 것을 어려워하기도 한다. 이렇듯 사회-정서적 기술은 어려서부터 키워야 하는 중요한 기술이다. 올바른 행동을 하도록 지도하면서 아이의 말에 귀를 기울이고, 여건이 될 때마다 특히 바깥 환경에서 독립적인 활동을 북돋아 주는 것이 좋다.

독립적 놀이와 사회-정서적 기술은 밀접해서, 바깥에서 친구들과 어울려 독립적으로 논다면 이 기술도 향상된다. 무엇보다도 바깥 환경은 차분하고 감각이 풍부하되 결코 과잉이 없는 분위기를 조성한다. 이런 환경에서 아이들은 실내 놀이 시설이나 학교에서 나타나기 쉬운 소음 등 스트레스 요인 없이 원기 왕성하게 놀 수 있다. 어른과 대규모 또래 집단에서 벗어난 자연에서 아이들은 평온해진다. 문제가 생기면 1대1로, 또는 작은 집단 내에서 해결할 수도 있다. 눈을 자극하는 화려한 색깔도, 귀를 자극하는 소음도, 사사건건 간섭하는 어른도 없다. 시간에 구애받지 않고 아이들은 놀이에 깊이 빠져든다. 상호작용과 문제해결 **활동**이 끊임없이 일어난다. 이것이 아이들이 바깥에서 독립적 놀이를 더 많이 해야 하는 이유다. 그리고 우리가 원하는 튼튼하고 자신감이 넘치는 아이, 회복력 있는 아이, 배려와 친절이 몸에 밴 아이를 키우는 비결이다.

⊗
인지 기능

아이는 꾸준히 연습하고 놀면서 인지 기능을 발달시킨다. 인지 기능에는 주의 집중, 기억, 사고력 같은 능력이 포함된다. 이런 중요한 기능으로 감각 정보를 처리해 새로운 기억을 만들고 평가하며, 분석과 비교를 하고, 인과 관계를 학습한다. 인지 기능은 유전의 영향을 받기도 하지만, 대부분 실제 환경에서 학습된다. 즉, 학습과 사고 능력은 풍부한 인지 경험을 통해 향상시킬 수 있다.

아이들은 직접 경험할 수 있으며 유의미한 놀이 활동에서 얻는 학습 효과가 가장 크다. 여기에서 핵심은 바로 '유의미'하다는 것인데, 이것은 아이 개인에게 중요한 연관성이 있다는 말이다. 놀이가 자기 관심사와 접점이 있을 때 여러 감각의 활동이 촉발되기 좋다. 그러면 감각 통합이 활발해져 학습이 일어날 가능성도 커진다.

학습을 촉진하려면 아이가 흥미를 보이는 분야에 주의를 기울여, 그 주제를 탐구할 수 있도록 많은 시간을 주어야 한다. 박물관에 갔을 때 아이가 상어에 흠뻑 빠져 있다면, 원하는 만큼 그 앞에서 시간을 충분히 보내게 하는 편이 좋다. 부모가 지루해지거나 아이의 관심사가 아닌 해파리에 더 흥미가 생긴다 해도 아이의 관심을 지지해 주는 것이다. 어른의 입장에서는 아이의 학습에 무엇이 가장 좋은지 안다고 생각해 끼어들고 싶을 때도 있겠지만, 그저 한발 물러나 아이를 따르다 보면, 아이에게 가장 흥미롭고 유의미한 활동에 어른도 이끌리게 될 것이다. 모든 사람이 그렇듯이, 아이는 특별한 분야에 흥미를 느끼며 세상을 향한 타고난 호기심이 있다. 아이는 질문을 던지고, 관찰한 사실에 따라 실험하고, 독창적인 방식으로 학습한 내용을 복제한다. 그리고 이런 경험을 통해 중요한 신경계의 연결이 일어난다.

자기만의 아이디어를 낸다거나 문제 해결을 비롯한 창의적 표현 등 고차원적 사고 기술에 어려움을 보이는 아이는 자기주도 활동과 놀이 경험이 없었기 때문일 수도 있다. 아이가 독립적으로 놀 수 있는 여건을 마련하여, 친구들과 어울려 탐구하고 창조할 수 있는 시간과 공간을 풍부하게 보장하는 일이 관건이다. 그리고 이는 아이들이 복잡한 인지 기능을 활용해 학업은 물론 지적인 능력을 키워 나갈 수 있는 계기가 된다.

요약

건강한 운동과 감각 기술, 사회-정서적 기술과 인지 기능 발달을 관통하는 일관된 맥락이 있다. 그 흐름이 어딘가에서 막히면, 아이가 다양한 위험에 처할 수 있다. 친구와 어울리기, 학교에서 집중하기, 감정 조절하기, 상상력 발휘하기에 이르기까지 그 범위의 폭은 넓으며, 신체적 부상 위험이 높아지는 것은 말할 것도 없다. 그리고 그 전형적인 원인은 바로 이런 기술을 연습하여 숙달할 기회의 부족에 있다.

문제를 개선하고 예방하려면 아이가 전신을 고루 움직이는 활동을 많이 할 수 있도록 기회를 마련해 주어야 한다. 아이들은 근력, 협응과 균형감을 키울 시간이 부족하며, 따라서 점점 더 안전으로부터 멀어지고 사고에 취약해진다. 몸과 마음의 기능을 향상시키기 위해서는 아이가 매일 유의미한 놀이 경험을 쌓으며 연습해야 한다. 집에서나 학교에서나 아이가 움직일 시간을 빼앗지 말고, 더 많이 움직이게 해야 한다.

"안 돼!"라는 말이 거듭될수록, 아이의 발달에 어떤 영향을 끼칠지 불을 보듯 뻔하다. "올라가지 마", "자전거 타지 마", "뛰어가지 마", "그럴 시간 없어", "만지면 안 돼", "얼른 내려와." 우리는 안 된다는 한마디도 신중하게 해야 한다.

우리는 아이에게 무엇이 최선인지 안다고 생각한다. 물론 순수하게 아이를 보호하고 싶은 마음에서 그럴 것이다. 그러나 아이를 끊임없이 몰아세우고 활동을 제한하며 놀 시간을 빼앗는 것이 아이를 안전하게 보호하는 것이 아니라 오히려 해를 가져오는 것은 아닌지 되돌아보아야 한다.

3 놀이가 답이다

신체가 어떻게 기능하는지 살펴보았으니, 이제 1장에서 제기했던 문제들에 답할 차례다. 대답은 매우 간단하다. 하루 몇 시간씩 활동적 자유 놀이, 즉 몸을 움직이며 자유롭게 놀도록 내버려 두면 된다. 되도록 다른 아이들과 어울려 놀 수 있으면 더욱 좋다. 간단해 보이지만, 놀이의 중요성은 매우 크다.

'학교에 가면 쉬는 시간에 놀 수 있으니 됐어.' 또는 '우리 아이는 1년 내내 스포츠를 하니까 상관없어.' 이렇게 생각하는 사람도 있을 것이다. 쉬는 시간과 스포츠가 아이의 활동에 아주 좋다는 점은 분명하다. 그러나 아이들은 하루에도 몇 시간씩 다양한 방법으로 몸을 움직여야 하고, 그것도 어른의 간섭이 적을수록 좋다. 아이들에게서 점점 사라지고 있는 놀이 시간은 어떻게 활용되고 있을까? 텔레비전은 사라진 놀이를 대체한 대표적인 수단이며, 우리는 그 실태를 쉽게 목격할 수 있다. 놀이는 직접 참여하고 움직이며 스스로 즐기는 아이를 상징하지만, 텔레비전은 수동적으로 앉아서 화면에서 재미를 찾는 아이를 상징한다. 문제를 해결하기 위해 우리는 아이가 텔레비전 보는 시간을 줄이도록 규칙을 정하고, 아이의 시간표에 일부러 놀이 활동을 끼워 넣기도 한다.

아이의 생활 여러 면에서 놀이가 사라져 버렸다는 것을

제대로 인지하기는 쉽지 않다. 교실에서, 방과 후 숙제를 하며 책상 앞에서, 통학하느라 차 안에서 보내는 길고 긴 시간 역시 아이에게서 순수한 놀이 시간을 빼앗아 버렸다. 문제는 거기서 그치지 않는다. 앉아서 지내야 하는 생활에서 오는 신체의 구속은 앞서 살펴보았듯 몸과 마음, 감정에 이르기까지 아이의 일상 구석구석을 파고들며 상처를 입힌다.

이번 장에서는 아이들의 움직임을 지나치게 제한하여 생기는 영향이 얼마나 심각한지 살펴본다. 오늘날 아이들이 가장 흔하게 마주하는 움직임의 제한이 어떻게 나타나는지 살펴볼 것이며, 이어서 '활동적 자유 놀이'란 무엇이고 무엇을 수반하는지, 그것이 왜 중요한지, 그리고 어떻게 촉진할 수 있는지 설명할 것이다.

움직임 제한의 영향

두 아이의 엄마로서 나도, 부모로서 느낄 수 있는 공포에 굴복하여 아이의 모험심을 습관적으로 방해할 때가 있다. 아이가 큰 바위에 오르거나 고르지 못한 지형을 빠르게 내달리는 모습을 지켜보며, 우리는 본능적인 두려움에 사로잡혀 "조심해!"라거나 "천천히!" 하고 소리친다. 그러나 한편으로는 오랜 시간 아이들이 자연 환경에서 노는 모습을 지켜봐 온 작업치료사로서, 아이들의 움직임을 제한하고 바깥에서 놀 수 있는 능력을 억누르는 것이 해롭다는 사실도 알고 있다.

아이들은 그 어느 때보다 몸을 움직이고 놀 수 있는 능력을 제한받고 있다. 아주 어릴 때부터 아기용 장비에 앉아서 지낸 결과, 아이들은 자연스러운 움직임과 좋은 자세에 제약을 받아 걷는 자세가 나빠지고 몸도 허약해진다. 그러다 학교에 가게 되면 장시간 지속해서 앉아 지내야 한다. 방과 후에도 조직 스포츠, 음악이나 미술 레슨 등으로 빽빽한 일정을 감당하다 보면, 감각을 자극하고 심장을 뛰게 만드는 활동적이고 자발적인 자유 놀이에 끼어들 여지는 거의 사라진다.

이렇게 움직임이 제한되면 아이들에게 어떤 영향을 미치는지 좀 더 자세히 들여다보도록 하자.

⊗
아기용 장비의 문제점

아기용 장비의 유혹은 물리치기 힘들다. 아기를 그 위에 앉혀 두면 다칠 걱정 없이 샤워를 하고 갖은 집안일이며 가계부 정리를 마칠 수 있다. 그러나 그 위에 앉아 지내는 시간이 너무 길면 신체에 복합적인 문제가 생길 수 있고, 몸을 일으켜 앉고 바닥을 기고 걷게 되는 발달이 늦어질 수도 있다(Crawford 2013).

아기용 장비 사용의 증가는 부분적으로는 1994년 국립아동보건·인간발달연구소National Institute of Child Health and Human Development에서 실시한 '바로 눕혀 재우기' 캠페인에서 비롯되었다. 이 캠페인은 본디 한 돌 미만의 아기에게서 발생하는 영아돌연사증후군sudden infant death syndrome(SIDS)을 줄이려는 취지에서 나왔다. 아기를 부드러운 이불 위에 엎드려 재우면 질식을 유발해 SIDS의 잠재적 원인이 된다고 하는 전문가들의 주장에 따른 조치였다.

실제로 이 캠페인이 등장한 후, SIDS 사례는 현저하게 감소했다. 그러나 의사와 작업치료사·언어치료사를 비롯한 관련 분야 전문가들 사이에서는 이 캠페인이 의도치 않게 아이를 하루 종일 옭아매는 아기용 장비의 사용을 부추겼다는 의견이 많다. 이런 추세와 동시에 아이들에게서 납작한 두상, 발달 지연, 협응 문제, 근육 약화와 이상, 걷는 자세와 동작 이상 같은 증상이 보고되었다. 이런 문제가 심각해지자 치료사들은 '컨테이너 아기 증후군 container baby syndrome(CBS)'이라는 용어를 만들어 관찰한 증상을 설명했다.

연구에 따르면 1992년에서 2008년 사이, CBS의 수는 600퍼센트나 증가해, 2008년에는 일곱 명에 한 명의 비율로 CBS 진단을 받았다(American Physical Therapy Association 2008). 애틀랜타 어린이건강관리기구Children's Healthcare of Atlanta의 선임 물리치료사인 콜린 쿨터 오베리Colleen Coulter-O'Berry는 10년 전만 해도 두상 교정용 헬멧을 써야 하는 아이가 연간 50명에 불과했으나, 이제는 무려 500명에 이른다고 보고한다(Manier 2009). 아기가 등을 대고 누워 지내는 시간이 많을수록 운동 기술에 가벼운 지체가 오기 쉽다는 주장의 근거도 쏟아지고 있다. 2006년 발간된 〈소아청소년과 저널〉에는 등을 대고 누워 자는 아기의 22퍼센트가 앉기, 몸 뒤집기, 계단 오르기 등의 운동 기술에 약간의 지체가 있었다는 연구가 실리기도 했다(Manier 2008).

아기 띠와 등에 메는 캐리어, 보행기 등 아기용 장비는 부모 입장에서 도움이 되고 편리하기도 하지만, 아기가 그

안에서 오랫동안 지내면 몸을 움직일 수 없고 신체의 특정 부위에 지속적으로 중력의 부담을 가중시킨다. 이렇게 보낸 시간이 누적되면 걸음걸이와 동작 패턴도 변할 수 있다.

지속적으로 등을 대고 눕는 자세도 등과 척추를 거의 혹은 전혀 움직일 수 없는 원인이 된다. 아기가 핵심적인 코어 근육과 목 근육을 키우려면 몸 중앙부로 움직일 수 있어야 한다. 튼튼한 목 근육과 코어 근육은 소근육 운동 기술, 시각 기능, 신체 인식, 협응과 균형 같은 여러 기술의 기초가 된다. 바닥에 배와 등을 골고루 대고 누워 지내면 아기는 사지를 자유롭게 움직여 주위 환경을 탐색하고 만지작거릴 수 있어서, 뼈와 근육이 튼튼해진다. 8장에서 신체 움직임을 더 자세히 파헤쳐 보고, 아이들을 일상적으로 바깥에서 활동시킬 때의 감각과 운동상의 이점도 본격적으로 다룰 것이다.

⊗

강요된 의자 생활

지역의 어느 초등학교 교사는 요즘 아이들은 과거에 비해 더 오랫동안 앉아서 지내야 한다고 염려한다. 아마도 아이를 둔 부모라면 이런 추세를 알아차렸을 법한데, 학교가 아이들을 얼마나 오랜 시간 의자에 앉은 상태로 지내게 하려는지 알면 놀랄 것이다. 이런 추세는 어린아이들의 교육 과정이 점점 늘어남에 따라 교사들의 부담도 늘어났기 때문으로 보인다. 실제로, 유치원 아이들마저 한번 수업을 시작하면 꼬박 30분을 앉아 있어야 하는 경우가 많다.

어느 유치원 교사는 교사들이 학생들에게서 좋은 '결과'를 이끌어 내야 한다는 부담에 시달린다고 하소연한다. 유치원을 졸업할 무렵에는 아이들이 읽고 쓰고 셈하기를 할 줄 알아야 한다. 만약 아이들이 이런 수준에 도달하지 못하면 아이들도 교사도 실패한 것으로 여겨지기 때문이다. 이 교사가 설명하듯이, 미국에서는 교사의 급여도 아이들의 시험 성적에 좌우되어야 한다는 압력이 커지고 있어, 수많은 교사가 아이들의 학업 성적을 끌어올리는 데 혈안이 되어 있다.

그런가 하면 유치원 입학을 준비시키는 어린이집의 교사조차도 아직 너무 어린아이들에게 공부를 시켜야 한다는 부담이 크다고 토로한다. 결국 교사들은 교육 활동의 내용과 근거를 기록하고 그 타당성을 인정받으려는 부담에, 여유와 활기가 넘치는 환경을 종종 포기해야 한다. 학업 부담이 커지면서, 아이들은 아이들대로 자리에 앉아 있으라는 요구를 많이 받는다. 이 또래 아이들이라면 원래 잠시라도 얌전히 앉아 있기가 힘들고, 직접 경험하는 학습 활동이 많아야 하는 법이다. 그런데 이와는 정반대로, 많은 아이가 매일같이 오랜 시간 동안 앉아서 지내야 한다. 움직임이 줄어든 데다 가차 없는 의자 생활마저 더해졌으니 아이들의 몸과 마음은 그야말로 만신창이가 되고 만다.

최근에 나는 지역의 어느 중학교에서 교육 과정을 더 많이 소화하기 위해 아이들의 쉬는 시간을 아예 없애 버렸다는 소식을 접하고 경악했다. 나는 호기심이 발동하여 그 학교의 교육 환경을 직접 경험해 보기로 했다. 그래서 마침내 그 학교에서 학생처럼 직접 교실에 앉아 지내 보니, 수업과 수업 사이에 이동하는 시간을 제외하면 꼬박 세 시간을 연달아 앉아 있어야 했다. 어느 순간, 다리를 내려다보니 나도 모르는 사이에 다리가 떨리고 있었고, 나는 안절부절못하는 신세가 되었다. 주변을 둘러보니 나의 어린 급우들 역시 상황이 좋지 않기는 마찬가지였다.

피지팅, 그러니까 꼼지락거리지 않는 아이들은 책상에 엎어져 있거나 의자에 등을 기댄 채 축 늘어져 있었다.

나는 점점 몸을 비비꼬기 시작하다가 공상에 빠지지 않으려고 거북한 자세로 앉아 보기도 했다. 하지만 모두

부질없는 짓이었다. 수업을 시작한 지 45분쯤 지났을 무렵에는 교사의 말이 더 이상 귀에 들어오지 않았다. 화장실을 가거나 연필을 깎으러 다녀오겠다는 둥 조금이라도 일어나 움직여 보려고 손을 드는 아이들이 늘어났다. 나는 그날 학교의 모든 일과를 소화해 보려고 마음먹었지만, 결국 점심을 먹자마자 포기하고 말았다. 오전에 내리 세 시간을 앉아 지내면서 정신력은 완전히 바닥났고, 나는 오후 휴식을 갈망하게 되었다.

어른도 버티기 힘든데 우리는 그 어린아이들이 어떻게 내리 세 시간이나 앉아 지낼 것이라고 기대하는 걸까?

여기서 핵심은 오랜 시간 동안 몸을 움직이지 못하면 집중력이 떨어진다는 사실이다. 아이들이 그토록 꼼지락거리는 이유 중 하나가 바로 이것이다. 나름대로 깨어 있으려고 애쓰다 보니, 의자에서 이리저리 몸을 움직여 전정계를 자극하는 것이다. 이런 동작으로 뇌를 움직이면 그나마 집중할 수 있다. 아이들은 수업을 방해하려 하거나 학습에 흥미가 떨어져서 그런 행동을 하는 것이 아니라, 사실은 더 잘 듣고 배우기 위해 갖은 애를 쓰고 있는 것이다. 꼼지락거리고 건들거리고 몸을 비비꼬는 행동은 아이들이 하루 종일 충분히 움직이지 못할 때 보이는 전형적인 신호다.

이 점을 모르는 교사는 아이들이 그러다 다치거나 수업 분위기를 해친다는 생각에, 야속하게도 얌전히 앉아 집중하라고 다그칠 뿐이다. 아이들도 이런 상황에서 갈등하게 된다. 몸과 머리를 가만히 두면 뇌가 둔해져 교사가 바라는 대로 집중하며 수업을 따라가기가 힘들기 때문이다. 그러나 배우려면 집중을 해야 하고, 그래서 몸을 움직일 수밖에 없는 상황이 벌어진다.

하루 종일 앉아 지내는 것은 부자연스러울 뿐 아니라 몸에도 좋지 않다. 우리 몸은 본래 움직이도록 되어 있으며, 가만히 앉아만 있는 것은 적합하지 않다. 매일 장시간 앉아서 지내다 보면, 우리 몸은 이러한 부자연스러운 자세와 앉아서 생활하는 방식에 굴복하기 시작한다. 점차 근육은 위축되고 인대가 팽팽해지며 감각도 무뎌진다. 마침내 몸은 약해지고 자세가 무너지며 감각 처리 기능도 떨어져, 세상과의 상호작용은 약해지고 만다.

⊗
스크린, 아이들을 지배하다

미국소아과학회American Academy of Pediatrics(2013)는 최근의 연구를 인용하여 어린이가 화면(텔레비전, 비디오게임, 컴퓨터, 스마트폰 등) 앞에서 보내는 '스크린 타임'이 하루 평균 '여덟 시간'이라고 주장했다. 좀 더 연령이 높은 청소년으로 가면 이 수치는 하루 평균 열한 시간으로 늘어난다. 게다가 12~17세 아이 가운데 75퍼센트는 개인 휴대전화가 있는 것으로 나타났다. 거의 모든 10대가 텍스트 메시지를 이용하고 있는 셈이다.

언젠가 팀버누크 캠프에서는 어린아이 한 명이 나무에 올라가더니 버튼이 어디에 있는지 물어보는 웃지 못할 일도 있었다. 오락을 하려고 남의 게임기에 손대는 아이도 여럿 보았다. 비디오게임과 텔레비전 쇼는 오락을 목적으로 나온다. 주위를 보면 1분 1초도 놓치지 않고 자녀를 즐겁게 해야 한다고 생각하는 부모가 많다. 부모가 집안일이나 샤워할 때는 텔레비전과 비디오게임이 부모를 대신하여 아기 돌보는 역할을 하기도 한다. 그러다 보니 아이들은 아주 어려서부터 스크린에 길들여지고, 그 영향으로 혼자 힘으로 생각하는 능력이 떨어지며 상상력을 잃는다. 게다가 필수적으로 익혀야 할 놀이 기술도 더디게 발달한다.

몇 해 전 여름 캠프에서 만난 여덟 살짜리 아이가 생각난다. 이 아이는 자유 놀이 시간을 좀처럼 즐기지 못했다. 늘 캠프 진행자에게 와서는 "우리 이제 뭐 해요?"라며 묻곤 했다. "지금 놀이 시간이잖아." 우리가 이렇게 대답하면 아이는 근처에 있던 나무 둥치에 가서 앉아 있기만 했다. 아이는 자유 놀이라는 것이 못 미더웠던지, 화장실에 가거나 좀 더 조직적인 활동이 아니면 자리를 뜨지 않으려 했다. 다른 아이들이 아무리 같이 놀자고 손짓해도 이 아이는 고개를 저을 뿐이었다.

요즘 대학생에게서 독립성과 창의성이 떨어져 보인다고 진단하는 교수들이 종종 나오는 것을 보면, 대학도 이 문제에서 자유롭지 않아 보인다. 단순한 문제 해결이나 창의적 사고를 하지 못하는 것은 물론, 서술형 문제에 답하는 것조차 어려워하는 학생이 점점 늘어나고 있다고 이 교수들은 전한다. 우리에게 더 필요한 것은 게임 디자이너지, 게임 플레이어가 아니라는 어느 교수의 호소가 떠오른다.

무엇보다 비디오게임과 텔레비전은 중독성이 있어서 귀중한 놀이 시간, 특히 바깥에서 놀 시간을 빼앗는다. 규칙을 절충하고 베이스를 달리고 감각을 자극해 단련시키며 야구에 몰두하는 대신, 요즘 아이들은 실내에서 내내 앉아 지낸다. 오히려 아이를 진정시키고 달래기 쉽다는 생각으로 부모가 나서서 아이를 텔레비전 앞에 앉히는 경우도 많다. 그러나 텔레비전은 대체로 그런 기대를 저버리고 만다.

눈앞에서 갖가지 화려한 색상이 번쩍이면, 아이들의 투

쟁-도피 반응이 자극되지만 좀처럼 방출되지는 않는다. 텔레비전과 비디오게임을 끄면 아이들이 종종 성을 내는 것은 방출이 없기 때문이다. 미처 움직이고 반응할 여유도 없이 뇌는 자극을 받는다. 이따금 비디오게임을 하거나 영화를 본다면 크게 해가 되지는 않는다. 스크린 타임은 특별히 제공하거나 기분 전환 삼아 간혹 이용할 수는 있겠지만, 습관이 되거나 아이들이 매일 특권처럼 누려야 할 정도여서는 안 된다. 그렇지 않아도 아이들의 시간은 허투루 보내기에는 무척이나 귀하다. 그보다는 생생하고 실제적인 놀이 경험을 쌓아야 한다. 스크린 타임은 비 오는 날이나 특별한 상황을 위해 아껴 두자.

⊗
지나친 스케줄에 신음하는 아이들

보통 우리는 바쁜 일상에 치이지 않으려고 매일의 일과와 1주일의 계획을 짜는 데 수고를 아끼지 않는다. 바쁜 부모로서 직장 업무와 집안일을 해야 하며, 살림살이도 책임져야 한다. 지나친 스트레스가 없도록 육아 일정도 꽤 구체적으로 세운다. 그러다 보면 유독 정신 없는 날도 있지만, 대개 자신의 한계를 알아서 단호해야 하는 상황과 우선순위를 판단하고, 완급을 조절하는 일 등을 노련하게 처리할 수 있을 것이다. 그러나 '아이의 입장에서 보내야 하는 하루는 어떨지 곰곰이 생각해 본 사람이 과연 있을까' 하는 의문이 든다. 고차원적 추론(결정하고 결과를 이해하고 우선순위를 정하는 등의)을 담당하는 뇌가 아직 완전히 발달하지 않은 상태에서 아이가 감당해야 하는 일정은 과연 적절한지 고민할 차례다. 이제 요즘 아이들의 전형적인 하루를 짚어 보자.

아홉 살인 세라는 아침에 일어나 서둘러 옷을 갈아입으면서 자기 나름의 계획을 세운다. 아침을 빨리 먹으면 집을 나서기 전까지 아침 만화를 볼 수 있을 것이다. 세라는 마지막 한입을 넘기자마자, 텔레비전 앞에 달려가 만화 채널을 튼다. 20여 분의 시간이 쏜살같이 지난다.

시골에 사는 세라는 25분가량 차를 타고 통학한다. 세라의 엄마는 긴 통학 시간이 미안해서, 학교에 도착할 때까지 세라가 태블릿 PC를 하도록 허락한다. "모두 자기 자리에 앉자!" 세라가 교실에 도착하면 선생님은 이렇게 외친다. 간단한 간식과 짧은 점심시간, 20분 정도의 쉬는 시간을 제외하면 학교에서 세라는 대부분의 시간을 책상에 앉아 보낸다. 그러다 보면 어느새 집에 갈 시간이 된다.

다시 25분 걸려 집에 도착하고 나서, 종일 앉아서 긴 일과를 보낸 후에 모처럼 기운이 솟은 세라는 뒷마당에 있는 그네를 향해 달려간다. 하지만 그 순간, "아직 안 돼!"라는 엄마의 말에 멈출 수밖에 없다. "숙제 먼저 해야지." 세라는 한숨을 내뱉고는 이내 축 처진 어깨로 주방 식탁으로 가서 숙제를 꺼내 놓는다.

"으으…." 세라는 문자 그대로 머리를 쥐어뜯고 있다. "정말 싫어! 이건 정말 못 하겠어!" 운이 좋아도 숙제를 마치기까지는 꼬박 한 시간 반이나 걸린다. 숙제를 마칠 때쯤이면 녹초가 되어 있다. 두 차례나 울먹거리고 나서, 화가 나고 기운도 없는 세라가 묻는다. "잠깐 아이패드 좀 해도 돼요?" 엄마는 이쯤이면 세라가 쉬어도 된다고 생각하면서도 한 마디 덧붙인다. "그렇게 하렴. 그런데 30분 뒤에는 걸스카우트 모임에 가야 해."

늦은 밤이 되어서야 걸스카우트를 마치고, 세라의 가족은 집에 가는 길에 패스트푸드로 늦은 끼니를 때운다. 집에 도착해서, 세라는 새로 나온 해리포터 시리즈를 30분쯤 읽다가 잠자리에 든다. 걸스카우트 대신 농구 연습이 있다는 점만 빼면, 내일도 하루 일과는 변함없이 흘러갈 것이다.

자동 조리 기구로 음식을 데워 두었다가 집에 도착하자마자 꺼내 먹는 정도의 자잘한 차이는 있겠지만, 이것은 평범한 일상처럼 보인다. 아이가 둘 이상인 집이라면 이 상황은 비교거리도 되지 않을 수 있다. 그럼에도 우리의 일과는 바쁘다. 그것도 '너무' 바쁘다. 바쁜 일과에 치여 요즘 아이들은 바깥에서 자유로이 놀 여유가 없다. 아이들의 균형을 다시 찾아 주고 쓸데없이 힘든 세상에서 한숨 돌릴 수 있는 꿀맛 같은 놀이 말이다.

요즘 부모들은 팀 스포츠가 공원에서 자유롭게 노는 것보다 더 월등한 활동이라고 믿는 모양이다. 나 역시 스포츠에 훌륭한 가치가 있다고 믿는 사람으로서 오해가 없기를 바라며 강조하자면, 스포츠는 책임감과 팀 윤리를 일깨우고 참을성, 체력과 지구력을 키우며 건전한 경쟁이 이루어지게 한다. 문제는 이 점을 맹신해 활동적 자유 놀이를 모두 스포츠로 대체해서, 아이가 주도할 수 있고 감각을 고루 발달시키며 상상력을 발휘할 수 있는 놀이 시간을 주지 않는 것이다.

단체 스포츠도 지난 30년 동안 변했다는 사실에 주목해야 한다. 1980년대 초에는 나도 소프트볼과 축구를 즐겼지만, 1주일에 한 번 연습하고 간간이 토요일에 시합을 하는 정도였다. 1주일의 대부분은 여전히 친구와 함께 바깥 놀이를 할 수 있는 시간이 충분했다. 자전거로 시내를 돌아다니고 동네 벼룩시장을 둘러보며 공원에서 소풍 갈 때 필요한 물건을 산다든가 이웃집의 세차를 하며 푼돈을 모으곤 했다.

그러나 이제는 단체 스포츠가 아이들의 방과 후 삶을 점령해 버렸다. 연구에 따르면 미국의 여섯 살 아이들 가운데 남아는 60퍼센트, 여아는 47퍼센트가 스포츠 팀에서 활동한다(Kelley and Carchia 2013). 심지어 서너 살밖에 안 된 아이들도 팀 유니폼을 입고 연습하러 다닌다. 팀 스포츠를 하려면 유니폼과 비싼 장비를 사서 몸에 맞게 일일이 맞추어야 하고, 남들보다 잘하기 위해 개인 레슨도 받아야 한다. 예전 같으면 연습과 시합은 1주일에 한 번 정도 있었고, 여유와 재미가 넘치는 활동이었다. 이제는 초등학교 아이들조차 1주일에 서너 번을 뛰어야 하며, 그 강도는 예전 같으면 이런 힘든 스케줄을 소화할 수 있을 만큼 심신이 단련된 중학생 수준에나 어울렸을 만큼 치열하다.

아이들이 단순히 단체 스포츠에 매달린다는 말로는 부족하다. 아이들은 한 가지 이상의 스포츠를 하기도 하고 형제자매들의 활동과 경기도 보러 다녀야 하며, 더 좋은 성적을 내기 위해 과외도 받고 클럽에도 가입한다. 어쩌다가 아이들의 스포츠가 이렇게도 치열해졌을까? 아이들을 일부러 바쁘게 하려는 의도인가? 그저 아이들이 저희들끼리 재미있게 놀도록 하면 안 되는 걸까? 아이들에게 삶의 균형을 가르쳐 주어야 하지 않을까? 아이들의 삶에서 단체 스포츠가 선택이 아닌 필수로 자리잡으면서, 우리는 건강한 발달에 중요한 원칙 하나를 놓치고 있다. 단체 스포츠는 신체 운동으로서 좋은 활동이지만, 활동적 자유 놀이를 보완하는 역할이어야 한다는 점이다. 아이의 건강한 발달에 관한 한 스포츠는 케이크를 돋보이게 하는 장식이 되어야지, 스포츠 자체가 케이크가 되어서는 안 된다.

아이가 주도하는 놀이로서 아이들이 어른의 개입 없이 스스로 바깥에서 하는 운동 경기를 만들어 내면, 다양한 측면에서 스포츠 활동이 풍부해진다.

- 즉흥 게임은 언제나 선택으로 하는 것이며, 의무적으로 하지 않아도 된다.
- 이것은 놀이의 한 가지 형태로 볼 수 있다.
- 아이들은 자연스럽게 자기들의 규칙을 만들고 자기 능력에 맞게 한계를 설정할 줄 안다.
- 아이들은 충분하다고 느끼면 그만두어야 할 때를 판단한다.
- 아이들은 팀 윤리를 익힌다(규칙을 정하고 공통의 목표를 향해 움직인다).
- 아이들은 경쟁을 경험한다(때로 승자가 있고 실패도 겪기 마련이며, 이기기 위해서는 인내와 자제력을 키워야 하며 노력해야 한다).

- 아이들은 공감능력을 키우고 자신의 욕구뿐만 아니라 다른 아이의 욕구도 수용할 줄 알게 된다.
- 규칙과 규제를 만들 권한이 주어지므로 아이들은 부담과 걱정을 덜 느낀다.
- 놀이나 게임을 직접 설계했기 때문에 성취감이 크다.
- 아이들은 자기의 신체적 능력에 맞게 조절한다(투수나 골키퍼 같은 역할을 결정하고 쉬어야 할 때를 판단한다).
- 모두에게 기회가 있으므로 벤치에서 대기만 하지 않아도 된다.

나는 한때 걱정이 많은 아이를 치료한 적이 있다. 그 아이의 부모에게 하루 일과가 어떻게 되는지 물으니, 그들은 아이가 주말까지 매일 하나 이상의 방과 후 활동을 한다고 했다. 아이가 작업치료를 받을 시간도 좀처럼 내지 못하는 상황이었으니, 놀 수 있는 시간이 없는 것은 말할 것도 없었다.

아이들은 오랜 일과 시간을 앉아서 지낸 후에 산더미 같은 숙제를 해야 한다. 거기에다 각종 방과 후 활동에까지 치이는 형편이니, 아이들은 걱정이 늘고 독립적으로 창의성을 발휘하여 놀기 어렵다. 따라서 감각 기능이 제대로 발달하지 못하는 상황은 어쩌면 예견된 것이나 다름없다.

아이가 주도하는 놀이를 통해 근육과 감각계는 저절로

튼튼해지고 창의성이 커진다. 사회-정서적 기술도 물론 발달하게 되어 있다. 그러려면 무엇보다도 놀 시간이 있어야 한다. 각종 조직 활동으로 아이들의 시간표를 빼곡히 채우고 나면, 바깥에서 자유롭게 활동하며 놀 여지는 거의 없다. 활동적 자유 놀이는 사고력과 창의성을 키우고 심신을 모두 사용하게 하는 등, 어른의 지시와 감독에 의존하는 활동이 절대 따라올 수 없는 이점을 지닌다. 그러나 이제 그런 활동이 들어설 자리가 점점 사라지고 있다.

활동적 자유 놀이

자유롭다는 것. 원하는 대로 놀 수 있는 '자유.' 탐구할 수 있는 '자유.' 집 밖을 돌아다닐 수 있는 '자유.' 실수할 수 있는 '자유.' 점프하고 제자리 돌고 춤추고 소리 지르고 올라 탈 수 있는 '자유.' 모험할 수 있는 '자유.' 이것이 '활동적 자유 놀이'다. 몸을 움직이고 감각을 자극하고 상상력에 불을 지펴 온몸과 두뇌를 가동시킨다. 신경세포 뉴런은 아이가 주위를 탐색할 때 왕성하게 활동한다. 그렇게 해서 아이들은 '생기'를 띤다.

바깥에서 하는 활동적 자유 놀이는 점점 사라져서 이제는 과거의 유물이 되어 버렸다. 그렇지만 아이의 삶에서 과도한 스케줄을 줄이고, 놀이와 활동이 다시 들어설 자리를 만들어야 한다는 사실은 그 어느 때보다 중요해지고 있다. 아이의 몸과 마음은 전적으로 활동적 자유 놀이에 달려 있다 해도 지나치지 않기 때문이다.

⊗
아이에게 주는 선물, 놀이의 자유

어른의 구속과 감독이 없는 놀이는 우리가 아이에게 교육적으로 줄 수 있는 가장 값진 기회다. 나는 예전에 피터 그레이Peter Gray(국내에 그의 저서 《언스쿨링》(박영스토리)이 출간되었다. - 옮긴이)의 강연을 들을 기회가 있었다. 과학자이자 연구원인 그는 놀이의 진화와 그 이론을 연구하여 '놀이 전문가'로 통한다. 그는 다음과 같이 놀이의 특성 몇 가지를 규정한다. 먼저, 놀이는 자율적으로 추진되며self-driven 자기주도적이다. 놀이를 할지 말지의 여부는 언제나 놀이하는 사람에게 달려 있다. "놀이에서 궁극의 자유는 그만둘 자유다(Gray 2013, 141)".

그레이는 어른이 아이 대신 나서서 놀이를 장악하고 지

시하면 더 이상 놀이로 여길 수 없다고 지적한다. 학교에서 어른이 주도하는 아카데믹 게임academic games(수학이나 과학 등 학과목의 능력을 응용한 게임-옮긴이)은 자발적으로 선택한 아이에게는 재미있을지 몰라도 내키지 않는 아이에게는 벌처럼 느껴질 수 있다(Gray 2013). '깡통 차기'(깡통 차기를 응용한 술래잡기 형태의 놀이-옮긴이)나 픽업농구(낯선 사람들이 즉석에서 팀원을 정해서 하는 길거리 농구. 지역에 따라 규칙이 다양하다.-옮긴이)처럼 아이들이 즉석에서 조직해야 '놀이'라고 할 수 있다. 어른이 지휘하는 어린이 스포츠는 놀이가 아니다.

놀이는 내적 규칙에 따라 움직인다. 그레이의 말처럼, 아이들이 모이면 자기들만의 규칙을 만들기 때문에 '조직되지 않은 놀이unstructured play' 같은 것은 없다(2013). 소꿉놀이만 하더라도 아이들은 각자 역할을 나누어 맡는다. "내가 엄마 할 거야." "아니야. 네가 언니를 해." "알겠어. 그 대신 다음번에는 내가 엄마를 할 거야." 이처럼 아이들의 놀이는 어른이 어떻게 보는지와는 상관없이 제법 복잡하고 조직적일 수도 있다.

때때로 팀버누크의 숲에서도 아이들은 사회를 이루는 심지어 자기들만의 위계를 만들어 역할극을 한다. 아이들은 '스파이', '천막 지킴이', '대장' 같은 역할을 만들어 깃털 달린 가면을 쓰고 나무에 앉은 리더에게 보고를 한다.

서로 팀을 갈라 '공격' 방법을 정하고 '물자'를 어떻게 감출지 전략을 짠다. 가끔 복잡한 게임 규칙을 기억해 두었다가 이듬해 여름 캠프에 다시 참가해서 끄집어내는 아이들도 있다. 이런 아이디어를 어른이 제안하는 경우는 결코 없다. 어른은 이 정교한 놀이가 펼쳐지는 모습을 멀리서 바라보며 경탄할 뿐이다.

놀이는 또한 상상이다. 놀이는 아이들에게는 꽤 심각하면서도 심각하지 않은 행위다. 진짜 같지만 진짜가 아니다(Gray 2013). 아이들은 종종 놀이에 깊이 빠져 다른 세상에 사는 것처럼 보이기도 한다. 언젠가 어떤 아이가 슈퍼히어로 놀이에 빠져 있는 아이에게 물어보던 상황이 떠오른다. "근데 잠깐만! 이거 진짜야?"

때때로 아이들은 간식이나 점심을 먹고 화장실에 가려고 쉴 때가 되어서야 놀이에서 벗어난다. 이때 누군가 "얼음! 간식 시간이야"라고 외치면 같이 놀이를 하던 다른 아이가 정말 쉬는 시간인지 확인하려고 물어본다. "좀 있다가 다시 하는 거, 맞지?"

놀이의 동기는 목적이 아닌 방법에서 나온다. 순전히 목적이 있어서 어떤 활동을 한다면, 놀이가 아니다. 예를 들어 시험 성적을 잘 받기 위해 책을 읽으면 그것은 놀이가 아니다. 아이들은 대체로 끝낼 목적으로 놀이를 하지 않는다. 놀이는 끊임없이 진화하며 새로운 형태와 계획을 이끌어 낸다. 또한 수동적이지 않으며 끊임없는 평가와 정신 활동을 요구한다(Gray 2013). 그렇다 해도 아이에게 스트레스가 없어야 한다. 놀이를 하다 보면 규칙을 절충해야 하고 이따금씩 감정이 상하는 경우도 생겨서, 유쾌하지 않은 순간도 있기 마련이다. 그러나 놀이를 할 수 있는 선택권은 언제나 아이에게 있으며, 놀이를 바꿀 자유도 아이에게 있다.

아이에게 자유롭게 놀 시간을 주는 것은 매우 특별한 선물을 주는 것과 같다. 삶에 필수적인 기술을 키우고 다듬게 하여 성인기를 위해 아이들을 준비시키는, 계속해서 주는 선물이다. 아이는 놀이를 하며 창의성을 키우고 감정을 조절하는 연습을 한다. 사회적 발달을 촉진하고 그 과정에서 자신을 발견하기도 한다.

아이에게 어른 세계에서 떨어져 놀이를 할 수 있는 능력이 있다면 무한한 기회가 열리고 해방감을 얻을 수 있다. 놀이는 비옥한 땅이며 커다란 백지와 같아서, 자기만의 이야기와 소망을 펼칠 수 있다. 놀이하는 아이는 그 놀이에 주인의식이 생기며 주위 물건을 이용해 창의성을 발휘한다. 잘라 낸 나뭇가지는 마법의 지팡이이자 무기이며 낚싯대가 된다. 질주하는 말이자 건축 재료이며 연장이 되기도 한다. 나뭇잎은 수프의 재료이며 약이다. 미술 재료나 돈, 장신구가 될 수도 있다. 무궁무진한 가능성이 있다.

아이들은 자유 놀이를 하면서 무슨 놀이를 할지, 누구와 할지 정한다. 놀이 계획을 짜고 아이디어를 모으는 과정에서 큰 재미만 얻는 것이 아니라 고도의 정신 활동도 이루어진다. 다른 누군가와 놀이를 하려면, 그 아이들을 참여시키는 법도 배워야 한다. 그러자면 놀이가 할 만하고 즐거워 보이도록 제시하는 요령도 터득하게 된다. 일단 같이 할 사람들이 모이면, 아이들은 놀이 계획을 협상하고 놀이 방식을 더 구체적으로 다듬기 시작한다.

이렇듯 정교한 절충 과정에서 아이들은 놀이를 주도하고 창의적인 아이디어를 모으는 법은 물론, 다른 사람과 협상하고 함께 일하는 법을 익힌다. 이것은 창의성과 독립심, 대인 지능(다른 사람과 관계 맺고 이해하는 능력)을 키울 수 있는 중요한 특성이다. 대인 지능은 실제 생활에서 키워야지, 교과서나 강의로는 배울 수 없다. 남과 잘 어울리지 못하는 아이들이 방과 후 사회성 프로그램에서 연습하는 역할극도, 직접 교우 관계를 만들고 유지하는 법을 터득할 수 있는 실제 경험에는 미치지 못한다.

놀이와 그에 따르는 모험 속에서 아이들은 자신을 발견한다. 자신의 흥미와 능력을 깨닫고 감정을 조절하는 법을 깨닫는다. 친구와 함께 커다란 바위에 기어올라 쾌감을 만끽하고, 계획을 바꿔야 놀 수 있다는 친구의 말에 계획을 수정하면서 아이들은 좌절과 공포, 두려움을 딛고 함께 일할 줄도 알게 된다.

아이들은 놀이를 할 때마다 자기 몸과 정신의 한계를 시험하며 강하게 성장한다. 나무에 조금 더 높이 오르고, 놀이에 함께하는 아이가 생길 때마다 자신감을 키운다. 또한 놀이를 계속하기 위해 참고 견디는 법도 배운다. 자유 놀이 속에서 아이들은 유연하게 대처하며 회복력을 키우고 능력을 키운다. 자유 놀이는 아이가 어른이 되어 성공적인 경력을 쌓을 수 있는 기초이자 지속적인 인간관계를 맺는 발판이 된다.

⊗

단체 스포츠가 답일까

비만 문제가 커지면서 온 나라가 비만과의 전쟁을 벌이고 있다. 그 결과, 지난 10년 동안 어린이를 대상으로 하는 체육 강좌, 스포츠 팀, 달리기 프로그램, 피트니스 캠프도 현저하게 늘었다. 미국 어린이축구협회는 아동 스포츠에 참여하는 아이들의 수가 1981년에서 1997년 사이

27퍼센트 증가했으며 현재도 계속 증가하고 있다고 밝혔다(Kelley and Carchia 2013). 전국에 걸쳐 요가를 비롯해 달리기 프로그램에 이르기까지 몸과 관련된 것은 거의 모두 실시되고 있는 셈이다. 그런데도 미국 아이들의 허리둘레는 계속 늘어나고 비만율도 여전히 오르는 중이다. 질병통제센터Centers for Disease Control(CDC)는 2009년 어린이 비만율이 16.9퍼센트라고 발표했다. 이것은 1980년의 세 배나 되는 수치다. 비만인 아이가 커서도 비만 상태가 유지되는 경우도 있다. CDC는 2030년 즈음에는 미국인의 42퍼센트가 비만일 것이라고 예측했다(Ogden et al. 2012).

여태껏 어른의 주도하에 아이들을 대상으로 운동 프로그램을 조직하고 서너 살짜리 어린아이들에게까지 두 개 이상의 스포츠 활동을 부추겨 왔지만, 비만의 확산을 막는 데는 역부족이었다. 좋은 의도에서 단체 스포츠가 장려된다고 해도, 간과되는 사실이 있다. 아이들은 오랫동안 바깥 놀이를 즐겨 왔으며, 멋진 유니폼도 가혹한 일정과 엄격한 규칙도 필요 없었다는 점이다. 방과 후면 친구들과 픽업농구를 하고 들판이나 공터에서 술래잡기를 하거나, 숲에서 요새를 지으며 몇 시간이고 운동을 할 수 있었나. 여기에 어른은 필요 없었다.

이와 같은 자유 놀이로 아이들은 상상력과 창의성에 불

씨를 지폈을 뿐 아니라 몇 시간이고 다양한 방식으로 몸을 단련했다. 아이들을 대신해 규칙을 정하는 사람은 없었고, 아이들 스스로 규칙을 정했다. 그러면 아이들은 흥분을 가라앉히고 결연한 마음으로 자신의 능력을 시험했다. 감각과 근육을 시험하고 목표를 향해 견디며 장애물을 극복하는 법을 배웠다.

얼어붙은 호수 위에서 벌이는 옛날식 아이스하키는 대표적인 활동적 자유 놀이다. 요즘에도 얼어붙은 호수에서 하는 아이스하키를 볼 수는 있지만, 아이들이 스스로 조직해서 실제 호수나 연못 위에서 벌이는 게임은 이제 드물다. 예전에는 겨울이 되면 나이가 많은 아이들이건 어린아이들이건 스케이트와 스틱을 챙겨 얼어붙은 호수로 향하곤 했다. 아이들이 충분히 모이고 얼음의 두께도 문제없으면, 나무 상자나 막대로 골문을 세웠다.

아이들은 각자의 능력과 팀의 동력을 감안해 팀을 꾸리고 규칙도 정했다. 나이가 많거나 뛰어난 아이들이 어린아이들에게 패스할 때는 퍽을 얼마나 세게 쳐야 할지도 정했다. 고르지 못한 얼음판에서 능숙하게 움직이려면 운동과 균형 감각이 필요했다.

무엇보다도 아이들은 자기가 선택해서, 그리고 순전히 재미있게 놀기 위해서 빙판으로 나갔다. 근처에서 서성이며 소리쳐 지시하는 어른은 찾아볼 수 없었다. 재미있어서 아이들은 몇 시간이고 얼음 위를 지치고, 때로는 해 질 녘이 되어서야 멈추었다. 다음번에 얼음 위로 돌아올 때마다 아이들은 스케이팅 솜씨가 늘었고, 신체의 도전도 견디며 한계치를 높여 갔다. 감각의 발달, 단단한 근육과 뼈, 튼튼한 면역 체계는 자유롭게 놀다 보면 저절로 해결되는 일이었다.

⊗

활동적 자유 놀이와 신체 단련

활동적 자유 놀이로 근육과 뼈가 단단해지면 신체의 안정성이 좋아지고 부상을 예방하며, 지구력과 근력도 강해진다. 이런 효과는 바깥에서 놀 때 더욱 커진다. 노르웨이와 스웨덴에서는 비교적 평평한 놀이터에서 놀던 아이들과 평탄하지 않고 바위와 나무가 많은 자연 지형에서 논 아이들을 비교했다. 그 결과 자연 지형에서 논 아이들의 운동 기능, 특히 균형과 민첩성이 더 높게 나왔다 (Grahn et al. 1997).

생체역학 전문가인 게이티 보먼은 아이가 힘을 과하지 않게 쓰는 상황에 하루 여러 번 노출되면 체중을 지탱할 수 있는 근력이 빠르게 발달하며 이 효과는 아기에게도 유효하다고 설명한다(Crawford 2013). 이런 효과는 놀이에서 저절로 얻을 수 있다. 아이들은 무거운 나무로 무언가 만들고 경사진 해변을 달리거나, 양동이를 한가득 채우며, 쓰러진 나무와 담장을 넘어 들판을 가로지른다. 바깥에서 놀면 움직이려는 동기가 저절로 따라오고 움직일 때마다, 한 걸음 내딛을 때마다, 자연과 조우할 때마다 근육도 강해진다.

바깥 환경은 예측하기가 어렵다. 바위와 나무, 나무토막은 크기도 무게도 제각각이다. 이런 물체들을 들어 올리려면 근력을 조절할 줄 알아야 하며, 그때마다 아이들은 자기 몸의 한계를 시험한다. 오르고 매달리기, 땅 파기는 코어와 상체 근력을 키우는 데 효과적이다. 평탄하지 않은 지형을 걷고 달리면(특히 맨발로) 다리와 발목, 발바닥 장심의 근육이 단련된다. 놀이를 통해 근력이 세지면 척추와 팔다리의 근력과 안정성도 자연스럽게 향상된다.

활동적 놀이를 하면 힘줄과 인대도 단련된다. 바깥에서 움직이고 놀면서 결합조직이 자연스럽게 늘어나 동작 범위도 커진다. 예를 들어, 나뭇가지를 잡으려고 팔을 높이 뻗거나 커다란 바위 위를 오르면 동작 범위가 늘어난다. 그러나 꾸준히 사용하지 않아 결합조직이 느슨한 상태로 남게 되면, 점차 짧아지고 경직된다. 이렇게 힘줄과 인대,

근육이 팽팽해질수록 찢어질 위험도 커진다. 결합조직을 유연하게 유지해 부상을 방지하려면 자주 움직이고 놀아야 한다.

근육과 마찬가지로 뼈도 신체에 전해지는 중력 하중의 종류와 크기를 달리하면서 단단해진다. 평탄하지 않은 지형을 달리고 바위에서 뛰어내리며 웅덩이에서 발을 구르는 등의 활동은 모두 체중을 지탱하는 활동으로, 뼈를 단단히 하는 데 도움이 된다. 이런 활동이 충분하지 않으면 뼈가 약해지고 칼슘을 방출하게 되는데, 방출된 칼슘은 몸에 재흡수되고 뼈는 점점 무르고 약해져 골절의 위험이 높아진다(National Space Biomedical Research Institute n. d.).

서던일리노이대학교 의대의 소아과 부교수인 셰레프 우날Sheref Unal 박사는 아기가 움직일 수 있는 순간부터 뼈가 튼튼해지도록 해야 한다며 강한 뼈의 중요성을 강조한다. 아이들의 뼈가 약한 것은 장시간 앉아 지내며 햇빛을 쬐지 못해 비타민D가 부족해진 결과다. 우날 박사는 "아동기에 뼈의 강도를 확보하지 못하면, 후에 골다공증이나 골절에 취약해진다"며 뼈를 강하고 건강하게 만들려면 밖에 나가 활동적으로 놀면서 비타민D를 만들라고 권고한다(Southern Illinois University School of Medicine 2007).

힘든 일의 효과

바깥에서 하는 활동적 자유 놀이를 통해 근육과 관절의 감각은 자극을 받고 고유수용성감각도 발달한다. 아이가 환경과 상호작용할 때(예를 들어, 무거운 나무토막으로 요새를 지을 때처럼) 밀고 당기는 감각이 발생하는데, 이때 새로운 중력 하중이 생기고 그에 따른 적응이 일어나 뼈와 근육 조직이 단단해진다. 이렇게 해서 아이의 근육 능력이 향상되며, 신체 위치를 잘 지각할 수 있게 되니 신체 지각도 좋아진다.

바깥에서 '힘든 일'의 효과를 낼 수 있는 활동은 많다. 썰매를 끌고 경사진 언덕 오르기, 흙을 파고 꽃을 심기, 나무타기 등은 힘든 일이지만 아이가 놀면서 하기 좋다. 그 과정에서 힘을 써서 근육을 움직여야 하고, 근육과 관절에 유익한 감각의 입력이 전해진다. 경사진 언덕을 걸어 오르는 것만 해도 중력 하중을 추가로 견뎌야 하고 코어와 다리 근육을 써야 하기 때문에 이 부위가 단단해진다. 흙을 파면 어깨관절 복합체와 팔, 손과 손목을 둘러싼 근육 및 관절에 감각 자극이 늘어난다. 나무를 타면 오르는 동작으로 활성화된 근육과 관절을 더 잘 지각할 수 있다.

바깥에서 놀 기회가 많을수록 의식하지 않고 자연스럽

게 힘든 일을 더 많이 할 수 있다. 시간이 지날수록 아이의 몸은 다양한 하중과 힘을 견뎌 신체 지각 능력이 커지고, 환경과 상호작용하며 적용해야 하는 적절한 힘에 대한 감각도 좋아진다. 이를테면 이 감각이 좋아지면 술래잡기를 하거나 병아리를 손에 쥘 때 얼마나 압력을 주어야 하는지 조절할 수 있게 된다.

꾸준한 바깥 놀이로 고유수용성감각이 잘 다듬어지면 장차 정교한 작업을 할 때에도 유리하다. 죽은 나무의 가지를 잘라 내거나 흐트러짐 없이 꼼꼼히 바느질을 할 때 그 효과를 톡톡히 볼 수 있다. 그러므로 신체 지각 능력을 높이고 세상과 적절히 상호작용하는 법을 익히게 하려면 아이의 바깥 활동을 늘리고, 충분히 놀 수 있는 여건을 마련해 주어야 한다.

⊗

제자리 돌기의 효과

아이들은 자연스럽게 제자리에서 돌고 거꾸로 서며, 언덕을 굴러 내려가고 사방으로 몸을 움직인다. 물론 기회가 주어졌을 때 가능한 말이다. 재미 삼아 제자리를 빙빙 도는 아이의 모습을 본 적이 있다면 알 것이다. 아이가 놀면서 공간을 움직일 때, 내이에 있는 모ㅌ세포가 활성을 띤다. 이 활성 작용으로 척수를 거쳐 운동 메시지가 전달되며, 근긴장과 자세가 유지된다(Ayres 2000). 본질적으로, 제자리 돌기와 같은 동작은 전정감각의 발달에 도움이 된다. 2장에서 다루었듯이 전정감각은 다른 감각들의 기초가 되며, 집중과 균형, 눈의 조절, 자세 조절 등에 없어서는 안 되는 감각이다.

제자리 돌기는 아이의 신체 지각에 매우 좋은 활동으로, 기본적으로 신체 중앙, 즉 코어 발달과도 연관이 있다. 자기 몸의 중심이 어디에 있는지 제대로 지각하지 못하면, 글쓰기와 던지기에 우세한 쪽을 정하기 어렵고 신체 양쪽의 협응도 어려워진다. 아이가 재미 삼아 언덕을 구르고 제자리 돌기를 할 수 있게 만드는 일이 중요한 이유가 여기에 있다.

안타깝게도, 제자리 돌며 놀 기회가 줄어들고 놀이터의 회전기구가 사라지면서 새로운 걱정거리가 등장했다(6장에서 놀이터의 변화를 다루며 좀 더 살펴볼 것이다). 다름 아닌 학습 장애다. 오하이오주립대학교 의대의 데이비드 클라크 David Clarke는 이 문제에 주목하던 중 제자리 돌기의 유익한 효과를 확인했다. 그의 연구에 따르면 제자리 돌기를 하면 수업 시간에 각성과 주의력이 높아지고 차분한 상태를 유지할 수 있다(Jensen 1998).

최근 들어 제자리 돌기가 금지되면서 학교에서 그네를 타며 제자리 돌거나 선 자리에서 재미로 빙빙 도는 것조차 할 수 없게 되었다고 하소연하는 학생이 많아졌다. 어른들은 아이들이 행여나 어지러움에 넘어져 다칠까 걱정하여 제자리 돌기에 부정적이다. 그러나 제자리 돌기는 신체 지각을 높이고 주의력을 향상시키는 데 실제로 도움이 된다. 아이가 제자리 돌기와 거꾸로 서기 같은 활동을 꾸준히 하면, 전정감각이 자극 받아 주위 환경에 적응하기 쉽다. 협응이 좋아지고 실수가 줄어, 발을 헛디디거나 부딪치는 일도 줄어든다. 교실에서 집중하는 능력의 향상에도 전정감각의 영향이 크다.

그러므로 우리는 아이들의 감각과 운동 기능을 향상시킬 수 있는 기회를 없애기에 앞서 신중히 판단해야 한다. 활발히 움직일 수 있도록 여건을 마련해 주고 구속을 풀어 주면, 아이들은 감각 통합에 필요한 기회를 스스로 찾아 나설 것이다.

면역 체계, 놀아야 강해진다

1장에서 살폈듯이 아동기에 감기, 질병, 알레르기 발생이 늘어나는 원인을 이야기할 때 간과하지 말아야 할 것이 움직임의 역할이다. 아이가 꾸준히 움직이면, 신체 각 부위의 혈액 흐름과 산소 흡입이 늘어나고, 림프계 lymphatic system도 활성을 띤다. 림프계는 림프lymph(한자어 음을 빌려 임파라고도 한다.-옮긴이)라는 무색의 투명한 액체를 신체 각 부위로 실어 나르는데, 림프에는 감염을 막는 백혈구가 들어 있다. 림프계는 몸에서 독소와 노폐물, 기타 불필요한 물질을 제거한다.

림프계는 건강한 면역 체계를 유지하는 데 없어서는 안 되는 기관이다. 그러나 순환계와 달리 펌프 기능이 없고 한 방향으로만 흐른다. 따라서 기관을 다시 채우고 독소를 없애려면 근육과 횡격막(심호흡을 돕는 근육)의 움직임에 의지할 수밖에 없다. 림프계가 활동 부족으로 둔해지면, 신체는 감기를 비롯한 질병에 취약해진다.

한 보고에 의하면 점프 운동처럼 위아래 움직임을 유발하는 활동은 림프의 흐름을 15~30배 늘려 준다고 한다. 림프계 전문의인 데이브 스크리븐스Dave Scrivens는 이렇게 설명한다. "림프계는 신진대사를 거드는 신체의 쓰레기통이다. 죽은 세포나 암세포, 질소 함유 노폐물, 감염성 바이러스, 중금속, 세포에서 떨어져 나온 기타 노폐물 등 독소를 제거한다. 튀어 오르는 동작을 할 때의 신체 움직임으로 림프계가 자극을 받아 막힘없이 흐르면 이들 잠재적 독성 물질이 빠져나간다(2008)." 신체 움직임은 장 활동도 자극해 소화와 배변을 돕는다. 마지막으로, 심박 활동이 늘어나면 폐가 확장하여 산소 흡입도 늘어난다고 알려져 있다.

우리 아이들이 바깥 놀이에 필요한 지구력과 근력, 내성을 키워 헤아릴 수 없는 건강 효과를 거두려면, 일상적으로 꾸준히 바깥 환경에 노출되어야 한다. 미국 보건복지부가 펴낸 〈미국인의 신체활동 가이드라인Physical Activity Guidelines for Americans〉에서는 아이들에게 매일 적어도 60분 이상 신체 활동을 하도록 권고하고 있다. 이와 관련해 저명한 척추교정 전문가인 파리아 박사는 나와 인터뷰할 때 이렇게 주장했다. "그 정도로는 질병 예방 효과만 있을 뿐이에요. 아이들의 건강을 향상시키려면 하루 60분으로는 부족해요."

감각·인지·건강상의 효과를 거두어 튼튼하고 능력 있는 아이로 키우려면 매일 '여러 시간' 동안 움직여야 한다. 1주일에 한 번 운동하는 것으로는 어른의 체력을 변화시키기에 턱없이 부족한 것처럼, 아이가 1주일에 한두 번 축구 연습을 한다고 해서 감각계를 지속적으로 변화시킬 만큼 충분한 자극이 주어질 리 없다. 아이들은 매일 바깥으로 나가 감각을 자극하고, 온 방향으로 몸을 움직여야 한다. 우리 몸은 움직이면서 적응하고, 또 움직이게 되어 있다.

얼마나 놀아야 하나? - 연령별 적정 놀이 시간

우리 아이의 활동적 놀이 시간은 얼마나 되어야 적당하다고 볼 수 있을까? 아이들은 매일, 온종일 움직여야 근골계와 감각계가 튼튼해진다. 아이들이 나이 들어가면서 심신에 고차원의 기술을 익히려면, 이러한 토대를 갖추어야 한다. 모든 연령대의 아이들이 적어도 하루 세 시간은 바깥에서 자유 놀이를 해야 이상적이다.

- **영아(1~12개월)**. 영아도 온종일 바깥에서 활동적으로 지낼 기회가 있으면 유익하다. 신체 활동으로 감각계 구성과 중요한 운동 기능 발달이 촉진된다.
- **걸음마기 아이(12개월~3세)**. 이 시기 아이는 하루에 적어도 다

섯 시간에서 여덟 시간 정도, 되도록 바깥에서 활동적 놀이를 할 수 있으면 효과를 볼 수 있다. 아이는 온종일 바깥에서 지내면서 저절로 활기를 띠게 된다. 자유 놀이 시간을 많이 주면, 아이도 발달에 필요한 만큼 움직일 것이다.

- **미취학 아동(3~5세).** 학교에 가기 전의 아동도 매일 바깥에서 다섯 시간에서 여덟 시간 정도 놀이와 활동을 할 수 있다. 이 시기에는 세상살이에 대한 인식이 어렴풋이나마 생기고 어른이 되는 연습을 한다. 또한 활동적 놀이를 하면서 중요한 감각 경험을 하고 동작을 익히기 때문에, 이 시기에 아이가 놀 시간을 많이 주어야 한다.
- **학령기 아동(5~13세).** 청소년기 전의 아이는 바깥에서 신체 활동과 놀이에 적어도 네다섯 시간을 할애해야 효과를 볼 수 있다. 아이가 전통적 환경의 초등학교에 다닌다 해도 일과 내내 움직일 수 있어야 학습에 몰두할 수 있다. 아이들에게는 수업 시간 전, 수업 도중과 후에도 틈틈이 휴식시간이 있어야 한다.
- **청소년(13~19세).** 청소년은 신체 활동이 하루 서너 시간은 되어야 좋다. 10대 아이들의 활동은 뇌와 신체 발달, 감정 조절을 촉진하고, 친구들과 어울리는 사회성을 경험할 수 있다는 점에서 중요하다.

> **우리 아이, 강하고 유능하게 키우려면**

놀 시간을 넉넉히 주는 것도 중요하지만, 발달상의 효과를 좌우하는 것은 그 시간의 질이다. 이어지는 목록은 튼튼하고 강하며, 유능한 아이를 키우기 위한 기본 사항이다. 다음 장에서 이 내용에 관해 구체적으로 설명하겠다.

- 아이가 바깥에서 '매일' 놀 수 있는 시간을 충분히 준다.
- 교실 환경에서는 몸을 움직일 수 있는 휴식을 일과 내내 배치한다.
- 쉬는 시간에 놀이 시간을 적절히 준다(쉬는 시간에 관해서는 7장에서 더 자세히 논한다).
- 집 주변에서 집안일 돕기 등 등교에 앞서 몸을 움직일 시간을 만든다.
- 아이가 방과 후 집에 돌아오면 적어도 몇 시간 동안 바깥에서 놀게 한다.
- 어린아이들은 단체 스포츠나 활동을 하지 않아도 된다. 단지 놀이만으로도 적절한 신체 운동을 할 수 있다.
- 우리 아이와 바깥에서 놀 수 있도록 다른 아이들을 부른다. 친구들과 어울려 놀면서 독립심을 더욱 키울 수 있다.
- 동네에 아이들이 여럿 있다면, 우리 아이가 가서 어울려 놀게

한다.

- 아이가 모험 삼아 하는 일을 말리지 않는다. 어린아이라도 조그만 돌에서 뛰어 내리거나 인도의 갓돌 위를 걸을 때 지켜본다.
- 어른이 주도해서 아이를 즐겁게 하기보다, 주변 환경을 이용해 몸을 움직일 수 있도록 영감을 준다(바깥에 외줄그네를 매달거나 자전거, 바구니, 수레 등을 놓아둔다). 아이가 하고자 하는 일을 주도적으로 할 수 있도록 한다.
- 무엇보다도 아이가 놀고 움직일 수 있는 시간을 매일 주는 것이 중요하다.

요약

아이가 쉬는 시간이나 집에 있을 때 해야 할 활동을 계획하고 짤 필요는 없다. 그저 한발 물러나 바깥에서 알아서 놀도록 넉넉히 시간을 주는 것으로 충분하다. 그러면 아이는 저절로 놀이를 고안하고, 필요한 활동의 양과 종류도 스스로 정할 것이다. 어른은 간섭하지 않아도 된다.

활동적 자유 놀이는 건강한 몸과 마음에 매우 중요하다. 창의성, 독립적 사고 기술, 자신감, 감정 조절 기술, 근력, 감각계와 면역계가 모두 활동적 자유 놀이를 하면 향상된다.

바깥 놀이의 치유 효과

④

지금까지 활동적 자유 놀이가, 특히 그 활동이 바깥에서 일어날 때 몸과 마음의 발달에 얼마나 중요한 역할을 하는지 살펴보았다. 이제부터는 바깥 활동이 구체적으로 어떤 점에서 '치유' 효과가 있는지 좀 더 깊이 들여다보려 한다.

바깥 환경에 크게 주목하지 않으면 단순히 이렇게 생각하기 쉽다. '우리 아이는 자유롭게 놀 시간도 많고 늘 여기저기 휘젓고 다니니까 문제없어! 꼭 바깥이어야 할 이유가 뭐지? 자연이 뭐 그리 대단하다고 사람의 노력으로 대신할 수 없다는 거야? 풀이 무성한 언덕을 구르는 게 실내 체육관 경사로에서 구르는 것하고 무슨 차이가 나겠어? 욕실에서 면도 크림으로 뒤범벅되는 것이나 바깥에서 진흙으로 범벅이 되는 거나 마찬가지 아닌가?'

이제 이런 궁금증에 대해 답을 할 차례다.

왜 바깥이어야 할까?

전통적 놀이 활동과 게임뿐만 아니라, 실내에서 할 수 있는 일이라면 거의 모두 바깥에서도 할 수 있다. 조금만 아이디어를 내고 미리 준비해 둔다면, 식사나 목욕 같은 평범한 일도 재미있고 기억할 만한 바깥 경험으로 만들 수 있다.

장난감 상자에서 마술 지팡이를 집어 들고 빙빙 돌리며 책과 인형을 개구리로, 공주로 둔갑시키며 노는 아이를 떠올려 보자. 아이는 창문으로 들어오는 마녀를 상상하여 이불과 베개로 성을 만들려고 한다. 그러다 방이 어질러질까 봐 옷 갈아입기 놀이를 하기로 마음을 바꾼다. 발레리나로 꾸미려고 하지만 아이에게는 기껏해야 요정 옷밖에 없다.

그러나 이 아이가 바깥에 있다면 전혀 다르게 놀 수 있다. 거칠고 구부정한 나뭇가지는 마술 지팡이가 된다. 사악한 용을 피해 널찍한 동산으로 달려 올라갈 수 있다. 얼굴을 때리는 바람이 거대한 폭풍으로 변하면, 아이는 언덕을 굴러 내린다. 바닥에 깔린 나뭇잎의 용암에 빠지지 않으려면 바위 사이를 뛰어 넘어 조심스럽게 건너야 한다.

실내 놀이를 하려면 따라야 하는 수칙이 있고, 물건에는 저마다 정해진 용도가 있다. 창의성을 키워 준다는 장난감조차 한 가지 용도로만 쓰이고, 여러 시간 동안 놀 수 있게 한다는 용품들도 정작 쓰다 보면 제한적이라는 느낌을 받기 마련이다. 그러나 바깥에서는 수칙도 제약도 거의 없다. 자연에서 나온 물건은 본연의 기능이나 용도에 크게 좌우되지 않기 때문에 아이들이 상상력과 사고력을 고취시킬 수 있도록 자극하며, 신체적 한계에 도전하도록 부추긴다. 공장에서 만들어진 물건은 비교할 수도 없는 기능이다. 아이들은 바깥에서 진정한 즐거움과 생생한 놀이에 흠뻑 빠져들며, 놀이를 하는 동안 자신감도 생긴다.

나는 부모들에게 바깥 놀이를 권할 때마다, 실내 환경에서는 결코 따라 할 수 없는 세 가지 핵심 요소를 강조하는데, 그것들은 다음과 같다.

- 바깥에서는 완벽히 균형 잡힌 감각 경험을 할 수 있다.
- 바깥에 있으면 심리가 고무된다.
- 바깥은 모험 요소를 평가하고 도전을 받아들이기에 이상적인 여건이다.

이제 이 요소들을 더 자세히 살펴보자.

⊗

바깥 환경과 균형 잡힌 감각 경험

지금 아이가 맨발로 풀밭을 걸어 나니며 주위에 만발한 꽃을 둘러보고 있다. 아이는 걷다가 머리를 기울여 새소리에 귀 기울이고 피부에 와 닿는 미풍을 느낀다. 맨발로 걸으면 발바닥 한가운데에 오는 감각 자극이 크며, 나머지 신체 부위와 발의 상대적 위치를 인식할 수 있다. 새소리는 다른 야생 생물의 소리보다 친숙해지기 쉽다. 따스한 햇볕이 마음을 달래 준다면, 미풍은 정신을 맑게 한다. 우리가 주위 환경을 인지하면서도 느긋하고 차분해질 수 있는 이때야말로, 최적의 감각 통합이 일어난 상태다.

그와 달리 영화관, 화려한 놀이시설, 실내 공연장 같은 인공 환경은 아이를 감각으로 압도하여 아이가 지내기에 건전하지 못한 상태를 유발하고, 투쟁-도피 반응을 끌어내기도 한다. 이번에는 음악이 크게 울려 퍼지고 빛이 번쩍이며, 밝은 색이 홍수처럼 쏟아지는 실내를 우리 아이가 걸어 다닌다고 상상해 보자. 실내에는 사람들이 넘쳐서 아이는 계속해서 다른 사람과 부딪힌다. 이제 아이는 식은땀이 나고 조금씩 기가 질린다. 귀를 막거나 목소리를 높이고, 다시는 데려오지 말라며 이곳에서 당장 나가자고 조르기도 한다. 소음과 혼란이 가득한 곳에서는 감각 통합을 기대하기 힘들다.

그러나 자연의 자극은 더 상냥하고 미세하며 예방 효과도 있다. 심지어 회복시켜 주는 힘도 있다. 사실상 감각적 존재로 태어나는 우리에게 자연은 '궁극의' 감각 경험을 제공한다. 우리는 감각을 동원해 자신과 세상에 대해 배우며, 감각이 잘 다듬어질수록 모든 일에 수월해진다. 매일 바깥에서 시간을 보낼 수 있다면, 단순히 맨발로 풀밭을 걷고 새소리를 듣는 정도만으로도 여러 측면에서 감각에 좋다.

- **감각이 저절로 통합된다.** 감각 통합이 잘 된다는 말은 곧 뇌와 몸이 최적으로 기능할 수 있다는 것을 뜻한다.
- **마음이 차분해지면서도 깨어난다.** 차분하고 깨어 있는 상태에서는 주위의 감각 정보를 원활하게 처리하고 감각을 체계적으로 정리하여, 마치 퍼즐 조각을 맞추어 그림을 완성하듯 세상의 상을 정확하게 그릴 수 있다.
- **'딱 알맞은' 수준의 감각 자극을 얻을 수 있다.** 자연은 정신을 혼란스럽게 할 정도로 한꺼번에 많은 감각 정보를 쏟아 붓지 않는다.

⊗

바깥 환경과 심리 고무 효과

다시 마술 지팡이를 든 아이에게 돌아가, 이 아이가 방을 어지럽힐까 봐 만들기 주저하던 성을 밖에서 만들기로 했다고 치자. 아이는 화염을 내뿜는 용으로부터 몸을 숨길 은신처를 만들려고 한다. 담요와 베개 대신, 아이는 주위에 널린 물체에서 영감을 얻는다. 커다란 나뭇가지를 모아 뒤뜰을 향해 쓰러진 나무에 기대어 세운다. 아이는 숲 가장자리의 습한 땅에 널린 식물을 그러모아 나뭇가지 위에 정성스럽게 덮는다. 그러고는 솔방울과 도토리를 주워 모아 은신처 안에 식량으로 쟁여 두고 무시무시한 용을 피해 숨어 지낸다.

바깥 환경은 아이에게 무궁무진한 소재가 된다. 마음을 가라앉히고 영감을 얻는 장소가 되며, 풍부한 상상의 세계가 된다. 아이들이 디자인하고 창조하며 탐구할 수 있는 무한한 가능성의 공간이다. 아이들이 바깥에서 자유롭게 놀면 문제 해결도 쉬워지고 창의성도 높아진다는 사실이 여러 연구를 통해 거듭 밝혀지고 있다(Hamilton 2014).

캐나다 레스브리지대학교의 세르지오 펠리스Sergio Pellis의 놀이와 뇌 변화에 대한 연구에 따르면 "놀이 경험으로 전두엽의 말단에서 뉴런의 연결에 변화가 생긴다. 놀이 경험이 없으면 그런 변화는 생기지 않는다(Hamilton 2014)." 전두엽은 감정 조절과 계획 수립, 문제 해결에 결정적인 역할을 하는 곳으로, 전두엽에서 뉴런의 변화가 지속적으로 일어나려면 특히 자유 놀이를 매개로 해야 한다. 코치의 지도도, 심판도, 지침서도 필요 없이 놀 수 있는 것이 바로 자유 놀이다. 친구와 씨름을 하든, 정밀한 모래성을 쌓든, 아이들은 자유 놀이를 하면서 절충하고 그들만의 규칙을 정해야 한다(자유 놀이의 효과에 대한 자세한 논의는 3장 참조).

실내 환경에서는 아이들을 대상으로 미리 설정된 개념이 적용되고, 어떤 용도로 쓰일지 예상할 수 있는 내용으로 한정되어 있다. 실내용 장난감은 정해진 목적대로 놀게 되어 있어서 놀이에 제약이 생긴다. 가령, 퍼즐 조각은 특정한 양식에 따라 하나로 합치도록 만들어졌다. 보드게임에는 미리 설정한 놀이 규칙이 있다. 아이에 따라 다양하게 활용하겠지만 장난감 자동차는 장난감 자동차일 뿐이다. 그러나 솔방울은 완전히 다른 물건으로 변신할 수 있다. 나는 솔방울이 보물로, 열쇠로, 돈으로, 건축 자재와 장신구로, 그 외에도 무수한 쓰임새로 쓰이는 장면을 보아 왔다. 부러진 나뭇가지가 낚싯대로 쓰이거나 무기로, 요새의 일부로, 배와 말로, 장애물이나 덫, 심지어 비행기로 쓰이는 모습도 보았다.

일상적으로 바깥 환경에 노출되면 뇌가 다양한 방식으로 자극을 받는다.

▫ **바깥 환경에는 예상할 수 있는 용도가 없다.** 나뭇가지와 돌,

솔방울을 세상의 일부로 만들려면 아이들은 상상력을 동원해야 한다.
- **바깥 환경에는 무한한 가능성이 열려 있다.** 바깥에 있으면 새로운 방식으로 사고하도록 끊임없이 정신이 자극된다.
- **바깥 환경에는 압력이 없다.** 활동적 자유 놀이에 몰두하는 동안, 아이는 다른 아이들과 함께 놀거나 혼자 놀 수 있으며, 자기만의 규칙을 만들거나 남이 만든 규칙을 따를 수도 있다. 격하게 소란을 떨며 놀 수도 있고, 조용히 명상하듯 놀 수도 있다.

⊗

바깥 환경에서 시도하는 모험과 도전

체육 수업에서 평균대에 오른 아이는 맨발로 그 위를 걷는다. 평균대는 부드럽고 따스하며 믿기 힘들 정도로 고르다. 아이는 그 길이와 느낌에 익숙하므로 놀라울 것이 없다. 이번에는 이 아이가 밖으로 나와 얕은 늪 바로 위에 걸쳐 놓은 통나무를 맨발로 가로지른다. 아이는 평균대처럼 평평할 리 없는 통나무를 조심스럽게 한두 발씩 내딛으며 나아간다. 부드러운 이끼는 맨발을 간질이고 통나무는 건조하지만 따뜻하다. 갑자기 발밑에 무른 것이 밟히면 재빨리 균형을 잡아야 늪으로 떨어지지 않는다.

늪에서 튄 물이 발등을 간질이고 진흙이 발가락 사이에 낀다. 아이는 한순간 두려움에 사로잡히지만 빠지지 않을 것이라는 것을 확인하고는 이내 즐거운 기분에 휩싸인다. 통나무를 마저 건너자 바짝 마른 낙엽이 발밑에서 바스락거린다.

통나무를 건너는 동안 아이의 모든 감각이 동시에 동원되면서 균형을 잡기 위해 몸이 반응했다. 또한 건너는 과정에서 아슬아슬한 순간과 마주했을 때 견뎌 내는 법도 배웠다. 바깥에서는 무슨 일이 벌어질지 알 수 없으며, 종종 예기치 못한 상황에 맞닥뜨리기도 한다. 바깥에 있으면 아이는 주위 환경을 판단해 모험의 소지가 있는지 평가해야 한다. 스스로 환경을 판단해 위험 요소를 평가하고 도전을 받아들이는 일에 익숙해지면, 아이는 자신감이 생기고 대담해진다. 아이가 고르지 못한 지형을 넘어지는 일 없이 다니고, 젖지 않고 시냇물을 건널 줄 알고 부모와 함께 산을 오를 수 있게 되면, 어렵거나 심지어 불가능해 보이는 상황이 닥쳐도 힘을 끌어 모아 버티는 법도 터득하게 된다. 여러 번 시도를 거듭하면서 아이는 육체적으로 또 정신적으로 자신이 무엇을 할 수 있는지 파악할 수 있다.

매일 밖에서 놀며 위험 요소를 평가하고 도전을 받아

들이는 것은, 여러 가지 측면에서 가치 있는 일이다.

- **아이가 자신감을 키운다.** 일단 장애물을 넘고 나면, 아이는 어려움에 부딪쳐도 계속 시도하여 성공할 수 있다는 교훈을 얻는다.
- **아이는 자신의 속도에 맞게 도전한다.** 밖에서 놀면서, 아이는 위험을 받아들일 수 있는 시기를 판단하고 어느 정도의 모험을 감수할 수 있는지도 통제할 수 있다.
- **아이는 융통성 있게 대처하는 법을 배운다.** 바깥에서 놀면서, 아이는 놀이에서 자기가 원하는 결과를 항상 얻을 수는 없다는 사실도 빨리 깨닫는다. 가령, 마음속에 그리던 모습대로 성이 완성되지 않으면, 원래 계획을 유연하게 바꿀 줄도 알게 된다.

자연의 치유 효과

자연은 본래 치유하는 존재다. 꽃의 향기에서부터 새소리에 이르기까지 자연의 모든 것이 감각을 자극하여 건강한 방향으로 감각 통합을 이끈다. 이제 자연 환경에서 놀고, 심지어 자연을 바라보기만 해도 얼마나 감각 기능이 향상되고 말 그대로 무럭무럭 자라는지 살펴보려 한다.

⊗
자연은 달래 준다 - 자연의 진정효과

뉴욕대학교 스턴 경영대학의 마케팅과 심리학 부교수인 애덤 알터Adam Alter는 자연의 완벽한 진정 효과를 이렇게 설명한다. "음식과 물로 신체의 기력이 회복되는 것과 똑같이 자연으로 마음의 기능이 회복된다. 교통 체증, 판단과 결정, 낯선 이를 상대하는 일 등 일상의 업무는 사람을 지치게 한다. 인위적인 환경에 빼앗긴 것들을 자연이 되찾아 준다(2013)."

아이에게 바깥 놀이는 북적거리는 일상에서 벗어나 휴식을 찾을 수 있는 절호의 기회다. 아이는 놀이를 휴식 삼아, 인간이 만들어 낸 세상의 화려한 색깔의 홍수, 불쾌한 냄새, 소음과 소란에서 벗어날 수 있다. "서둘러! 이러다 늦겠어"라며 끊임없이 재촉하는 소리도 여기서는 들리지 않는다. 아이는 긴장이 풀리고 재충전된다.

나는 자연이 아이들에게 끼치는 진정 효과를 꾸준히 관찰한다. 팀버누크의 아이들은 강이나 숲에서 놀 때와는 대조적으로 건물 주변에서 목소리가 더 커지고 부산스러워진다. 그러나 건물을 벗어나면 아이들은 흩어지고 조용해지며 목적을 찾아 빠져든다.

아이들은 자연을 바라보기만 해도 차분해진다. 주의력결핍과잉행동장애가 있는 자녀를 둔 100가구의 부모에게 아이가 놀이 환경에 따라 어떻게 반응하는지 물어본 결과 그 효과가 입증되었다. 자연 풍경이 보이는 방 안에 앉아 있던 아이들은 풀과 나무가 없는 실외 인공 환경에서 논 아이들에 비해 차분했다(Taylor, Kuo, and Sullivan 2001). 실내외에 상관없이 자연적 요소가 마음을 가라앉히는 데 핵심 요소라는 사실이 이 연구에서 드러났다.

이미 우리는 자연의 자극이 아이들을 달래 준다는 사실을 알고 있다. 건물에서 벗어나 자연에 완전히 몰입하면 완전한 회복이 가능하고, 가능하면 그렇게 해야 하겠지만 모두가 이런 여건을 즐기는 것은 현실적이지도, 가능하지도 않다. 다만, 자연을 바라보거나 그 자극이 주위에 있기만 해도 아이가 진정된다는 점은 확실하다. 그렇다면 아이가 영향을 주고받을 수 있도록 텃밭과 나무 심기를 고민해 보고, 작더라도 아이가 놀 수 있도록 풀로 덮인 공간을 마련할 수 있다면 좋을 것이다. 아스팔트 위에서는 절대 찾을 수 없는 효과를 이 모든 사례에서 확인할 수 있다. 가정에서는 이렇게라도 자연에 접근하는 방법과 함께,

국립공원을 비롯해 자연으로 떠나는 가족 여행도 시도해 보면 좋을 것이다.

⊗
자연과 시각

자연에서 오는 자극은 미묘하기도 하며 온화하다. 자연의 색채는 눈에 부담이 없다. 눈을 압도하지 않으며 지나치지 않다. 앞서 언급한 연구에서처럼 아이는 단순히 자연을 '바라보기만 해도' 차분해진다. 인간은 시각에 크게 의존하는 존재다. 우리가 아이에게 일상적으로 보게 하는 환경은 아이의 기분과 기질, 집중력에 영향을 미친다. 바깥 놀이는 눈의 기능에도 긍정적인 영향을 끼친다. 이어서 이 두 가지 측면에서 아이의 시각을 살펴보고자 한다.

자연은 바라보고만 있어도 좋다

나는 한때 들어오는 아이들을 들뜨게 할 수 있도록 온통 밝은 색들로 옛 사무실을 꾸몄다. 그러나 실내의 모든 물건이 "나를 봐!"라고 외치는 통에, 아이들은 그 공간에서 시각적으로 압도당하고 말았다.

치료를 위해 나의 클리닉을 흔쾌히 찾아오던 큰딸도 이

방에 들어서는 순간, 감각을 효과적으로 조율하는 능력이 문제를 일으키곤 했다. 시각이 너무 많은 자극으로 주체하지 못하게 되자, 다른 모든 감각도 엉망이 되어 버렸다. 목소리가 점점 커지는가 하면, 치료 장비 사이를 과도한 에너지로 비집고 다니는 모습이 그야말로 유별나 보일 정도였다. 이런 행동의 원인 중 하나는 아무래도 클리닉 안의 모든 물체가 과도한 각성 상태를 유발하여, 원래 위험을 알릴 목적으로 발달한 시각을 자극했기 때문이다. 시자극 과잉으로 내 딸의 각성 상태가 크게 치솟은 것이다.

그와 달리 아이가 숲에서 놀 때는 활동 수준을 조절하는 데 아무런 어려움이 없었다. 아이는 여전히 활동적이면서도 자기 몸의 움직임을 차분히 잘 통제했다. 자연 환경은 어떻게 해서 아이의 행동 조절 능력에 영향을 준 것일까? 이와 관련해 시각적 환경이 학습과 기분에 끼치는 영향을 깊이 들여다본 연구가 많다.

카네기멜론대학교의 애나 피셔Anna Fisher, 캐리 고드윈 Karrie Godwin, 하워드 셀트먼Howard Seltman(2014)은 교사의 설명과 학습 활동 중에 교실의 전시 상태가 아이들의 집중력 유지에 끼치는 영향을 조사했다. 각종 장식이 넘치는 교실의 아이들은 더 산만하고 학습과 관련 없는 활동에 시간을 더 쏟았으며, 장식이 없는 교실에 있을 때에 비해 학습 효과도 적게 나타났다. 피셔는 "교실의 시각 환경이 아이들의 학습에 영향을 끼친다"라고 결론을 내렸다. 요약하자면, 물건 배치가 시각적으로 단순할 때(자연이 우리에게 이미 보여 주었듯이) 학습에 도움이 된다.

사람들은 자연을 바라보기만 해도 고양 효과를 얻는다. 1980년대 초, 1972년에서 1981년 사이에 담낭 수술을 받은 환자를 대상으로 진행된 연구가 있다. 이 연구에서는 병실에서 바라본 경관별로 환자의 회복률을 파악했다. 일부 환자들의 병실은 벽돌 담장이 시야에 들어왔고 다른 환자들의 병실에서는 일렬로 늘어선 낙엽수가 보였다. 전망을 제외하면 병실을 비롯한 치료 조건은 동일했다. 간호사들은 전망이 벽돌 담장인 병실의 환자들 각각에게 평균 네 개 정도의 부정적 기록을 남겼다. 이들에게는 "많은 격려 필요"와 "심적 동요를 보이고 울기도 함" 같은 기록이 흔했다. 반면에 나무가 보이는 병실의 환자들은 입원 기간 동안 부정적 기록을 단 한 차례 받았다.

게다가 자연을 볼 수 있었던 환자들은 회복도 빠르고 상대 환자들에 비해 평균 퇴원 시기도 빨랐다. 자연을 바라본 환자들은 벽을 바라본 환자들보다 호전이 '네 배'나 빨랐다는 점에서 연구의 결과는 상당히 시사하는 바가 크다(Ulrich 1984).

인공 환경에서는 종종 자연에 없는 색을 이용하기도 한다. 이로 인해 시자극이 더 강해져 뇌간brainstem, 특히 망상체reticular system에 경계 신호를 보내기도 한다. 망상체는 감각 정보를 처리하고 통합하는 역할을 하며 각성 수준을 조절한다. 시자극이 너무 강하면 아이의 각성도와 활동 수준이 높아질 수 있다. 이와 달리 색이 온화하고 시자극이 강하지 않으면 아이의 감각계에 진정 효과를 가져온다. 이렇게 되면 정돈되고 차분해져 감각 통합에 이상적인 상태가 조성된다(Roley, Blanche, and Schaaf 2001). 아이들이 최적의 상태에서 놀이와 학습을 할 수 있으려면, 자연을 볼 수 있고 자연에서 지낼 수 있는 시간이 필요하다. 아이들이 자연을 눈에 담으며 생활할 수 있다면, 심리 상태도 좋아지고 학습에 도움이 될 뿐 아니라 건전한 감각 통합도 불러올 수 있다.

바깥 놀이와 눈의 기능

자연 속에서 지내면 눈의 기능 또한 좋아진다. 1장에서 다루었듯이 아이들의 근시 비율이 최고 수준에 올라 있다. 한때 근시의 유력한 원인 중 하나로 전자기기의 화면을 보는 시간이 너무 많다는 것이 꼽혔지만, 새로 진행된 여러 연구에서는 바깥에서 지내는 시간이 충분하지 않아 근시로 이어질 가능성이 높다는 주장이 제기되고 있다. 아시아 여러 국가에서 이 주장을 강력하게 뒷받침할 근거가 나타나고 있으며, 실제로 아시아의 여러 학교에서는 학생의 안경 착용을 줄일 목적으로 바깥 활동 시간을 늘리는 추세다.

오하이오주립대학교 검안과의 도널드 무티Donald Mutti 박사도 구체적인 자료를 근거로 이 연구 결과의 타당성을 확인한다. "유전적으로 근시 가능성이 있는 아이들의 경우, 1주일에 열네 시간 이상 바깥에서 지내면 안경 쓸 가능성이 세 배 낮아진다. 바깥 활동 시간에 어떤 특이점이 있는지는 아직 알 수 없지만, 이 부분이 규명된다면 근시에 대한 접근 방법도 달라질 것이다(Ohio State University College of Optometry 2014)."

정확한 인과관계는 아직 밝혀지지 않았으나 여러 이론 중 한 가지를 소개하면 다음과 같다. 아이의 눈은 5세에서 9세 사이에도 여전히 성장하는데, 이 과정에서 안구 수정체와 망막 사이의 거리가 늘어나 근시가 생기기도 한다. 과학자들은 이 성장 기간에 눈의 형상과 거리 유지에 야외의 자연광이 도움이 된다고 보는 입장이다. 또한 밝은 햇빛은 눈 기능 향상에 중요한 기여 요인으로, 꾸준히 자연광에 노출될 경우 동공 반응이 좋아지는 것으로 보고 있다(Ohio State University College of Optometry 2014). 근본적으로, 아이의 눈은 햇빛에 노출되면 기능이 더 좋아진다.

아이들은 일상적으로 바깥에서 시간을 보내야 한다. 자연의 시자극을 통한 시감각 향상과 감정 조절, 그리고 눈의 기능 향상까지 그에 달려 있기 때문이다.

⊗
자연과 청각

요란한 사이렌 소리, 교통 소음, 경보음, 시끄러운 콘서트. 정신없는 음악, 소음 공해에 해당하는 이런 소리로 인해 아이들은 종종 투쟁-도피 반응을 보이기도 한다. 그런 상태에서는 자신 앞에 있는 대상에 더 이상 집중할 수 없다(Frick and Young 2012). 인간의 신체는 끊임없는 각성 상태나 스트레스를 견딜 수 없다. 하루에 여러 시간 소음에 노출되는 아이는 실제로 나쁜 영향을 받기도 한다.

최근 신경과학자들은 쥐를 대상으로 한 소음 연구에서 중간 크기의 소음과 큰 소음을 쥐에게 한 시간 이상 들려주고 반응을 측정했다. 그들은 이 연구로 큰 소음에 오래 노출되면 언어음의 구분이 어려워질 가능성이 높아져, 실제로 언어 처리 방식이 변한다는 결론을 도출했다(Reed et al. 2014). 소음으로 쥐의 뇌에 변화가 생긴다면, 인간의 뇌에도 소음으로 변화가 생길 가능성이 있다. 이런 유추가 사실로 확인된다면, 일상적으로 큰 소음에 노출되는 아이는 자신이 듣는 소리를 처리하는 데 문제가 생길 수 있다.

이와 대조되는 연구에서는 자연음에 회복 효과가 있다는 사실이 밝혀졌다. 스톡홀름대학교에서 진행된 연구에서는, 성인 40명에게 스트레스를 유발하는 계산을 하게 하고, 그 뒤에 이들을 자연의 소리와 시끄러운 환경에 노출시켰다. 그 결과 시끄러운 소리를 들었을 때보다 자연의 소리를 들었을 때 교감신경계가 더 빨리 회복된다는 사실이 밝혀졌다(Alvarsson, Wiens, and Nilsson 2010). 시끄러운 인공음을 들으면 뇌에 변화가 일어나 기능에 문제를 일으키고, 반면에 자연음(파도 소리나 귀뚜라미 울음소리 등)을 들으면 치유가 된다고 했을 때, 아이들을 자연 환경에 내보내 건강한 감각 통합이 이루어지도록 하는 것이 이치에 맞다.

새소리를 들어도 감각에 큰 효과가 있다. 작업치료에서는 듣는 것과 경청하는 것에 문제가 있는 아이들에게 여러 달에 걸쳐 하루 몇 번 이상 특수 헤드폰을 쓰게 하고 변조한 음악을 들려준다. 여기에는 아이들의 기분과 주의력, 청각 처리 기술(자기 이름에 빠르게 반응하는 능력 등), 상호작용, 활동 수준을 향상시킬 목적으로 만든 자연음이 들어 있다. 자연음은 뇌의 청각 담당 부위를 깨워 공간에서 잘 적응하도록 돕는다(Frick and Young 2012).

이와 같은 청각활용 작업치료 프로그램의 결과는 믿기 어려울 정도로 놀랍다. 청각활용 프로그램에 참여한 아이들은 대부분 몇 가지 생활 분야에서 상당한 진전을 보였다. 취침 습관과 감정 조절이 좋아지고, 지기 이름에 신속하고 효과적으로 반응할 수 있게 된 것이 대표적이다(Frick and Young 2012). 또 다른 연구에서는 아이들에게 자기 모습을 그리게 해서 묘사 능력을 파악했다. 미리 녹음된 자연음을 듣기 전, 아이들은 코가 없거나 팔이 몸뚱이의 아래쪽에 붙어 있거나 허공에 둥둥 떠 있는 모습으로 자신을 묘사했다. 또한 그림에 세부 묘사가 부족하고 색의 사용과 표현력도 떨어졌다. 하지만 청각활용 프로그램에 석달간 참여한 후 그린 그림에서는 자신을 풀이 많은 언덕이나 바닷가 등에 단단히 서 있는 모습으로 그렸고, 식물과 흙, 관목 등 주변 묘사도 밝은 색으로 두드러지게 표현했다. 게다가 모든 신체 부위의 비율과 위치가 잘 맞고 웃는 얼굴도 많았으며, 세부 묘사와 색채 사용도 훨씬 늘어났다(Frick and Young 2012).

나는 소아 작업치료사로서 전정감각과 청각, 시각 사이의 관계를 연구하는 메리 카와르Mary Kawar를 인터뷰했다.

그녀는 미국의 유명 청각 프로그램 개발자들과 밀접하게 작업했기 때문에, 그 효과를 잘 알고 있었다. 아이들이 야외에서 시간을 많이 보내면 단지 새소리를 듣는 것만으로도 공간 인지능력이 영향을 받는지 내가 묻자, 그녀는 당연하다는 듯이 대답했다. "그럼요. 확실하죠!"

새소리는 공간 적응에 도움이 된다. 가령, 좌우에서 들리는 새소리의 원근을 상대적으로 파악하여 자신의 위치를 알 수 있다. 그러나 요즘처럼 소음 공해가 날로 심해져 자연음의 치유 효과가 떨어진다면, 도시의 소음을 벗어나야 새소리에서 오는 최고의 효과를 거둘 수 있다. 자연에서 보내는 시간이 늘어날수록 아이의 감각을 발달시키는 자연음의 효과를 확인할 수 있다.

⊗

자연과 촉각

고백하자면, 나는 팀버누크의 진흙 웅덩이에서 노는 아이들을 볼 때 가장 큰 재미를 느낀다. 나는 이 놀이야말로 아이에게 최고의 감각 경험이라고 생각한다.

무릎이 잠길 정도 깊이이 진흙 웅덩이에서 열심히 개구리를 찾아 뒤지는 아이들이 있다. 어떤 아이들은 발을 더

럽힐까 봐 주저하며 웅덩이 가장자리에 서서 구경만 한다. 이때 한 아이가 개구리를 잡고는 신나서 소리친다. "잡았다! 엄청 미끈거려!" 다른 아이들은 주위에 몰려들어 자세히 들여다본다.

한편, 가장자리에 서서 지켜보기만 하던 아이들도 이제는 조심스럽게 고무장화를 벗고 웅덩이에 발을 담가 본다. "으웩! 축축해!" 한 아이가 발에 전해지는 새로운 감각을 느끼며 말한다. 이제 이 아이는 넘어지지 않고 웅덩이 속을 조심조심 걸어 다닐 수도 있다. 그런가 하면 미끄러져 웅덩이에 넘어진 아이도 있다. "엄마야!" 아이는 순간 놀랐지만 아무도 반응하지 않는다. 이 아이는 다시 일어나 웃음을 터뜨리기 시작한다. "나 좀 봐! 완전 더러워!" 다른 아이들도 따라 웃더니 이내 연달아 웅덩이 속에 넘어지기 시작한다.

아이들은 진흙탕에서 몸이 더러워지고 엉망이 되도록 놀며 귀중한 촉각 경험을 한다. 감각계 중에서도 촉각계는 융통성이 있다. 촉각 경험이 다양한 아이는 서로 다른 촉자극에 대한 참을성을 늘려 나간다. 2장에서 언급한 것처럼, 촉감에 대한 참을성이 부족하면 여러 가지 옷을 입을 때 어려워하고 맨발로 다니기를 꺼리기도 한다. 학교에서 끈적끈적한 풀로 작업을 하면서 쩔쩔매는 상황도 벌어진다. 아이들이 어려서부터 다양한 감각 경험을 해야 하는 이유가 바로 여기에 있다.

면도 크림 놀이나 끈끈이 액체 만들기, 갖가지 촉감의 공작용 점토 놀이 등 최근 다양한 감각 활동을 소개하는 육아 블로그가 늘어나는 추세도 이런 현상이 반영되었기 때문이다. 물론 이런 활동은 아이가 느끼기에 재미있지만, 바깥 놀이에서는 촉각 경험이 몸 전체로 확장되며 감각적 효과를 더욱 확대할 수 있다.

이해를 돕기 위해 실내에서 여러 물건이 가득 담긴 감각 놀이통sensory bin을 가지고 노는 아이와 바닷가에서 노는 아이를 비교해 보자. 실내에 있는 아이의 감각에 동원되는 부위는 주로 손이다. 아이는 플라스틱 재질의 주걱과 그릇을 가지고 놀기도 한다. 그 곁에는 주의 깊게 바라보는 어른도 있을 것이다.

이번에는 바닷가 놀이를 상상해 보자. 햇볕이 아이의 피부 위로 따스하게 내려앉는다. 양동이에 차갑고 푸석푸석한 모래를 가득 채우고 걸어갈 때 모래 속에 발이 묻히고 바닷물이 밀려와 철썩 튄다. 짓고 있던 모래성 옆에 쪼그리고 앉으면 모래의 질감을 느끼는 신체 부위도 늘어난다. 아이는 모래성 둘레에 손가락으로 해자를 판다. 미끈거리는 해초와 뾰족한 조개껍데기를 찾아 성 둘레에 띠를 두른다. 모래성을 다 쌓고 나면, 아이는 물에 들어가 놀다가 쉬다가 간식을 먹는다. 그러면서 몇 시간이 훌쩍 지나고, 이제 아이는 머리에서 발끝까지 모래를 뒤집어쓰고 환하게 웃고 있다.

우리는 흔히 첫 번째 경우를 두고 아이가 '감각 경험'을 한다고 하지만, 두 번째 상황에서는 감각이 '더 많이' 살아난다. 온도의 느낌과 다양한 촉각(미끄러운 해초와 거칠고 뾰족한 조개껍데기, 푸석푸석한 모래)은 동원된 감각의 목록이 늘어난 정도에 불과하다. 아이의 두 손만이 아니라, 온몸이 모래에 노출되었다.

또한 아이들은 바닷가에서 끌고 밀고 파헤치면서 부드러운 바람과 모래의 느낌처럼 가벼운 촉경험을 잘 견디고 통합한다. 감각 처리에 문제가 있는 아이는 모래를 만지거나 해초가 피부에 닿는 것 같은 가벼운 촉자극을 따로 느끼는 것조차 극도로 꺼린다. 그러나 해변에서 몸을 크게 움직이며 놀면 가벼운 촉자극의 거부감을 무시하고 참을성을 기르는 데 도움이 된다(Ayres 2000). 바다에서 하는 놀이는 감각 놀이통을 가지고 하는 놀이에 비해 어린아이들에게 의미가 더 크다. 더 오래 놀고 싶은 동기를 일으키며, 모래성을 쌓으면 창의성도 살릴 수 있다.

바깥에서 더러워지고 흙투성이가 되도록 놀면 촉경험에

대한 참을성을 키울 뿐 아니라 면역력도 향상시킬 수 있다.

면역 체계와 위생 가설

진흙. 축축하고 끈적끈적한 진흙. 아이들 중 열에 아홉은 진흙에 빠져든다. 더러워지고 흙을 조금 먹어 본다 해도 크게 해가 되지는 않는다. 오히려 아이의 건강에 좋을 수도 있다. 어려서부터 흙, 동물, 세균·미생물과 접촉하면 실제로 면역 체계를 튼튼히 하는 데 좋다. 농장에서 자란 아이가 도시 지역에서 자란 아이보다 천식, 알레르기, 자가면역질환 증상이 적다는 점은 많이 알려진 사실이다(Brody 2009).

살균·소독제 과용, 일상적인 목욕, 아기용품 살균, 집 구석구석을 광이 날 정도로 닦는 행위, 식사 전 손 씻기 등 일상적인 위생 습관이 실은 면역 체계를 해친다는 연구가 나오고 있다. 학자들은 이것을 '위생 가설hygiene hypothesis'이라 한다. 미국식품의약국의 보고에 따르면 "선진국에서 자주 보이듯이 집 안이 극도로 청결하면 면역 반응에 혼란이 일어난다. 즉, 어린아이들의 환경이 '지나치게 청결'하면 대응력이 떨어져 면역 체계가 온전히 발달할 수 없다(The US Food and Drug Administration 2015)."

위생 가설에서는 지극히 청결한 환경 때문에 도리어 필

수 미생물에 노출되지 못한다고 설명한다. 이들 미생물은 면역 체계를 강화하여 감염성 유기체로부터 보호해 주는데, 지나치게 청결하면 오히려 방어 반응이 약해져 천식과 알레르기에 취약해진다(Okada et al. 2010). 따라서 면역 체계를 건강하게 유지하려면 아이들은 바깥 활동에 꾸준히 노출되어야 한다. 특히 지저분하게 놀 수 있다면 더욱 좋다.

맨발과 촉각

자연에서 맨발로 다니면 발의 미세 감각 조절과 발달에 좋을 뿐 아니라 발바닥의 장심도 튼튼해진다. 다음의 증거는 특히 눈여겨볼 만하다. 인도의 시골 지역 아이들은 대부분 신발을 신지 않고 지내는데, 인도의 의사들은 시골 지역의 아이들에게는 평발이 거의 나타나지 않는다는 사실을 발견했다. 의사들이 만난 평발 환자들은 대부분 도시 지역 출신이었다. 이들은 이 사실에 주목하여 어린이 2300명의 고정 발자국을 분석해, 신발을 신고 지낸 아이들의 평발 확률이 신발을 신지 않고 지낸 아이들에 비해 현저히 높다는 사실을 알아냈다. 이 연구로 어린 시절부터 신발을 신으면 발의 정상적인 내측종아치medial longitudinal arch(이 부위가 평평하면 평발이 된다) 형성에 해롭다는 사실을 확인할 수 있다(Rao and Joseph 1992).

나는 맨발의 중요성을 연구하면서 생체역학 전문가이자 신체복원운동협회의 설립자인 케이티 보먼의 설명을 접했다. 보면은 어린아이들이 신발을 늘 신고 지내는 문제에 대해 다음과 같이 경고한다. "신발을 신으면 인간의 동작이 바뀐다. 근골격계와 관련하여 우리가 겪는 질환의 다수는 신발류에 의존하는 생활방식, 수십 년에 걸친 근위축으로 인한 인대와 족저근막의 염좌에 기인한다. 아이에게 가능한 한 신발을 신지 않게 하면 퇴행을 예방할 수 있다(Crawford 2013)."

내 막내딸도 아주 어렸을 때, 평발의 조짐이 보였다. 아이는 물리치료를 받고 한동안 교정기를 착용하여 발목과 발바닥 장심을 지지해 주어야 했다. 그러나 아이의 발에 실제로 변화가 나타나기 시작한 것은 여름마다 맨발로 다니기 시작하면서부터였다. 아이는 이제 발목과 장심까지 제대로 발달하여, 유연하게 걸어 다닌다.

맨발로 바깥을 걸으면 다양한 크기의 자갈과 울퉁불퉁한 땅을 밟을 때 아이의 발에 자연의 메시지가 전해진다. 자연에서 오는 항력과 균일하지 않은 자극으로 발의 반사능력이 통합되고 장심이 튼튼해진다. 또한 성상적인 보행과 균형, 발에 오는 촉자극에 대한 참을성이 좋아진다. 이 모든 여건이 충족된다면 자신감 넘치고 유연한 동작의 토대가 만들어지는 셈이다.

⊗
자연과 미각, 후각

맛과 미각. 입안에 저절로 침이 고이게 만드는 단어들이다. 우리는 미각으로 환경에 대한 정보를 알 수 있다. 어린 아기들은 물건을 입으로 가져가면서 환경에 대한 정보를 모은다. 그런데 아기들이 자연에서 나온 물건들, 이를테면 흙, 나뭇잎, 솔방울을 입에 넣으려 하면 엄마들은 "지지!"라고 외치며 말린다. 그 대신 요즘 아기들은 플라스틱 딸랑이를 비롯해 감각 피드백을 준다는 목적으로 고안된 장난감을 손에 쥐고 논다. 그러나 자연에서는 다양한 맛과 식감을 경험할 수 있지만, 장난감을 비롯한 인공의 물건으로는 도저히 이를 대신할 수 없다.

한편 식성이 까다롭고 음식을 가리는 아이도 점점 늘고 있다. 새로운 식감을 견디기 힘들어하는 아이들이 종종 처음 접하는 음식을 거부하는 상황도 이어진다. 그런가 하면 입안과 주변의 상태를 인지하는 데 어려움을 겪는 아이들도 있다. 어린아이가 흙이나 솔방울을 입에 넣는다 해도 사실 그다지 해가 되지는 않는다. 오히려 아기들은 입을 통해 처음으로 환경에 대해 배운다. 그런 경험을 통해 입안과 그 주변에 오는 새로운 감각 자극을 견딜 수 있다(그렇더라도, 돌멩이나 도토리 같은 작은 물건, 동물의 배설물은 입에 가져가지 않도록 주의하자). 이와 관련해 지켜야 할 안전 상식은 8장에서 자세히 다룰 예정이다.

자연의 물건을 입으로 가져가 탐구하면 구강 감각을 잘 인지할 수 있고 참을성도 높아진다. 또, 앞서 위생 가설에서 살펴본 것처럼 면역 체계의 발달도 촉진할 수 있다. 미생물학과 면역학 강사인 메리 루부시Mary Ruebush는 《흙이 몸에 좋은 이유Why Dirt Is Good》에서 아기는 물건을 입안에 넣으면서 환경을 탐구하고 면역 반응을 불러일으킨다고 주장한다. 물건을 입에 넣는 행위는 면역 반응을 일으켜 자기 보호에 필수적인 '연습'을 하는 것이며, 해롭고 피해야 할 자극이 무엇인지 면역 체계가 익히는 데 결정적인 역할을 한다(Brody 2009).

좀 더 나이가 든 아이는 우리 조상들처럼 자연에서 바로 열매와 견과류 등의 먹을거리를 채취할 수 있으면 좋다. 이것은 슈퍼마켓의 냉기를 쏘이며 몇 주 동안 묵혀 둔 과일을 사는 것보다 훨씬 풍부한 감각 경험이다. 갓 난 사과를 한 입 베어 물면 단순히 건강에 좋다는 말로 부족할 정도로 과즙과 풍미, 베어 무는 소리 등 과일 가게의 사과로는 흉내 낼 수 없는 감각이 동원된다. 이 복합적인 느낌으로 감각 경험이 향상되며, 그 결과 감각 기억이 좋아진다.

한편, 요즘 아이들은 접촉을 견디지 못하는 것만큼이나 냄새도 참기 어려워한다. 익숙하지 않은 냄새를 맡으면 구역질을 하는 아이도 있다. 그러나 자연은 후각에도 이롭다. 자연에 있으면 한 가지 냄새만이 아니라 강도가 서로 다른 여러 가지 냄새를 같이 맡게 된다. 우리는 다양한 냄새로 주변 환경에 대한 정보를 알 수 있다. 반면, 실내의 냄새는 변화가 적고 인공적인 데다 화학 공정으로 만든 세척제, 페인트 냄새처럼 잠재적으로 해롭다. 바깥에서는 농장의 동물, 갓 베어 낸 풀밭의 냄새 등 어느 하나 해로운 냄새가 없다.

그래서 자연의 냄새는 종종 치료에 사용되기도 하는데, 이것이 바로 '아로마세러피'다. 식물을 비롯한 자연물에서 추출한 식물 정유essential oils가 코 안의 작은 수용기를 자극하면, 메시지가 신경계를 타고 대뇌변연계로 전달된다. 바로 이 부위에서 감정을 조절한다. 아로마세러피에 쓰이는 자연물의 향으로 환자는 긴장을 풀고 평온을 되찾는다(University of Maryland Medical Center 2011). 다시 말해, 아이가 자연의 여러 냄새를 맡기만 해도 감정 조절에 도움이 된다.

감각이 살아나는 바깥 활동

바깥에서 아이의 감각을 골고루 깨우기에 알맞은 활동을 아래에 예시해 본다.

가지런히 벗어 놓은 꼬까신 하나 - 맨발로 다니기

실내와 실외 구분 없이 되도록 맨발로 다니게 하면 좋다. 신발을 신어야 하는 상황이라도 슬리퍼처럼 발의 구속이 적고 벗기 쉬운 신발을 신겨 발바닥 장심이 자연의 자극과 인공 자극, 둘 다 받을 수 있도록 신경 쓰자.

열매 따기

수확기에 블루베리, 딸기, 사과, 호박 따위의 열매와 채소를 직접 따서 맛볼 수 있는 농장 체험이 많이 생겼다. 가까이에 그런 체험을 할 수 있는 농장이 없다면 열매 축제나 농산물 직거래 장터 등을 찾을 수도 있다. 이런 곳에서는 바깥 활동을 즐기면서 다양한 열매를 시식할 수 있다. 직접 딴 열매로 아이와 파이나 머핀을 같이 만드는 것도 좋은 감각 경험이다. 우리가 먹는 음식이 어디서 오는지 알 수 있도록 교육하는 기회도 되며, 재료를 섞고 자르고 계량하여 반죽을 맛보고 간을 보면서 후각, 시각, 청각,

미각은 물론 고유수용성감각도 깨울 수 있다.

텃밭 가꾸기

아이와 텃밭을 가꾸면 감각을 깨우기에 여러모로 좋다. 아이는 흙을 파고 물을 주며, 식물을 가꾸고 직접 재배한 신선한 음식을 맛본다. 그러면서 새로운 촉감과 식감을 견딜 줄 알게 되고, 접하는 음식의 영역도 넓어진다. 직접 키운 허브와 꽃의 냄새는 뛰어난 후각 경험이 되기도 한다.

새소리 듣기

여러 종의 새소리를 구분할 줄 아는 것은 뛰어난 청각 능력이다. 소리를 듣고 눈으로 본 새를 조류도감에서 찾아보게 하면 교육적 효과도 있다. 손 모양과 바람, 목소리만으로 새소리를 흉내 낼 수 있도록 가르치면 좋은 감각활동이 될 수 있다.

어둠 속에서 놀기

깜깜할 때 하는 술래잡기는 감각을 일깨우기에 좋다. 아이들은 길이나 방향을 찾을 때 주로 시각에 의존한다. 시각을 활용할 수 없을 때는, 균형감과 고유수용성감각계(관절과 근육의 감각)를 더 활용해야 곧은 자세를 유지하고 협응하여 어둠 속을 무사히 헤쳐 나갈 수 있다. 또 술래잡기를 하면서 바닥에 누워 숨으면 낙엽과 흙을 비롯해 여러 감각 소재에 더 가까이 닿을 수 있다. 놀이 중에 아이는 보통 때 같으면 하지 않으려 할 일(축축한 나뭇잎 위에 눕거나 깜깜한 곳에 있기)도 참아 보려 하게 된다. 특히 다른 아이들과 함께 놀이를 한다면 더욱 효과적이다.

동물과 교감하기

크고 작은 동물을 돌보면 감촉, 냄새, 소리, 시각으로 감각을 깨울 수 있다. 치료 분야에서는 아이들의 신체, 감정, 지적 영역의 온 기능을 향상시킬 목적으로 개와 말을 비롯한 여러 동물을 돌보게 해 왔다. 양, 소, 염소, 닭, 돼지 같은 농장 동물을 돌보면 다양한 감각 입력을 얻을 수 있다. 집에서 키우는 고양이나 햄스터도 감각 경험을 얻기에 좋은 동물이다.

바닷가에서 놀기

바닷가는 온몸을 움직여 촉각(모래, 바닷물, 온도 변화), 고유수용성감각(모래 파기), 청각(새소리, 파도 소리), 시각(옆으로 걷는 게, 내려앉는 갈매기), 전정감각(몸을 아래로 뻗어 양동이에 물 채우기, 해변 달리기)을 자극하기에 좋은 장소다.

나무 타기

나무 타기는 모험에 직면해 자기 능력을 판단하기에 아주 좋은 방법이다. 부모라면 물론 걱정이 될 수밖에 없다. 그러나 두려움을 떨치고, 아이가 이런 기술을 익혀야 장차 운전같이 그보다 더 위험한 일도 할 수 있다는 사실을 직시해야 한다. 나무 타기는 아이의 도전 욕구를 어떻게 자극할까? 아이는 밟고 올라야 할 나뭇가지가 죽었는지, 부러졌는지, 약한지 확인할 줄 알게 되면서 불안하지 않은 상태가 지속되는 한 높이 올라갈 수 있다.

때로는 땅에서 몇 발 디디지도 못하고 내려오려는 아이도 있다. 그런 아이는 아직 더 높이 오르는 도전을 받아들일 준비가 되지 않은 것이다. 다만, 연습을 거듭하다 보면 자기 몸이 얼마나 감당할 수 있는지, 혹시 모를 위험요소를 어떻게 판단할지 익힐 수 있다. 이 또한 아이가 터득해야 할 중요한 삶의 기술이다.

모닥불에 요리하기

모닥불로 요리를 해 보는 것은 매우 뜻 깊고 기쁜 경험이 될 수 있다. 나는 모닥불로 직접 요리하면 익숙하지 않은 음식도 기꺼이 맛보려는 아이들을 많이 보았다. 아이들은 직접 요리에 참여한다는 흥분과 기대로 들떠서, 애

써 만든 요리를 시식하는 것 정도는 마다하지 않을 것이다. 열기와 매캐한 냄새를 무릅쓰고 요리를 하면서 불편함도 참고, 처음 맡는 냄새도 즐길 줄 알게 된다.

자연 속에 흠뻑 빠져들기

국립공원 또는 도립공원에서 가족여행을 보내며 온 가족이 적어도 3일 이상 자연 속에서 활기를 찾을 수 있으면 좋다. 일상적으로 자연의 기운을 느끼는 것도 중요하지만, 일부러 기회를 만들어 긴 시간 흠뻑 빠져 보는 경험도 중요하다.

> **요약**

인공적인 환경은 아이를 쉽게 흥분시키기도 하지만, 오히려 압도하거나 지나친 자극이 될 수도 있다. 실내 환경에는 아이에게 이로운 자극거리가 부족하거나 거의 없을 수도 있다. 그와 달리 야외에는 놀거리가 무한하고 감각을 동원한 탐구에도 끝이 없다. 놀면서 자연스럽게 연습이 되므로 감각 능력을 키우고 정교하게 가다듬을 수 있다. 아이의 온 감각을 깨워 튼튼히 키우려면 일상적으로 바깥 놀이를 할 수 있어야 한다.

안전을
챙기려다
놓치는 것들

내 딸이 아직 걸음마를 배우던 시절, 나는 아이를 '안전'하게 돌본다고 한시도 빼놓지 않고 아이 뒤를 쫓아다녔다. 행여 아이가 다치기라도 할까 봐 집 안 구석구석은 물론 아이 할머니의 집까지 안전하게 꾸몄다. 혹여나 걷다가 엎어지기라도 할까 싶어 그림자처럼 집요하게 아이를 따라다녔다. 항상 물수건을 챙겨 아이가 입에 댈 만한 모든 물건을 살살이 닦았다. 늘 모자를 씌워 햇빛을 가리고, 얼굴에는 자외선 차단제를 두껍게 발랐다. 그리고 가장 좋다는 아기용 자동차 시트를 샀다.

그러다가 그럭저럭 아이의 안전은 확보했지만, 아이가 얼마나 활동적인지는 제대로 파악하지 못해 미처 감당할 준비가 되지 않았다는 사실을 깨달았다. '맙소사! 공작용 점토로는 5분밖에 못 버티네! 이제 뭘 해야 하나?' 급기야 나는 매일 촘촘하게 일정을 짜야 한다고 생각했다. '우리 아이는 결코 지루해서는 안 돼!'

그래서 다른 집 부모와 두 시간짜리 놀이 약속을 잡고, 단체 스포츠에 참여시키고, 세 살이 되자 어린이집에 보내기까지 했다. 우리는 '정말' 바쁘게 지냈다. 어린이집으로, 체육관으로, 축구장으로, 음악 교실로, 엄마들 모임까지 정신없이 차를 몰고 다녔다. 그러고 보니 아이를 그만큼 바깥으로 데리고 나가 놀도록 한 기억은 없다. 기껏해야 동네 놀이터나 어쩌다 짬을 내서 바닷가에 놀러 간 일이 전부였다. 우리 집 뒤뜰에 접한 아름다운 숲을 딸과 탐험해 본 적이 있는지, 아무래도 떠오르지 않는다. 돌이켜 보면, 우리는 너무 바빠서 금쪽같은 시간을 보내기에 자연은 마땅치 않다고 생각한 것이다. 나중에 가서야 나는 큰 실수를 저질렀음을 깨달았다. 아이가 걱정이 많고 과격하게 행동하는 데다 감각 문제까지 보이자, 비로소 아이에게 진정 유익할 수 있었던 한 가지로부터 도망치고 있다는 사실을 깨달았다. 그 한 가지란 바로 자연에서 홀로 지내는 시간이었다.

아이가 혼자서 바깥을 탐구하도록 내버려 두지 못하게 어른을 위협하는 무언가가 있다. 공포는 아이가 어른의 감시에서 벗어나 자유롭게 지낼 자유를 가로막는 가장 큰 장애물이다. 공포는 다양한 형태로 드러난다. 유괴나 미아, 사고와 부상에 대한 공포가 대표적이다. 벌레, 야생 동물, 독버섯에 대한 염려처럼 사소한 불안도 아이를 밖에 내보내는 일을 주저하게 만든다.

온 사회가 나서서 위험을 부풀리고 부모가 믿음을 잃어 버린 결과, 이런 공포는 널리 퍼졌다. 새로운 시대에 부모인 우리는 아이를 보호하는 일이라면 가리는 일 없이 나선다. 그러나 보호가 지나치면 도리어 해가 되기도 하며,

생기 넘치고 건강한 어른으로 자라기 위해 꼭 갖추어야 할 생활 기술과 감각 지각을 의도치 않게 막아 버린다.

이번 장에서는 아이의 독립적인 바깥 놀이와 모험을 대하는 어른들의 공포를 다룬다. 또, 독립적인 놀이와 모험이 아이의 발달과 성장에 결정적 영향을 끼치는 이유를 살펴보고 아이를 놀이로 이끌 때 참고할 만한 안전 정보도 제시하려 한다.

안전 강박증의 실태

'낯선 사람이 우리 아이를 데려가면 어쩌지?', '그러다 크게 다쳐 영영 불구가 되지는 않을까?' 어른들이 흔히 두려워하는 상황과 실제로 일어나는 상황 사이에는 큰 괴리가 있다. 뉴스를 타고 전해지는 어린이 유괴나 놀이터 사고로 인한 중상 같은 비극은 사실 우리 예상보다 훨씬 드물다. 30~40년 전에도 드물었고, 지금도 드물기는 마찬가지다. 그동안 변한 것이 있다면 인간 본성에 대한 신뢰이며, 우리는 그로부터 지켜야 할 대상, 특히 아이들을 지키기 위해 갖은 노력을 다한다.

보호의 고삐를 점점 조인 결과, 어른들 사이의 약속과 감시가 있어야만 놀이를 할 수 있는 세상이 되었고, 각종 조직적 활동은 늘어난 반면 바깥에서 노는 아이는 점점 줄고 있다. 이렇게 찾아온 변화는 자연스럽게 우리의 일상이 되어 버렸다. 언뜻 보기에 이 상황은 그리 해로울 것이 없어 보인다. 그러나 아이가 바깥에서 자기 힘으로 탐구하고 놀 시간이 부족하면 사회적 기술도 정서적 안정도, 독립심과 창의성도 줄줄이 영향을 받는다. 아이가 상처를 자주 입거나 사고가 잦다면 바깥 놀이의 기회가 없었기 때문은 아닌지 의심해 보아야 한다.

⊗
끊임없는 감시

"부모로서 지내 온 세월 동안, 내가 만난 아이들은 항상 누군가 지켜보는 상황을 대체로 당연하게 여겼다." 크게 주목받은 칼럼 '과잉보호를 받는 아이The overprotected kid'의 필자인 해나 로진Hanna Rosin의 말이다(2014). 나는 이런 정서를 감지할 때면 소설 《1984》가 떠오른다. 빅브라더가 지켜보는 탈출구 없는 세상. 소설 속 인물들은 끊임없는 감시의 대상이다. 요즘 아이들도 똑같은 상황에서 감시의 눈길을 피할 수 없다. 밖에 있는 아이 주변을 살펴보면 불과 몇 미터 뒤에는 늘 부모가 있다. 이런 시대에 부모의 주시 없이 바깥에서 노는 아이가 참으로 드물다 보니, 그런 경우를 보게 되면 반가운 마음이 들 정도다.

⊗
낯선 이에 대한 공포

낯선 이에 대한 공포는 아이의 위치와 행방을 지나치게 관리하도록 부추기는 주범이다. 아이를 혼자 놀게 내버려 두지 못하는 이유가 뭔지 물으면, 많은 부모가 이렇게 대답한다. "세상이 우리 때와 다르고, 이상한 사람도 너무 많잖아요." 그러나 사실을 따져 보면 요즘 세상이라고 해서 1980년대, 심지어 1970년대보다 특별히 위험해진 것은 아니다. 범죄율은 오히려 줄었다. 아동 대상 범죄 연구센터의 소장으로 아동 유괴 범죄의 권위자인 데이비드 핀켈러David Finkelhor는 아동 대상 범죄가 1990년대 이후 실질적 감소 추세에 있다고 밝혔다. 낯선 이가 시도하는 유괴는 극히 드물고 그 빈도 역시 증가하지 않고 있다(Skenazy 2009).

증가하는 유형이 있다면 가족이 하는 유괴다. 대개 자

녀 부양을 둘러싼 다툼이 원인인데, 부모 중 어느 한쪽이 아이를 몰래 데려가는 경우다. FBI의 범죄 보고서에서는 이런 유형의 유괴가 낯선 이가 하는 유괴와 같이 분류되는 바람에 놀랄 만한 통계로 둔갑하기도 한다(Rosin 2014). 그런 자료를 근거로 뉴스는 자극적인 제목을 달고 나온다. '아동 유괴·납치, 전문가 인정 수준보다 네 배 높을 수도. 관용 말아야'(Fearn 2015), '아동 유괴·납치 13퍼센트나 치솟아'(Russia Today 2015) 같은 제목에는 그러한 과장이 반영되어 있다. 여기에는 자극적인 제목을 달아 쉽게 주목을 끌고 신문 구독이나 뉴스 청취율을 높이려는 의도가 숨어 있다. 그리고 실제로 어느 지역에서 낯선 이가 유괴 사건을 일으키기라도 하면 온 나라가 동요하여 불붙기 쉬운 공포에 기름을 붓고, 우리 아이에게도 이런 일이 일어날 수 있다며 불안감을 조성한다. 이렇게 해서 우리는 아이를 끊임없는 감시로 묶어 두고 틀에 짜인 실내 활동만 하게 한다.

⊗
돌아다닐 자유

 낯선 이에 대한 두려움이 커지면서, 부모는 어느 때보다 아이의 행방을 면밀하게 주시한다. 아이를 얼마나 멀리까지 혼자 걷게 해야 할지, 자기들끼리 놀게 해야 할지에 대한 고민도 여기서 나온다. 우리 부부는 각각 일곱 살과 열 살인 딸들이 자전거로 흙길을 달려 옆 동네 아이들과 놀도록 놓아둔다. 기껏해야 1킬로미터도 되지 않는 거리를 아이들끼리 다니게 한다고 해서 우리 부부는 '자유방목 부모'라고 불린다. 저널리스트 출신 작가인 리노어 스커네이지Lenore Skenazy가 《자유방목 아이들Free-range Kids》(양철북, 2010 - 옮긴이)이라는 책에서 만든 단어를 우리 부부에게 빗댄 말이다. 스커네이지는 아이들이 스스로 놀고 이웃과 거리를 돌아다닐 수 있는 권리를 찾도록 두 팔을 걷어붙이고 나섰다.

 남편은 최근, 1980년대의 자기 부모님에 비하면 우리가 딸들에게 너무 엄해졌다고 말했다. 남편은 열두 살이었을 때 당시 열 살이던 남동생과 다른 친구들과 함께 40킬로미터나 떨어진 인근 읍내까지 자전거로 다니곤 했다. 그들은 거리를 어슬렁거리다 호기심을 끄는 물건이 있으면 진열장을 기웃거리고 군것질을 했다. 1년에 한 번씩 내리 4년을 그렇게 보냈다. 그들은 도중에 15킬로미터 떨어진 마을에 사는 친구들과 놀고 나서는 다시 모험의 세계로 향했다. 남편은 그 시절 기억을 떠올릴 때면 씨익 웃어 보이면서 그토록 어린 나이에 그런 모험을 했다며 스스로 대견해 한다. 그러다 씁쓸한 표정을 지으며 이렇게 말한다. "우리 아이들을 열 살, 열두 살 나이에 똑같이 하도록 내버려 두면 경찰에 잡혀가겠지."

그 말이 현실이 되고 있다. 이제 부모들이 어린 시절 누리던 만큼의 자유를 지금 아이들은 더 이상 누리지 못하게 하는 지점에 이르렀다. 설령 부모들이 자라던 시절만큼 세상이 위험하지 않다고 해도, 저희끼리 바깥에 있는 아이들을 보면 지나치게 반응하는 사람들도 나오고 있다. 메릴랜드 주에서 아동방치 혐의로 입건된 부모의 사례를 보면 이런 상황을 짐작할 수 있다. 열 살과 여섯 살 된 자녀가 1.6킬로미터 떨어진 공원까지 걸어가도록 내버려 두었다는 것이 그 이유다. 경찰이 아이들을 데려갔고, 부모는 입건되어 조사를 받았다. 동일 건을 두고 아동 보호 기관에서는 보호자인 부모가 해야 할 의무에 태만했다고 판단한 반면, 교육 수준이 높은 이 부모(한 명은 소설가이며 다른 쪽은 물리학자)는 "아이들이 책임감을 높이고 세상에 대한 경험을 쌓아, 자신감과 능력을 키우려면 절대적으로 필요한" 일이었다고 주장했다(St. George 2015). 어처구니없게도, 아이가 자유롭게 돌아다니도록 허락하면 부모 자격이 없는 것으로 간주되는 지경에 이르렀다.

최근 영국에서는 아동의 '독자적 이동성'이 떨어지고 있다는 결과가 나왔다. 학교와 집 사이를 어른 없이 혼자 다녀도 된다고 허락받은 영국의 초등학생은 1971년에는 86퍼센트였으나, 1990년이 되자 35퍼센트로 뚝 떨어졌다. 2010년에는 고작 25퍼센트에 불과했다. 독일의 또래들과 비교해 보아도, 1990년 영국의 초등학생은 독자적 이동성이 떨어졌으며, 이 상황은 2010년에도 그대로였다. 영국 아이들에 비하면 독일 아이들은 더 어린 나이에도 자기 힘으로 돌아다닐 수 있는 자유가 있었다(Shaw et al. 2013). 이 결과에서 알 수 있듯이 아이가 독립적으로 크고 모험을 할 수 있는 재량은 사회가 내세우는 기준에 따라 달라진다. 아동기연구가이자 《아동기를 다시 생각한다 Rethinking Childhood》의 저자이기도 한 팀 길Tim Gill은 스위스의 이야기를 예로 든다. "스위스에서는 아이가 혼자 힘으로 유치원까지(그렇다, 유치원 말이다) 걸어가게 하지 않으면 부모의 평판이 몹시 나빠진다(Greenfield 2015)."

우리는 아이를 항상 시야에 가두어 두어서, 아이가 온종일 몸을 활발히 움직이는 데 필요한 자유까지 막고 있는 셈이다. 밖에서 더 많이 놀수록 자기 몸을 시험하고 단련할 기회도 더 늘어나기 마련이다. 친구 집 사이를 오가며 자전거 타기, 시간 가는 줄 모르고 빠져드는 동네 야구, 깜깜한 밤의 술래잡기. 이런 바깥 활동으로 아이는 움직이고 놀이에 빠져든다.

아이들이 자기들끼리 놀 기회가 있어야 자신감도 크게 올라가고 사회-정서적 기술도 발달한다. 아이의 독립적 놀이는 지역사회에도 여러 면에서 이롭다. 이웃 간의 관계가 돈독해지고 공동체 의식도 강해지며 범죄의 공포도 줄어든다(Shaw et al. 2013). 아이는 아이대로 어른의 세계에서 벗어나 여유와 사생활을 누리며 비밀도 지킬 수 있다. 아이는 자기만의 세상 속에 아무도 모르는 은신처와 요새를 짓고, 어른은 다니지 않을지 몰라도 자기만 아는 길을 개척하며, 심지어 또래 사이의 은밀한 언어도 만들어 낸다. 그러는 사이 책임감과 독립심을 키우고 또래와의 우정도 깊어진다. 놀이 기술이 향상되는 것은 물론이다. 아이들에게는 돌아다닐 수 있는 공간과 자기들끼리 놀 수 있는 시간만 있으면 된다.

부상에 대한 공포

"조심해!" 팀버누크의 울퉁불퉁한 자연 탐방로에서 어느 엄마가 세 살짜리 아이의 뒤에 바짝 붙어서 다그친다. "넘어지면 안 돼!" 잠시 후에 아이의 엄마는 똑같은 말을 되풀이한다. "넘어지면 안 돼!" 이 모습을 바라보며 나 자신을 되돌아본다. '나도 우리 아이들에게 이런 말을 얼마나 자주 해 왔던가?' 엄마와 아이가 마침내 어느 바위에 올라 그 끝자락에 다가가자 나도 모르게 보호 본능이 발동해 목소리를 낸다. "조심해요!" 이렇게 말하는 내 목소리에는 다급함이 묻어 나온다. 잠시 후 이들이 미끄럽고 축축해 보이는 표면 위를 걷자 좀 전의 소리가 저절로 새어 나온다. "조심!" 하지만 솔직히, 정말 무엇을 염려해야 하는 것일까? 우리가 두려워하는 것은 정말 무엇일까?

우리는 아이가 낙상, 즉 넘어지거나 떨어져서 심하게 다치지 않을까 걱정한다. 아이가 넘어지면 돌이킬 수 없거나 치명적인 사고로 이어질 것이라는 생각이 우리 마음속에 늘 자리 잡고 있다. 그러나 아이의 위험 판단 능력이 어른의 예상을 웃도는 경우도 더러 있으며, 정말로 치명적인 사고는 극히 드물다. 하지만 그러다가 진짜로 넘어진다면? 대개는 부모가 습관적으로 하는 "조심해!"라는 말보다는 멍들거나 까진 상처가 아이에게 훨씬 좋은 교훈이 된다.

"누군가 위험한 일을 당하면 자기 아이도 똑같은 일을 당할 것이라고 단정하는 대중의 심리가 문제다." 세인트루이스 아동병원의 F. 세션즈 콜F. Sessions Cole 박사는 이렇게 진단한다(Skenazy 2009, 7). 이를테면, 어느 아이가 정글짐에서 떨어져 머리를 크게 다치면, 우리는 당연히 내 아이에게도 똑같은 일이 벌어질 것이라고 여긴다. 그래서 아이의 건강에 미치는 효과를 마다하면서까지 아이가 정글짐에서 놀지 못하게 한다. 다 '안전'이라는 명목 때문이다.

지난 30년 동안 놀이터가 급격히 변한 것도 바로 이런 이유에서다. 1970년대 말, 놀이터에서 놀다가 크게 다친 아이 몇 명의 부모들이 소송을 냈다. 일련의 소송으로 놀이터 관련 정책에 큰 변화가 생겼고, 매우 안전하지만 너무 쉬워서 의욕을 일으키지 못하는 놀이터의 시대로 접어들었다(놀이터의 변화는 6장에서 자세히 다룰 예정이다). 놀이시설은 변하고 있으며 여기에 추가로 부드럽고 푹신한 바닥을 깔았지만, 부상은 줄어들지 않았다. 실제 부상의 수는 오히려 늘고 있다.

부모의 입장에서는 주의와 보호 조치를 늘리면 부상이 더 줄어들 것으로 기대하는 모양이다. 하지만 그런 기대가 무색하게, 안전에 각별히 주의를 기울여도 다치는 아이의 수에는 변화가 없다. 국가전자상해감시체계National Electronic Injury Surveillance System는 놀이터에서 발생한 부상으로 병원과 응급실을 방문한 사례를 확인하는데, 1980년대 이후 놀이터에서 발생한 부상 사례는 꾸준히 '증가'해 왔다. 1980년대라면 대부분의 놀이터 시설에 개·보수가 시작된 시기다. 1980년에 놀이터 사고로 인한 병원 방문 횟수는 15만6000회였는데, 2013년에는 27만1475회로 크게 늘었다(Rosin 2014).

안전조치의 보강 여부에 상관없이 놀이터 사고로 심각한 머리 부상, 낙상, 사망에 이르는 경우는 매우 드물다. 소비자제품안전위원회Consumer Product Safety Commission는 최근 조사에서 2001년에서 2008년 사이에 놀이터 사고로 인한 사망이 100건이라고 보고했다. 이것은 매년 미국 아동 100만 명 가운데 열세 명에 해당하는 수치로, 1980년의 보고에 비하면 열 명 줄어든 것에 불과하다(Rosin 2014).

간간이 넘어지거나 떨어지면서 감당할 수 있는 수준의 위험(바위 오르기, 자전거 타고 친구 집에 가기, 어둠 속에서 놀기)을 경험하면 실제로 신체 발달에 이롭다. 아이가 모험을 하면서 때때로 넘어지고 떨어지는 감각까지 경험하다 보면 꼭 필요한 운동 적응motor adaptation을 점차 익히게 된다. 예를 들면 자전거를 타다 넘어지지 않으려고 체중을 이동하는 요령이라든가 넘어질 때 얼굴을 보호하기 위해 팔을 내미는 동작이 몸에 밴다. 어른이라고 해도 아이에게 이런 필수 적응 기술을 가르치기는 쉽지 않다. 아이는 경험을 통해 이런 기술을 터득해야 한다(Ayres 2000). 멍이 들고 까지는 한이 있더라도 때때로 넘어지고 실수도 해 봐야 균형감각이 생기고, 자기 능력에 대한 신뢰가 커지며 운동 기술을 효과적으로 키울 수 있다.

아이가 넘어지지 않는 것에만 급급하여 모험의 기회를 막아 버리면 신체 발달을 방해할 뿐이다. 안전을 지키려는 마음이 도리어 아이를 위험에 빠뜨린다. 운동 기능과 균형 체계가 적응할 기회를 주지 않는다면 아이는 서툰 동작이 몸에 배어 넘어지고 심하게 다칠 가능성이 더 커진다. 자기 발에 걸려 넘어지면서도 손을 내밀어 머리 부상을 피하는 동작이 저절로 나오지 않을 수도 있다. 그런가 하면 바위에 오르는 도중에 어깨 뒤를 살짝 돌아보다가 떨어지는 사고도 당할 수 있다. 두 가지 일을 동시에 할 수 있는 운동 기술이 아직 발달하지 않은 탓이다. 위험이 예상된다고 해서 모두 피하게 만드는 것이 아니라 점차 모험을 받아들이면서 꼭 필요한 신체 기술을 익히도록 해야 아이가 자기 몸을 안전하게 지킬 수 있다.

⊗
안전 규칙의 홍수

미국은 소송이 난무하는 사회로 변했다. 그 결과 아이들의 성장도 큰 타격을 받기 시작했다. 학교는 물론 지역사회가 나서서 규칙과 법 조항을 만들고, 술래잡기, 썰매 타기, 구름사다리 타기, 그네에서 뛰어내리기 같은 전형적인 아이들 놀이마저 금지하고 있다. 어디선가 놀다가 다친 아이가 나오면, 학교나 지역이 소송으로 몸살을 앓기 때문이다. 여기에 대처하는 손쉬운 방법은 놀이시설을 없애고 활동을 금지하는 것이다. 이렇게 해서 단기적으로 부상을 줄이는 효과가 있을지는 몰라도, 우리는 이런 활동이 아이의 성장에 얼마나 중요한지를 잊고 말았다.

초등학교 교사인 한 친구는 쉬는 시간에 감시하는 역할에 질렸다며 하소연한다. "이제 그런 일은 더 이상 못하겠어. 결국 아이들 건강에 좋은 활동도 하지 말라고 말할 수밖에 없었어." 이를테면 그네를 타는 방식에도 큰 제약이 생겼다는 것이다. "우리가 어릴 때만 해도 얼마나 멀리 착지할 수 있는지 확인하려고 그네에서 뛰어내리는 게 보통이었는데, 지금은 그러는 게 금지되었어. 게다가 그네도 앉아서 타는 것 말고는 전부 금지야. 배를 깔고 타는 것도 안 돼." 아이들은 그네 줄을 꼬아 빙글빙글 돌면 안 되고, 구름사다리 위에 올라갈 수도 없다고 한다.

3장에서 논했듯이, 제자리 돌기와 거꾸로 서는 동작은 신체의 균형 체계 발달에 중요하다. 구름사다리 오르기에는 신체적 도전이 따르며 썰매 타기 같은 활동을 통해 코어 근력이 강해지고 전정감각의 입력이 생겨 신체 지각이 좋아진다. 이런 간단한 활동조차 막아서 다양한 방식으로 몸을 움직일 기회를 주지 않으면서 아이가 주위 환경에 적응하면서 다치지 않기를 기대해서는 안 된다. 모험과 도전은 감각과 운동 기능의 발달에 매우 중요하다.

내가 뉴질랜드에서 팀버누크 설립을 도울 때, 오클랜드의 스완슨초등학교 브루스 매클라클런Bruce McLachlan 교장을 만날 기회가 있었다. 당시 매클라클런 교장은 남들이 감히 생각조차 할 수 없는 일을 벌이고 있었다. 그는 지역 대학교에서 진행하는 연구의 일환으로, 쉬는 시간에 따르는 규칙을 없애 버렸다. 아이들은 울타리를 오르고 나무도 탈 수 있으며, 건축자재로 뭔가를 만들거나 킥보드를 타도 제지 받지 않았다. 그러자 놀라운 일이 벌어졌다. 아이들 사이에 괴롭힘과 큰 부상이 줄어 들었고 수업 중 집중력도 몰라보게 좋아졌다.

매클라클런 교장은 뉴질랜드에서 규칙을 없애도 큰 문제가 없는 이유의 하나는 소송 걱정을 하지 않아도 되기 때문이라고 전한다. 뉴질랜드 사람들은 사고보상위원회가 관리하는 공영 종합보험의 혜택이 있어서, 사고로 다치더라도 의료비용을 보상받는다. 그렇기 때문에 학부모가 학교를 상대로 소송을 거는 경우가 드물다. 교장은 이 학교에서 어느 아이가 쉬는 시간에 킥보드를 타다가 팔이 부러진 사례를 회상하며 그때의 경험을 들려주었다. "그 아이의 아버지가 나에게 면담을 요청하더군요. 그때 나는 '올 것이 왔구나!' 이렇게 생각했죠. 그런데 그 아버지가 놀랍게도 이렇게 말하는 겁니다. '감사합니다. 우리 아들이 다쳤다고 해서 쉬는 시간에 대한 지금의 정책을 바꾸지 말아 주세요. 다치는 것도 중요한 교훈이거든요.' 나도 그 말에 깜짝 놀랐어요."

쉬는 시간에 규칙을 없애기로 한 이 학교의 정책은 입소문을 타고 퍼지기 시작했다. 그리고 그 지역의 어른이라면 자신이 더 자유롭게 놀던 시절을 떠올리며 아동기의 놀이에 대해 진지하게 생각하게 되었다. 그들에게 스완슨 초등학교의 조치는 보호라는 명목으로 아동기를 꽁꽁 싸매는 시대와의 싸움을 나타내는 상징이며, 자유 놀이의 가치에 눈을 돌리는 전환점이 되었다.

> **아이가 주도하는 놀이와 안전**

아이는 본디 호기심을 타고나며 세상을 이해하려고 부지런히 기회를 찾아다니는 존재다. 혼자 힘으로 하게 내버려 두면, 주위 환경에서 실험을 하고 모험을 하며, 실수도 한다. 그리고 실수에서 배운다. 자기 앞의 문제를 해결하고 상황에 따라 절충하며 상상하고 탐구한다. 아이는 자유 놀이에서 엄청난 양의 정보를 빨아들인다. 놀 수 있는 자유, 실수에서 배울 수 있는 자유를 통해 아이는 세상에 대한 이해를 높인다. 그리고 이 과정에서 인지능력과 사회-정서적 기술, 신체 능력을 동시에 높이는 한편, 앞으로 펼쳐질 삶에 대비해 나간다.

⊗

아이는 자기의 욕구를 안다

우리는 어른으로서 아이에게 무엇이 최선인지 언제나 잘 안다고 생각한다. 그러나 아이의 신경계는 우리 예상과 다르게 돌아간다. 신경계가 건강한 아이는 자연히 자기에게 필요한 감각의 입력을 스스로 찾아 나선다. 받아들이는 양과 속도, 난이도는 아이 스스로 판단한다. 아이는 심지어 그런 고려 없이 결정을 내린다. 만약 아이가 제자리 돌기를 한다면 그 동작이 필요하기 때문이다. 바위에서 뛰고 또 뛰어내린다면, 그 감각의 입력을 갈구하기 때문이다. 아이는 연습과 반복을 통해 감각을 조직하려고 한다.

나는 어른들, 특히 전문가라고 하는 사람들조차 제자리 돌기가 안 좋다고 말하는 것을 많이 들었다. "아이들이 빙빙 돌게 하면 안 돼요. 돌고 나서 속이 불편할 수도 있거든요." 이것은 정도가 지나칠 경우에나 해당하는 말이다. 어른이라고 해서 무조건 아이가 감각 입력을 얼마나 받아야 하는지 통제하는 것도 좋지 않기는 마찬가지다. 하지만 아이가 전정감각의 입력을 견디지 못하는데도 어른이 그 신호를 알아채지 못하고 계속 시키면 의도하지 않게 아이가 '감각 과부하'를 일으킬 수도 있다. 아이가 감당하지 못할 정도로 감각 입력이 지나치면 감각 과부하가 온다. 그렇게 해서 아이는 나머지 하루 동안 속이 울렁거리는 상태로 지내게 된다. 또 다른 걱정스러운 점은, 감각 과부하를 겪은 아이가 다음부터 그 활동을 다시 하지 않으려 할 수도 있다는 점이다. 그러나 어른이 한발 물러나 아이 스스로 감각 입력의 적정량을 판단하도록 맡기면 그런 위험은 사라진다.

"어지러워지니까 빙빙 돌지 마," "이제 그만 내려와. 그러다 다친다." 우리가 아이에게 무심코 하는 말의 영향력을 다시 생각해 볼 때다. 아이가 자기 의지로 새로운 감각을 경험하려 할 때 제약을 받으면, 감각과 운동 기술이 제대로 발달하지 못하는 결과를 초래한다. 그리하여 위험이 따르는 일을 하면 어김없이 다쳐서 활동이 위축되고, 아이는 점차 모험과는 멀어진다. 결국, 어른인 우리가 아이의 발달을 가로막는 역할을 하는 셈이다. 훗날 아이가 커서 운전을 하게 될 때, 길을 안전하게 운행하기 위해 필요한 기술을 익히는 일도 이런 상황과 크게 다르지 않다. 그러므로 아이가 이른 나이부터 자기 몸을 자유롭게 움직일 수 있게 하는 것이야말로, 긴 안목에서 보면 아이가 더 안전하게 살아갈 수 있도록 준비시키는 일이다.

⊗
아이는 타고난 모험가 – 모험과 안전

아이는 모험심을 타고난다. 모험이 필요하며, 모험을 갈망한다. 노르웨이 트론헤임의 퀸모드대학교 유아교육과 교수인 엘런 샌드세터Ellen Sandseter는 놀이터의 아이들을 관찰하고 인터뷰했다. 아이들은 위험과 흥분을 맛보려는 감각적 욕구를 가지고 있다는 것이 그녀의 결론이다. 샌드세터는 모험 놀이risky play를 "신체 부상의 위험이 따르며, 긴장과 흥분을 유발하는 놀이 형태"라고 정의하고, 아래와 같이 여섯 가지 유형의 모험 놀이를 정리했다.

① 칼, 망치 등 위험한 연장을 다루는 놀이
② 불, 물 등 위험한 요소 가까이에서 하는 놀이
③ 나무, 바위에 오르며 높이를 탐구하는 놀이
④ 스키 활강처럼 속도에 의존하는 놀이
⑤ 레슬링, 싸움 놀이 등 거친 신체 놀이
⑥ 자기 힘으로 하는 놀이

샌드세터는 이 가운데 아이의 발달을 촉진하는 데 가장 중요한 것으로 마지막 유형을 꼽는다(Rosin 2014). "감시하는 어른 없이 미지의 낯선 환경에서 홀로 서려는 욕구는 아이가 자기 방식으로 세계를 탐구하고 그 안에서 적응하려고 하는 본능의 발현이다(Sandseter and Kennair 2011, 269p)."

모험 놀이의 대부분은 자유 놀이를 하는 동안 일어나는데, 이것은 어른이 조직한 놀이와는 대조적이다. 아이는 자유 놀이 속에서 모험을 받아들여 두려움을 다스리고 극복할 줄 알게 된다. 이런 이유로 샌드세터는 모험 놀이가 '노출 치료exposure therapy'의 성격을 띤다고 본다. 노출 치료는 아이가 두려움을 직시하고 극복하기 위해 자신이 두려워하는 일을 하도록 스스로 독려한다는 점에서 모험 놀이와 접점이 있기 때문이다. 자전거를 타고 장애물을 뛰어넘거나 스케이트보드로 새로운 묘기를 익히려면 넘어지고 다칠 수도 있다는 두려움을 극복해야 한다. 샌드세터는 이런 유형의 모험 놀이에서 오는 탈감각desensitizing 효과로 두려움을 극복할 수 있다고 설명한다. 5세에서 9세 사이에 높은 곳에서 떨어져 다쳐 본 아이는 18세가 되었을 때 높은 곳에 대한 두려움이 적은 경향을 보였다(Sandeseter and Kennair 2011).

그러나 자신을 새로운 위험에 노출하는 과정이 전혀 없으면 두려움은 병적 공포, 즉 포비아phobia로 변할 수 있다(Rosin 2014). 이를 두고 샌드세터는 이렇게 진단한다. "우리는 대체로 무해한 상처로 아이가 해를 입을 것이라는 두려움에 사로잡혀 있다. 이 막연한 두려움으로 걱정 많은 아이를 키우고 정신병적 증세도 깊어진다(Tierney 2011에서 인용)." 다시 말해, 부모의 근심이 아이의 정서적 발달을 가로막는 장애물이 된다. 《자신감 넘치는 딸 키우기Girls Will Be Girls》의 저자 조앤 딕JoAnn Deak은 "모험을 피하는 소녀들은 도전에 맞서는 소녀들보다 자존감이 떨어진다"

라고 진단한다(PBS Parents n. d.). 따라서, 오늘날 우리가 아이들에게서 목격하는 사회-정서적 문제를 방지하려면, 아이들이 손에 땀을 쥐게 하는 놀이를 하며 두려움을 이겨내고 자신감을 키우도록 이끄는 편이 현명하다.

⊗
독립적 놀이는 아이의 자부심을 키운다

하루는 남자아이가 대부분인 3학년 학급이 팀버누크를 방문했다. 막 도착한 아이들은 하나같이 시끌벅적하고 야단법석이었다. 그러다 숲속을 마음껏 누비고 내키는 것은 무엇이든 만들어도 된다는 사실을 눈치 채자마자 신기한 일이 벌어졌다. 아이들이 놀랄 만큼 차분해진 것이다. 숲속에 흩어진 아이들 중 많은 수가 모여 함께 커다란 티피(인디언 텐트)를 만들기 시작했다.

아이들이 숲에서 나온 나뭇가지나 돌, 통나무를 이용하여 자발적으로 구조물을 만들 때만큼 보기 좋은 광경은 없다. 돌연 두려움이 고개를 들고, 경고하듯이 외치는 소리에 모두의 맥박이 빨라지기 전까지는 그렇다.

"당장 막대기 내려놓지 못해!" 보호자 한 명이 아이들을 향해 성급히 달려왔다. "위험해! 위험하다고!" 보호자는 계속 외쳐 댔다. 나는 갑작스러운 상황에 잠시 놀랐다가 이내 목소리를 가다듬고 말했다. "괜찮아요. 제가 다른 아이의 활동을 방해하지 않는 한 막대기를 사용해도 된다고 했습니다." 나는 안심시켜 주듯 말했다. 보호자는 하려던 말을 참고 인상을 찡그리며 돌아서서 근처에 있던 다른 보호자들에게 돌아갔다. 나도 걱정에 굴복했다면 아이들이 만들던 것을 멈추게 하고 주위의 보호자들이 보기에 덜 위험한 일을 권했을 것이다. 하지만, 나는 아이들이 하던 일을 마저 마무리하도록 내버려 두었다.

결국 아이들은 덩달아 신이 난 어른 몇 명의 도움을 받아 나뭇가지로 엮은 거대한 티피를 완성했다. "우리가 만든 것 좀 보세요!" 한 아이가 자랑스럽다는 듯이 자기들의 작품을 가리켰다. "못 믿겠죠?" 다른 아이도 들떠서 물으며 내 반응을 살폈다.

이 티피를 짓는 동안 다친 아이는 아무도 없었으며, 그점은 분명 다행이었다. 그러나 바깥에서 놀다 보면 멍들거나 까지는 일은 반드시 따라다니기 마련이다. 이 '위험한' 놀이에서 피해는 없었을 뿐만 아니라 아이들은 자신들이 완성한 작품에 큰 자부심을 느꼈다.

아이가 모험을 하도록 내버려 두면 자신감이 올라간다. 칼로 나무를 깎는다거나, 어른 없이 탐험을 한다거나, 불을 지피거나 요새를 짓는 일에는 모두 한 가지 공통점이 있다. 바로 부상의 위험이 있다는 점이다. 어른으로서는 아이가 모험을 하도록 내버려 두는 일이 걱정스러울 수도 있지만 이런 경험의 가치는 크고, 그에 따르는 보상도 있다.

처음 자전거 타기를 배우며 모험을 시작하는 아이에게는 두려움이 생기기 마련이다. 동시에 아이는 두려움을 극복하고 목표에 조금씩 다가가는 법을 배우게 된다. 또한 자전거를 배우는 과정에서 참을성을 키우고, 두려움과 상처에서 회복하는 요령을 깨우친다. 연거푸 넘어지기만 하더라도 계속 시도하면 마침내 자전거 타기에 성공할 것이다. 그리고 '나 혼자 해냈다'는 자부심에 부풀어 오를 것이다. 시험의 연속인 인생에서 이 사건은 삶의 큰 교훈이 된다. 참고 극복할 수 있다는 자신감은 장차 원만한 인간관계와 학교생활, 일 경험에 큰 도움이 된다.

모험과 신체 지각

모험은 두려움을 넘고 자신감을 키우는 출발점일 뿐만 아니라 모험이 쌓여 신체 기능이 향상되면 신체 지각을 뒷받침할 수 있다. 좋은 신체 지각은 주위 환경과 안전하게 상호작용하기 위해서 꼭 필요한 기능이다. 어렵지 않게 평형감각과 신체 지각을 기르는 데 탁월한 활동을 몇 가지 소개한다.

- 제자리 돌기
- 언덕에서 굴러 내리고 다시 오르기
- 춤
- 체조
- 스케이트(특히 뒤로 타기, 제자리 돌기, 방향 전환)
- 놀이터의 회전기구에서 돌기
- 물구나무서기
- 그네 타기(엉덩이나 배를 대고 타기, 서서 타기, 빙빙 돌기)
- 수영
- 다이빙
- 오르기
- 기어 다니기

바깥 놀이를 할 때 알아 두어야 할 안전 상식

시골이나 도시, 어디에 살더라도 아이가 바깥 활동을 하고자 한다면 안전하게 돌아다닐 수 있도록 가르치는 일도 중요하다. 도시에 산다면 도로 표지 이해하기, 길을 잃지 않고 목적지로 가는 방법, 안전하게 길 건너기, 도움을 요청할 사람 찾기(경찰 등), 또래 무리에서 뒤처지지 않기 등 거리 생활의 요령을 가르치는 것이 좋다.

사는 환경에 따라 가르쳐야 할 내용도 달라진다. 교외에 산다면 자전거를 타고 안전하게 친구 집을 오가는 방법, 처음 가는 곳에 갈 때 목적지 알리기, 지나는 차 살피기, 안전하게 길 건너는 요령, 낯선 사람 집에 들어가지 않기 같은 내용도 가르치면 좋다.

시골에서는 조심해야 할 독성 식물, 먹을 수 있는 것과 먹으면 안 되는 것, 안전을 위해 숲에서 지켜야 할 것, 활동 범위와 경계, 물놀이를 할 때 어른의 동행 여부 등 주의사항을 알려 줄 필요가 있다.

자연 환경에서 놀 때 도움이 될 만한 대처 요령 몇 가지를 소개한다.

ㅁ **자상과 찰과상**. 베이거나 찔린 상처, 멍이나 긁힌 상처로 큰

소동을 벌일 필요가 없다. 아이들은 안심해도 되는 상황인지 확인하려고 어른을 찾는다. 놀다 보면 작은 상처가 나기 마련이라는 사실을 몸소 보여 주면 멍이나 베이고 긁힌 상처는 그리 큰 문제가 아니라는 사실을 깨닫게 된다. 상처에 대비해 간단한 응급약을 휴대하면 된다. 피가 날 경우에는 상처를 소독하고 밴드를 붙인다. 그 정도가 아니라면 부위를 깨끗이 하고 저절로 낫게 하는 정도면 충분하다.

- **더러워질 때와 젖을 때**. 아이가 진흙탕이나 물웅덩이에서 미끄러져 더러워지거나 젖더라도 크게 신경 쓸 필요는 없다. 작은 상처와 마찬가지로 크게 소동을 벌이지 않으면, 아이도 걱정하는 기색 없이 태연해질 것이다. 이런 일에 주의를 주는 등 민감하게 반응하면 상황을 바꾸는 데 도움이 안 되며, 아이가 위축되기도 한다. 갈아입어야 할 경우를 대비해 여벌의 옷이나 수건을 준비해 두는 정도면 된다.
- **독성 식물**. 야외라면 독이 있는 식물과 무해한 식물이 무엇인지 가르쳐야 한다. 그런 지식이 없어서 모든 식물에 독이 있는 줄 알고 겁을 내는 아이도 많았다. 그런 아이들은 숲에 난 길을 걸을 때조차 무서워했다. 자주 접하는 식물의 독성 유무를 미리 알려 주어서 모든 식물에 겁을 내지 않도록 하는 것이 최선이다.
- **식용 식물**. 아이가 좀 더 나이가 들어 여러 식물을 구분할 수

있는 정도가 되었을 때, 먹을 수 있는 식물이 무엇인지 알려 주면 재미있게 자연 활동을 즐길 수 있다. 우리 아이들은 종종 야생 노루발 열매를 따 와서 차에 넣어 함께 마신다. 따 먹을 수 있는 것들이 집 밖에 널려 있다는 사실에 우리 아이들은 매우 흥분한다. 다만, 입에 넣어서는 안 될 식물을 알려 주고, 먹을 수 있는 식물인지 확실하지 않다면 내버려 두라고 교육해야 한다.

- **수분 섭취.** 어린아이들이 바깥 놀이에 흠뻑 빠지다 보면 물 마시는 것을 잊어버리기도 한다. 항상 물을 마실 수 있도록 준비해 둔다. 물에 맛을 약간 가미하면 아이가 물을 마시도록 유도할 수 있다. 얼린 과일을 넣거나 과일 주스 등을 섞으면 좋다.
- **벌레 물림.** 아이와 벌레에 대해 이야기하기에 앞서 조심해야 할 벌레를 어른이 먼저 알아 두자. 야외가 그야말로 벌레투성이라면 벌레 방지 스프레이를 준비할 수도 있겠지만, 천연 퇴치제도 많다. 조심해야 할 벌레는 알아 두어야 하겠지만, 벌레를 무서워하느라 귀한 야외 활동을 망쳐서는 안 된다. 신경 쓰이는 벌레에 아이가 물리더라도 크게 동요하지 말고, 벌레 때문에 아이가 바깥 활동을 두려워하는 상황은 피해야 한다. 나는 우리 아이들이 진드기에 물렸을 때는 차분히 털어 내고 물린 곳을 깨끗하게 한다. 그리고 밤마다 진드기가 남아 있는지 훑어보고, 안심하고 잠자리에 들 수 있다는 점을 아이들에게

확인시켜 준다.

- **햇빛 노출**. 바깥 놀이는 비타민D 합성에 중요하다. 그러나 아이가 그늘 없는 바깥에서 장시간 있게 될 때는 피부 보호와 화상 방지를 위해 자외선 차단제를 준비한다. 강한 태양광을 막아 주는 옷도 좋다. 챙 넓은 모자는 얼굴과 목 주변의 화상을 예방할 수 있다.
- **길 찾기**. 도시와 근교, 시골 등 어느 지역에 살더라도 바깥을 잘 돌아다닐 수 있도록 가르친다. 필요하다면 지도 읽기, 나침반 사용법, 각종 흔적과 신호를 인식하는 요령도 교육한다. "토니네 집까지 가면 이제 돌아와야 돼"와 같은 식으로 아이가 다닐 수 있는 물리적 범위를 설정해 놓으면 길을 잃지 않는 데 도움이 된다. 길을 잃었을 때는 어떻게 대처해야 하며 누구에게 도움을 요청해야 할지도 꼭 일러 주도록 한다.
- **야생 동물**. 사는 지역에 서식하는 동물을 미리 알아 두고 대처 요령을 익힌다. 아이에게 대처 요령을 알려 주되, 아이도 이미 알고 있는 사실을 강조해서 겁을 줄 필요는 없다. 곰이나 뱀을 비롯해 그 지역의 동물이 다니는 길을 지날 때 어떻게 행동해야 하는지 알려 주면 된다. 먼저 건드리지 않는다면 야생 동물이 먼저 사람을 건드리는 일은 좀처럼 없으며, 오히려 겁을 먹는 쪽은 동물이다. 야생 동물을 가만히 내버려 두어야 한다는 점도 반드시 가르쳐야 할 내용이다.

요약

모험한다는 것은 부모는 물론 처음 겪는 아이에게는 두려움으로 인식될 수도 있지만, 아이의 성장에 꼭 필요한 부분이다. 아이는 위험을 받아들이며 신체적 도전을 극복하고 동시에 감각 기능을 단련한다. 궁극적으로 모험은 아이를 더 안전하게 만들어 주고 회복력도 높여 준다. 아이는 모험을 동반한 놀이에서 두려움과 걱정을 극복하고, 강인한 성격을 형성한다. 훗날 도전해야 할 상황과 마주했을 때 넘치는 자신감을 가지고 역량을 발휘하려면, 때로는 실수와 실패에서 배우는 기회도 필요하다.

놀이터의 변화와 실내 놀이 공간의 문제점 6

놀이터의 풍경이 급격하게 변하고 있다. 과거에 아이들을 압도하듯 우뚝 서서 불가능해 보이는 도전을 자극하던 금속제 일색의 놀이터가, 이제 영감이라고는 전혀 느낄 수 없는 단순한 구조에 색깔만 화려한 플라스틱제 일체형 놀이 기구로 대체되고 있다. 동시에 바깥 놀이가 점점 사라지면서 실내 놀이 공간이 대유행이다.

이번 장에서는 놀이터를 자세히 들여다보려 한다. 놀이터의 변화 과정에서부터 그 변화가 아이들의 성장에 미치는 영향, 좋은 놀이터의 조건에 관해 이야기하고, 실내 놀이 공간도 자세히 볼 것이다. 실내 시설은 결코 따라올 수 없는 바깥 공간만의 감각상의 이점, 실내 공간 말고는 대안이 없을 때 따져야 할 조건을 다룰 것이다.

놀이터의 딜레마

내 딸들이 다섯 살 무렵이던 때, 동네 놀이터는 별 볼 일 없는 시시한 공간으로 전락해 버렸다. 아이들을 놀이터에 데려가면 놀이 기구를 몇 분 타는가 싶더니 금세 싫증을 냈다. 아이들은 그 대신 놀이터 옆의 들판으로 나가 소꿉

놀이를 하거나 주위에 널린 나무를 모아 성을 쌓았다. 나는 아이들을 놀이터에 데려온 이유를 따져 보기 시작했다. 놀이터라면 모름지기 아이들에게 영감을 주고 도전을 자극하는 곳이어야지, 아이들을 지루하게 만드는 곳이어서는 안 된다.

내가 우리 아이들 또래이던 1980년대 이후로, 놀이터가 변하고 있다. 모든 시설이 지면에 가까워졌다. 미끄럼틀은 짧아지고 그네가 흔들리는 폭도 줄어들었다. '지나치게 위험하다'고 간주되는 시설은 더 이상 같은 감각 경험을 유발하지 않는 그저 그런 시설로 대체되었다. 이런 변화를 보면서 나는 놀이터의 변천 과정과 그 배경, 그러한 변화가 아이의 발달에 어떤 영향을 끼치는지 궁금해졌다.

⊗

과거의 놀이터 – 놀이 시설의 변화

최근 나는 오래된 사진 한 장을 발견했다. 1900년 텍사스 주 댈러스의 놀이터가 배경인 그 사진 속에는 남자아이들 한 무리가 모여 있다. 여덟 살에서 열 살 정도 되어 보이는 그 아이들은 높이가 적어도 6미터는 되어 보이는 사각형의 금속 뼈대 꼭대기에 앉아 의기양양한 표정을 짓고 있다. 20~30년 전만 해도 놀이터에는 금속제 시설이 꽤 흔했다. 남자아이들은 공중 높이 떠 있는 철봉 위에서 완벽히 균형을 잡고 대수롭지 않다는 듯이 걸터앉았다. 균형과 신체 지각에 문제가 있는 많은 아이들을 치료해 온 나로서는 이 사진 속 모습이 그저 놀라울 따름이었다. 사진 속 1900년대 아이들이 완벽하게 균형을 잡고 앉아 있는 모습을 보니 요즘 아이들의 상황과 겹쳐 당황스럽기 짝이 없었다.

사진 속 다른 아이들은 상체와 코어 근력만으로 6미터 구조물 위를 오르고 있었다. 나는 다시 한번 입이 벌어졌다. 우리 캠프에 오는 '전형적인' 아이들을 보면 밧줄 그네에 매달려 버티기는커녕 줄을 잡자마자 떨어지곤 한다. 이 아이들이 사진 속 금속 구조물을 혼자 힘으로 오르는 일은 상상조차 할 수 없다. 옛날 아이들은 대체 얼마나 튼튼했다는 말인가!

20세기 초, 놀 곳이라고는 거리밖에 없던 아이들을 집 근처의 안전한 공간에서 놀게 할 목적으로 미국 전역에 놀이터가 퍼지기 시작했다. 자연이라는 놀이 공간에 접근할 수 없었던 도시 아이들에게 놀이터는 특히 중요한 공간이었다. 위험과 범죄로부터 아이들을 보호할 공공 놀이터의 필요성을 인식하여, 시어도어 루스벨트 대통령은

1907년 연설에서 "아이들이 놀이터로 삼기에 도시의 거리는 부족하다(Theodore Roosevelt Association n. d.)"라는 점을 강조했다.

1900년대 초중반의 놀이터에서 볼 수 있는 전형적인 시설로는 3미터에서 9미터 높이에 이르는 구름사다리, 회전기구, 6미터에서 9미터 길이의 철제 미끄럼틀, 4.5미터 폭의 그네, 시소 등이 있었다. 고깔 형태의 회전 구조물인 '마녀 모자'에서는 아이들이 매달려 최대한 빨리 돌면 발이 땅에서 떨어지고 몸이 지면과 수평이 될 정도로 돌 수도 있었다. 아이들은 빙빙 돌면서 있는 힘을 다해 매달려야만 했다.

1970년에서 1980년 즈음이 되자, 이런 시설 상당수가 낡아 교체가 불가피해졌다. 학교와 관리 당국은 비슷한 성능의 새 장비로 교체하는 대신, 좀 더 '안전한' 시설로 바꾸기로 결정했다. 플라스틱 재질에 화려한 색깔, 극도로 안전한 시설이 들어왔다. 바닥에는 나무 칩이 덮이고 고무 매트가 깔렸다. 그와 함께 의욕을 불러내고 도전 욕구를 자극하던 놀이터 시설의 스릴도 사라지고 말았다(Tierney 2011).

⊗
규제의 증가

1980년대 초는 '안전제일'주의의 도래를 알리는 시기였다. 이 시기에 부모의 걱정과 소송에 대한 부담으로 놀이터에 적용되는 제약이 점점 강해졌다. 1978년 시카고에서 아직 걸음마를 익히던 프랭크 넬슨Frank Nelson이라는 아기가 몇 걸음 뒤에 선 엄마가 바라보는 가운데 3.5미터 높이의 나선형 미끄럼틀에 올랐다. 그러나 아기는 미끄럼틀을 타고 내려오지 못했다. 아기는 난간과 계단 사이의 틈으로 머리부터 떨어져 뇌에 심각한 손상을 입었다. 1년 후, 아기의 부모는 시카고 공원 관리 당국과 미끄럼틀 시공사를 상대로 소송을 제기했다. 이 사건은 이후 벌어진 수많은 소송 가운데 하나였지만 잠재적으로 위험한 놀이터 시설에 변화를 촉발하는 계기가 되었다(Rosin 2014).

1981년, 미국 소비자제품안전위원회는 최초의 《공공놀이터 안전핸드북Public Playground Safety Handbook》을 발간했다. 이 책에는 아동 안전을 위한 조건이 아닌 지침이 실려 있었다. 원래 의도는 놀이터 시설업자들이 놀이터 디자인을 면밀하게 검토하고 시설의 날카로운 부위나 빈틈을 비롯한 여러 위험 요소를 인지하도록 이해시키는 것이었다. 그러나 대중은 원래 의도와 달리 소송을 위한 도구로 이

지침서를 이용하기 시작했고, 보험료는 천정부지로 치솟았다(Rosin 2014). 부모들의 거듭된 소송을 두려워한 자치단체는 잠재적으로 피해를 입힐 여지가 있는 놀이터 시설을 '마구' 철거하기 시작했다. 이렇게 해서 회전기구, 시소 같은 시설이 사라지고 훨씬 단조로우며 의욕을 일으키지 못하는 시설이 들어섰다.

놀이터를 안전한 공간으로 만들고자 노력한 나머지, 우리는 극단적인 결과를 초래했다. 아이를 자극하지 못하고 의욕을 일으키지 못하는 시설, 그래서 건강한 발달을 촉진하지 못하는 평범한 시설을 만드는 데 그치고 있다. 놀이터 안전의 주장자인 조 프로스트Joe Frost 박사조차 놀이터 디자인이 새로 바뀌면서 본래의 취지를 너무 벗어났다고 시인했다. 우리는 아이들이 모든 잠재적 부상의 위험으로부터 보호받아야 한다고 잘못 이해하고 있다는 것이다. 그는 더 나아가 "적정한 위험은 아이의 건강한 발달에 필수적"이라고 주장한다(Rosin 2014).

⊗

놀이시설의 변화

안전 강박증의 시대로 접어들면서 놀이터의 모습과 분위기에도 두드러진 변화가 나타났다. 이어지는 내용에서는 구식이지만 의욕을 돋우던 옛 시설을 철거해 극도로 안전한 현대적인 시설로 대체한 것이 간접적으로 감각에 어떠한 영향을 끼치는지 깊이 파헤쳐 보려 한다.

뺑뺑이 혹은 회전기구

내가 놀이터에서 가장 좋아한 시설은 회전기구다. 위에 올라 빙빙 도는 순간의 재미는 무엇과도 견줄 수 없는 것이었다. 나와 친구들이 무대에 올라 난간을 단단히 잡고 버티면 다른 아이가 원을 돌며 우리가 올라선 무대를 빙빙 돌렸다. 회전기구가 빨라질수록 난간을 움켜쥔 우리 손에도 그만큼 힘이 들어갔다. 어린 나이에 그 위에 올라도는 일에는 대단한 용기와 힘이 필요했다. 작업치료사인 내가 보기에 회전기구야말로 놀이터에서 치료 효과가 가장 큰 시설이라 할 수 있다.

회전기구가 돌면 원심력이 발생해 내이에 영향을 끼친다. 그 위에 올라탄 아이가 빙글빙글 돌면, 내이에 있는 '난형낭utricle'의 활성도가 최고치에 이른다. 난형낭은 액체가 가득 찬 주머니로, 뇌에 머리의 위치에 대한 메시지를 보낸다. 이 전정자극에서 오는 치료 효과는 '중심 잡기와 안정, 집중'이다(Kawar and Frick 2005). 달리 말하면, 회전기구의 움직임을 통해 아이는 차분함과 각성 상태가 촉진되고, 주의력이 높아진다. 요즘 많은 교사가 목격하는 교실의 모습과는 완전히 상반된 상황이다. 요즘 교실 속 아이들은 차분한 모습과는 동떨어져 있으며 주의를 기울여 집중하지 못하는 아이도 꽤 많다.

1900년대 초중반만 해도, 회전기구는 놀이터에서 흔히 볼 수 있는 기구였다. 놀이터에 가면 아이들은 매일 이 기구를 타며 짜릿함을 느낄 수 있었다. 전정기관으로 감각이 빠르게 입력되면 감각 통합의 틀이 튼튼하게 형성되고 평형계의 발달을 촉진할 수 있다는 점이 이 시설에 숨어 있는 묘미라 할 수 있다. 그러나 안전에 대한 강박이 갈수록 심해지면서 회전기구는 이제 안전하지 않은 기구로 치부되었고, 급기야 놀이터에서 찾아 보기가 어려워졌다. 아이들은 이 기구 위에서만 느낄 수 있는 짜릿함을 결코 알 리 없으며, 일과처럼 받아들이던 소중한 전정감각의 유입도 놓치고 만다. 회전기구를 그저 위험하기 짝이 없는, 그래서 다시는 들여놓지 말아야 할 시설로 여기지 않고 한 발 물러나 그 순기능에 눈을 돌린다면 아이들의 차분한 학습을 이끌 수 있는 중요한 도구로 보일 것이다. 모든 연장이 그렇듯이 올바른 사용법을 알려 주면 더 쓸모 있는 법이다.

이 뜻밖의 정보에 어찌해야 할 바를 모르는 사람도 있을 것이다. 공원 관리 당국 또한 낡고 녹슨 회전기구를 새 것으로 바꾸려 해도 그럴 수 없다고 난색을 보인다. 놀이시설 제조업체에서 원형 그대로의 회전기구를 더 이상 생산하지 않기 때문이다. 하지만, 여전히 대안은 남아 있다. 다행히 회전기구의 현대식 모델이 등장하고 있으며 그 가운데 슈퍼노바Supernova나 옴니스핀Omnispin이라는 시설이 회전기구의 기능을 살려 냈다. 구식 회전기구만큼 도전과 용기가 필요하고 치료 효과가 뛰어나지는 않지만, 그와 유사한 감각 입력을 충분히 제공한다. 여건이 허락된다면 맞춤용 회전기구를 가정에 설치하거나 자치단체 또는 학교에 설치를 요구하는 것도 방법이 될 수 있다. 설치와 설비 구입은 손수 해 볼 만하며, 온라인에서도 쉽게 알아볼 수 있다.

그네와 미끄럼틀

놀이터에 불이닥친 변화의 바람에 속절없이 무너진 것은 회전기구만이 아니다. 그네를 연결하는 쇠사슬의 길이도 점점 짧아졌다. 사슬의 길이 변화는 길이로 인한 위험을 과대평가한 결과였다. 길이가 짧아지면서 그네를 탈 때 얻는 힘의 크기와 전정감각의 자극 유입도 줄어들었으니, 신경계가 수용하는 감각 입력도 적을 것이다. 여기서도 '안전'하리라 여겼던 조치가 안전하지 않은 결과를 불러왔다. 전정감각의 입력을 매일 수용하지 않으면, 전정계는 점차 약해지고 발달이 뒤처져 집중, 조절, 학습 같은 고차원적 기능을 받쳐 주는 역할을 제대로 수행할 수 없다.

그네의 길이가 짧아진 것 이외에, 아이들이 그네에서 할 수 있는 동작에도 제한이 생겼다. 최근에 나는 작업치료를 받는 두 아이에게 별도의 숙제를 냈다. 회전 운동으로 신체 지각을 향상시키게 할 의도로, 유치원에 다니는 한 아이와 초등학교 3학년인 한 아이에게 학교에서 그네에 앉아 빙빙 돌아 보라고 주문했다. 그러나 다음 주에 다시 만난 아이들은 학교에서 그네를 타고 빙빙 돌 수 없었다고 하소연했다. 이 아이들은 사는 지역도 다니는 학교도 달랐다. "그게 무슨 말이야?" 나는 어리둥절해져 다시 물었다. "학교에서 그네를 타고 돌 수 없다고?" 내 물음에 3학년짜리가 정색을 하고 말했다. "네. 담임선생님이 그건 너무 위험하다고 하지 말래요."

지금은 위험하다고 금지하는 활동이 어른들에게는 가

장 재미있는 기억으로 남아 있는 경우가 많다. 나에게는 어린 시절 동네 놀이터에 있는 '키다리' 철제 그네에 올라타던 기억이 아직도 생생하다. 당시의 철제 그네는 우뚝 솟은 거인 같았으며 그 위에 올라탄다는 것은 도전이자 정복이었다. 나는 친구와 함께 그네에서 앉았다 섰다를 반복하며 회전 폭을 넓혀 갔다. 우리 둘은 나란히 바라보고 웃으며 호흡을 맞추어 똑같이 그네를 움직였다. 그러다가 속도 차가 나고 동작이 맞지 않으면 그것 또한 재미있다고 킥킥 웃어 댔다. 그렇게 그네를 움직인 지 몇 분 만에 그네가 움직일 수 있는 최대 범위까지 올라가면, 우리는 우리의 한계를 시험할 수 있었다. 우리는 그네가 최고점에 올랐다가 돌연 뚝 떨어지는 순간이 되어서야 앉았다 섰다 하는 동작을 멈추었다. 그야말로 스릴 만점의 경험이었다.

때로는 그네에 걸터앉아 빠르게 제자리 돌며 놀기도 했다. 얼마나 멀리 갈 수 있는지 확인하려고 그네가 가장 높이 올라갔을 때 뛰어내린 기억도 있다. 우리는 날아갈 듯 높이 올랐고, 그 쾌감은 아무도 멈출 수 없었다. 그러고 나면 자신감이 솟고 기쁨도 엄청났다. 나는 단순히 그네를 타러 간 것이 아니라 끊임없이 도전할 거리를 찾아 헤매고 있었다. 내 흥미를 채우려면 아무래도 '위험'이 따라야 했다. 모험이 없었다면 그네도 타지 않았을 것이다. 스릴이나 도전이 없다면, 그네가 요즘 아이들을 이끌 매력도 사라지지 않을까 염려스럽다.

그네와 마찬가지로 미끄럼틀도 짧아졌다. 즉, 앞뒤로 움직이는 직선 방향의 동선에서 전정감각의 입력도 줄어든다는 말이다. 다시 강조하지만 전정감각의 입력을 꾸준히, 충분히 받아야 평형계가 튼튼해진다. 게다가 미끄럼틀을 타고 내려오는 아이들이 있는 상황에서 올라가지 말라고 하는 것도 아니고, 아무도 없는 미끄럼틀도 오르지 못하게 말리는 경우도 종종 있다. 그러나 미끄럼틀을 오르면 상체 발달에 도움이 되고 운동 제어motor control(감각 기관에서 받아들인 각종 정보를 중추신경계가 통합, 처리하여 움직임을 체계적으로 조절하는 기능-옮긴이) 능력이 향상된다. 머리의 방향과 자세를 바꿔 가며 타면, 뇌의 다양한 부위에서 활동이 활발해진다. 가령 배를 대고 발이 먼저 내려오는 자세도 아이들에게 대단히 유익하다.

얼핏 보기에는 이런 활동이 '놀이터 예절'에 맞지 않는다는 생각으로 곧바로 제지하려 들지만 말고, 놀이터 시설을 새로운 시각으로 본다면 생각도 달라질 것이다. 아이들은 놀이터 시설에 대한 고정관념이 거의 없거나 아예 없다. 그렇기 때문에 미끄럼틀을 타고 내려오든 거꾸로 오르든 둘 다 미끄럼틀을 제대로 사용하는 방법이라고 여긴다. 우리도 놀이시설 사용에 대한 고정관념에서 벗어나야 한다. 그렇게 해서 아이가 다양한 방식으로 놀이시설을 즐기도록 유연하게 대처한다면, 아이의 신체 동작도 다양해지고 감각 경험도 그만큼 확장될 수 있다.

정글짐

정글짐의 형태에 그나마 가까운 요즘 놀이시설로는 지면에서 그리 높지 않은 미니어처 정글짐을 비롯해 구름사다리를 꼽을 수 있다. 그러나 둘 다 예전의 정글짐에 비하면 초라하기 짝이 없다. 하늘로 치솟을 듯 겹겹이 쌓아 올린 옛날식 정글짐은 그야말로 아이들의 도전을 부추기는 시험무대였다. 그 시절 아이들은 정글짐에 올라 거꾸로 매달린 채 또래나 어른들에게 자랑하듯 소리쳤다. "나 좀 봐! 두 손 다 놓고 있지롱!" 그것은 용감한 사람만이 시도해 볼 수 있는 재미있는 묘기였다.

거꾸로 매달리면 내이의 액체가 이동하며 공간 지각의 발달을 촉진한다. 높은 곳에 오르면 운동 기술이 향상되고 자신감과 성취감도 커진다. 요즘 흔한 정글짐은 지면에서 그리 높지 않기 때문에 꼭대기에 올라도 아이에게 대단한 도전 대상이 되지 못한다. 그런가 하면 아이들이 구름사다리와 정글짐에서 노는 방식에도 제약이 많이 생겨서, 거꾸로 매달리기는 이제 더 이상 허용되지 않는다. 아이들이 떨어져 다칠까 봐 구름사다리를 건너지 못하게 한다는 학교도 속속 등장하고 있다.

정글짐과 같은 놀이시설이 아니라도 아이의 전정감각 발달을 촉진하려면 집에서라도 물구나무서기를 자주 시키는 것이 좋다. 구름사다리나 철봉만 있어도 아이들은 어른의 지도 없이 자연스럽게 거꾸로 매달리려 할 것이다. 때때로 친구가 거꾸로 매달리는 모습을 보는 것만으로도 아이는 따라 해 보고 싶은 욕구를 느끼게 된다. 아이가 매달려도 동요하지 않고 내버려 두는 것이 중요하다.

시소

시소 역시 점점 과거의 유물이 되다시피 하고 있다. 그러나 시소에는 흥미진진한 모험의 요소 말고도 맞은편에 앉은 상대와 함께 시선을 모으고 상호작용을 할 수 있는 협동의 성격도 있었다. 이 기구를 위아래로 널뛰려면 그 위에 앉은 아이들은 하나의 팀이 되어 번갈아 움직여야 했고, 그 단순한 원리에 비해 맛볼 수 있는 묘미는 기대 이상이었다. 아이들의 대근육 운동기술에 끼치는 효과는 시소의 단순한 모양에서 비롯되는 기대치를 훨씬 뛰어넘는 것이다. 그뿐만 아니라 신체의 리듬 감각, 균형, 코어 근력, 주의력이 동원되어야 효과적으로 탈 수 있다는 점에서 시소의 기능은 보이는 것 이상이었다.

이제 시소의 사촌이라 할 만한 현대식 놀이기구는 널의 길이가 짧아지고 스프링을 달고 나와서, 너무 높이 올라갈 수 없는 구조로 되어 있다. 여기에는 예전과 동일한 감각 입력이나 도전을 자극할 만한 요소가 없다. 그나마 다행이라면 회전기구와 마찬가지로 시소 역시 쉽게 설치할 수 있고, 온라인에서 그 방법을 쉽게 찾을 수 있다.

회전기구, 키다리 그네와 미끄럼틀, 거대한 정글짐, 시소에는 일맥상통하는 점이 한 가지 있다. 모험과 도전이라는 필수 요소와 뇌의 발달에 없어서는 안 될 자극의 입력을 복합적으로 얻을 수 있다는 점이다. 치료 효과가 큰 이 기구들을 아이들에게서 치우거나 그 치료 가치를 찾을 수 없도록 개조하기보다는, 다치지 않고 올바르게 놀 수 있는 방법을 보여 주는 편이 현명하며 아이들에게도 이롭다. 아무리 안전을 위한 조치라 해도, 자라나는 아이들의 욕구에 부합해야 그 정당성을 인정받을 수 있다.

좋은 놀이터의 조건

오늘날 대부분의 놀이터는 20~30년 전에 비해 크게 변했지만, 뛰어난 놀이터도 여전히 만들어지고 있다. 널리 알려진 '플레이그라운덜로지PlayGroundology'(https://playgroundology.wordpress.com)를 비롯해 여러 블로그를 참고하면 아이들에게 도전을 불러일으키고 짜릿한 재미가 살아 있는 놀이터에 대한 영감을 얻을 수 있다. 회전기구와 시소는 멸종까지는 아니더라도 그 존재가 점점 희소해지고 있다. 찾기가 쉽지 않다면 직접 제작해 볼 만한 시설이다. 한편, 자연의 요소를 살려 창의력과 탐구심을 일깨우는 놀이터도 크게 인기를 얻으며 퍼지고 있다. 노력 여하에 따라 좋은 놀이터를 찾을 수 있는 여지는 아직 있다. 우수한 놀이터를 찾을 때 참고해야 할 조건은 다음과 같다.

자연주의 놀이터

놀이터의 공간과 잠재적 효과를 평가하려면, 우선 아이가 접할 수 있는 자연적 요소를 눈여겨보는 것이 좋다. 자연에 접한 지역에서는 놀이에 모험의 요소가 저절로 따라온다. 자연은 예측 불가능하다. 따라서 자연을 탐구하는 것에는 늘 홍미진진한 경험이 동반된다. 자연적 공간은 가상 놀이pretend play에도 적격이다. 전형적인 놀이터는 시설 본래의 기능에 충실하여 제약이 많고, 상상력을 펼칠 여지가 거의 없다. 그러나 자연에서는 나뭇가지와 돌, 바위, 솔방울처럼 쉽게 움직일 수 있는 천연 소재들로 놀이에 새로운 요소가 가미된다. 부러진 나뭇가지를 주워 모아 요새를 지을 수도 있고 상상극 속의 가게를 차릴 수도 있다. 나뭇잎으로 밥을 지을 수도 있고, 돌과 바위로 벽을 둘러 건물을 짓거나 요정의 집을 꾸밀 수도 있다. 자연의 놀이터에서는 놀이의 가능성이 무궁무진하기 때문에 상상력에 불을 지핀다.

4장에서 살펴본 것처럼, 자연에서는 궁극의 감각 경험을 할 수 있다. 졸졸 흐르는 시냇물과 주위를 둘러싼 나무의 효과는 놀이 경험을 풍부하게 하는 데 그치지 않는다. 물의 소리를 비롯한 자연의 존재만으로도 진정시키는 효과가 있으므로, 아이가 편안해지고 차분해진다. 놀이터를 고를 때 참고할 만한 자연적 요소 몇 가지를 덧붙이면 다음과 같다.

- 주변의 숲, 계곡, 바닷가 등 탐구심을 자극하는 자연 요소
- 물놀이하기 좋은 지역
- 게임을 하거나 뛰어다니기 좋은 들판이나 넓은 터

- 딛고 올라가 균형을 잡을 수 있는 통나무나 나뭇조각
- 물을 줄 수 있고 향이 나는 정원이나 꽃밭
- 나뭇가지, 돌, 통나무 등 옮길 수 있고 무언가 만들 수 있는 자연 소재
- 오를 만한 나무
- 밧줄이나 타이어로 만든 그네
- 들어가 놀 수 있는 흙더미나 모래통
- 수직 그물climbing nets(암벽처럼 타고 넘을 수 있는 장애물 형태의 그물)
- 올라가 뛰어내릴 수 있는 크고 작은 바위
- 크게 돋운 흙더미나 둔덕의 사면에 꼭 들어맞는 미끄럼틀

널찍한 활동 공간

놀이터의 또 다른 핵심 요소는 뛰놀기 적합한 널찍한 공간이다. 공간이 넓을수록 아이의 프라이버시를 존중할 수 있고 돌아다닐 수 있는 기량도 커진다. 아이를 멀찍이서 바라볼 수 있다는 것도 중요하지만, 그렇게 해서 아이에게는 마음껏 놀 수 있는 공간이 생기며 또래와 함께 창의적으로 놀 수 있는 여지도 더욱 커진다.

공간이 넓어지면, 아이들은 수월하게 주위를 돌아다니며 활용하는 능력을 키울 수 있다. 한쪽에서는 즉석에서

편을 짜 축구나 야구를 하는가 하면, 다른 구석에서는 삼삼오오 모여 가상 놀이에 심취할 수도 있다. 넓은 놀이 공간은 어른의 세상에 구속받지 않고 아이들끼리 시간을 보내기에도 좋은 여건이다. 어른의 염려에서 벗어나 아이는 자기 적성과 속도에 맞게 안심하고 놀 수 있다. 참고할 만한 공간의 유형은 다음과 같다.

- 풀이 무성하여 뛰놀기 좋은 들판
- (진흙탕도 마다하지 않는 아이라면) 들어가 놀 만한 흙이 많은 터
- 자전거 길이나 걷기 좋은 오솔길
- 기어서 통과할 수 있는 크고 긴 터널
- 탐험하기에 좋은 바닷가나 물이 있는 곳
- 올라가 굴러내릴 수 있는 작은 동산이나 둔덕
- 나무가 우거져 탐험하기 좋은 곳
- 키 작은 나무나 바위로 만들어 헤매고 다닐 수 있는 미로
- 오를 수 있는 암반 지역
- 탐험하기에 좋은 습지

색깔은 적당하게 - 놀이터의 색

언젠가 한 친구가 밝은 색으로 넘쳐나는 현대식 놀이터가 패스트푸드 체인점과 매우 비슷하다는 이야기를 했다.

요즘 놀이터는 빨강에서 파랑, 노랑 등 온통 화려한 색을 입혀 놓았기 때문이다. 아이에게 시각적 자극을 풍부하게 주려는 의도에서인지, 다양한 성격의 시설을 한 덩어리로 이어 붙이면서 각각의 부분을 자극적인 색으로 구분 지었다. 이처럼 화려한 색은 어른의 눈에도 자극적인데, 아이의 눈으로 받아들이기에는 압도적이며, 주의를 산만하게 만든다. 당연히 과잉 자극과 과잉 각성 상태를 유발할 수 있다. 부모나 교사라면 이런 시설에서 노는 아이들이 시끄러워지고 정신없어지는 상황을 목격했을 것이다. 작업치료에서는 이런 상황의 원인으로 시자극 과잉을 꼽는다.

활동이 다른 각각의 시설을 원색으로 구분하여 한 덩어리로 합친 플라스틱 놀이시설보다는 단순하고 소박한 디자인의 시설이 아이들에게 더 좋다. 다음을 참고하자.

- 나무 또는 금속 재질의 시설
- 시자극 과잉이 없는 무채색
- 놀이터와 자연스럽게 조화된 통나무와 그루터기
- 놀이터 이곳저곳에 펼쳐진 정원이나 자연 조경(4장 자연을 바라보기만 해도 진정되는 효과 참조)
- 진정 효과가 있는 숲이나 물가에 접한 놀이터

단순하지만 도전을 부추기는 시설

아이의 도전 의식을 북돋우며 다양한 감각 경험을 할 수 있는 놀이시설이 있을까? 놀이시설에 있어서만큼은 '구식'으로 돌아갈 필요가 있다. 회전기구와 시소, 높이 오를 수 있는 그네와 미끄럼틀은 어느 놀이터에 두어도 탁월한 시설이다. 여러 시설을 하나로 모은 합체형 놀이시설보다는 군데군데 시설이 퍼져 있는 놀이터가 아이들의 탐험심을 부추기고 시설에만 정신이 팔리지 않게 하는 효과가 있다.

놀이기구의 가짓수도 지나치게 많지 않아야 좋다. 시설이 너무 많으면 아이가 놀면서 창의성을 발휘하는 데 도움이 되지 않는다. 자기 몸의 힘과 균형감각을 시험해 보고 싶은 아이는 시설이 몇 종류에 불과한 놀이터라도 기꺼이 가서 놀 줄 안다. 굳이 놀이기구가 아니더라도 자연 공간이 있다면 아이들은 뛰놀고 게임을 고안해 내거나, 요새를 만들고 상상력을 발휘하며 놀이에 푹 빠질 것이다. 이와 관련하여 고려해야 할 요소는 다음과 같다.

- 아이들이 시설에만 몰두하지 않도록 적은 수의 기구
- 큰 그네와 미끄럼틀
- 회전기구처럼 돌며 놀 수 있는 기구

- 균형 잡기가 필요한 기구
- 시소처럼 두세 명이 협업해야 하는 기구
- 등반할 수 있는 기구

실내 놀이터

실내 놀이터와 생일 파티장의 인기가 날로 높아지고 있다. 특히 바깥 활동이 어려워지는 겨울철이나 궂은 날씨에는 이런 공간이 어린 고객들로 북새통을 이룬다. 실내 놀이터가 추위를 피해 놀기에도 좋고 재미있다고는 해도, 치유 효과가 뛰어난 바깥 공간을 완전히 대체하기보다는 이따금 기분 전환을 위한 정도로만 이용하는 편이 좋다. 실내 놀이터를 지나치게 애용하다 보면 꼭 필요한 바깥 활동 시간마저 빼앗기기 때문이다.

실내 놀이터는 아이들을 즐겁게 할 목적으로 고안된 시설이다. 아이들은 트램펄린이나 바운시하우스bouncy house(공기를 불어 넣어 아이들이 뛰어놀게 만든 집 모양의 놀이 기구-옮긴이)에서 뛰어놀고, 볼핏ball pit(작은 공을 가득 채워 놀게 만든 공간-옮긴이)에 풍덩 빠진다. 기어서 빠져나오는 터널도 있다.

이런 공간이 아이들의 활동을 이끌어 내기는 하지만, 여러 시간 동안 상상 놀이에 빠질 만큼 영감을 불어넣지는 못한다. 4장에서 살펴보았듯이, 밝은 색과 시끄러운 소리는 아이를 지나치게 자극하여 정신을 과잉활동 상태로 몰아간다. 아이는 실내 놀이 공간에서 정신없이 뛰어다니는 경우도 있고, 어떤 접점도 없이 모든 놀이기구를 시험 삼아 타 본다. 이곳에서는 차분히 앉아 소꿉놀이를 하거나 상상 속의 용을 피해 달아나는 상황은 좀처럼 볼 수 없다. 아이들은 그저 이리저리 부딪히고 뛰어들기 바쁘다.

실내 놀이 공간이 감각 발달을 촉진한다는 명목으로 홍보되고 있지만, 이는 반쪽의 진실에 불과하다. 맞다. 실내 공간에서도 감각 입력은 일어난다. 사실, 우리가 어디를 가든 어디에 있든 감각 입력을 받는다. 그러나 아이에게 유익한 감각도 있고 그렇지 않은 감각도 있다. 시끄러운 소음과 화려한 색은 아이가 에너지를 과도하게 발산하도록 자극한다. 지나친 각성 상태는 그리 유익하지 않다. 그와 달리, 야외 환경에는 창의력과 학습의 바탕이 될 만한 진정 작용과 정돈 효과가 있다. 실내 놀이 공간은 아이를 압도하고 과다하게 자극하는 반면, 자연환경은 영감을 주고 다시 살리며 회복시켜 준다.

실내 놀이터는 탄산음료와 같다. 물론 이따금 가서 논

다면 그리 해롭지는 않을 것이다. 어떤 점에서는 실내 놀이터도 신선하고 재미있는 경험이 될 수 있다. 그렇다고 해서 매일 가서 놀 만한 곳인가 하면 절대 그렇지 않다. '무엇이든 적당히' 해야 좋은 법이다. 실내 놀이터가 유익하려면 바깥 놀이를 대체하지 않고, 지나치지 않을 정도여야 한다. 대부분의 시간을 실내에서 보낸 아이가 감각 발달에 문제를 보이는 현상을 우리는 이미 목격하고 있다.

물론 바깥 공간에서 노는 것이 여의치 않거나 궂은 날씨 때문에 부득이하게 실내를 이용해야 할 때도 있다. 또는 단지 재미를 위해 실내 놀이터를 찾을 때도 있다. 이런 경우라면, 실내 환경과 아이의 욕구를 토대로 사전 조사를 해서 좀 깐깐해질 필요가 있다. 유익한 실내 공간을 아래에 제시해 본다.

- **박물관**. 박물관과 과학관은 돌아다닐 수 있는 공간이 넓고 창의성을 일깨울 만한 전시물로 가득하다는 점에서 매력적인 실내 공간이다. 때로는 관람객이 많아 북적일 수도 있겠지만 밝은 색과 플라스틱의 공격으로부터 안전한 편이다. 또 상호작용할 수 있는 전시물이 있어서 박물관이 아니라면 좀처럼 해볼 수 없는 체험을 할 수 있다. 인큐베이터에서 병아리가 부화하는 장면을 본다거나 모의 조종실에서 잠수함을 운전하는

등 박물관에서라면 처음 해 보는 경험을 할 수 있다.

▫ **워터파크.** 워터파크는 나이에 상관없이 모든 아이가 즐길 수 있는 곳이기도 하지만 전정감각과 촉각에도 대단히 유익하다. 긴 미끄럼틀을 다양한 속도로 타고 내려오면서 필수적인 전정감각의 입력이 발생한다. 얼굴과 온몸에 튀는 물세례를 받으면 촉각 경험에 대한 참을성이 늘어난다. 워터파크가 실외라면 효과가 더욱 좋다. 태양과 바람을 비롯하여 건강한 감각 경험을 풍부하게 할 수 있기 때문이다.

▫ **아트리움.** 식물원이 이런 형태의 널찍하고 훤히 트인 실내 공간에 속한다. 공간이 넓다고 해도 아이가 마구 뛰어놀도록 방치할 수는 없지만, 실내에서 자연의 풍광을 즐길 수 있다. 4장에서 보았듯이, 자연은 그저 바라보기만 해도 안정시키는 효과가 있다. 조용한 놀이를 할 수 있고, 이야기를 들려주기에도 적당하다.

▫ **놀이터.** 바깥 활동이 어려운 상황에서 아이를 자유롭게 놓아주어야 한다면, 실내 놀이터도 해결책이 될 수는 있다. 가능하면 아이의 도전을 부추기고 영감을 주는 시설을 고르는 것이 좋다. 움직일 수 있는 물건(느슨한 부속loose part이라고 한다. 7장에서 자세히 다룬다.-옮긴이)이 많은 놀이터가 가장 좋다. 아이가 이런 물건을 이용해 자기 방식으로 공간을 꾸미면서 놀 수 있기 때문이다. 높이 오를 수 있는 구조물과 사방으로 움직일 수

있는 시설도 있는지 고려해야 한다. 또 가급적이면 사람이 많지 않고 색의 사용이 지나치지 않은 곳이 좋다. 무채색을 주로 사용하고 사람이 적을수록 아이는 차분하게 모험거리를 찾아 도전할 수 있다.

- **실내 암벽등반**. 암벽등반에 이상적인 환경은 아무래도 야외다. 야외라면 상력을 동원하고 문제 해결 능력을 발휘해서 복잡한 상황을 해결할 수 있기 때문이다. 그러나 바깥에서 이 활동을 할 수 있는 여건이 안 된다면, 실내 체육관도 대안이 될 수 있다. 암벽등반은 운동 기술과 문제 해결 능력, 신체 지각과 전반적인 근력 향상에 좋다. 또한, 인내와 자제력을 키울 수 있으며 높은 수직 구조물을 오르면서 자신감도 높아진다.

- **수족관**. 수족관은 아이들이 평소 경험할 수 없는 세계다. 시자극을 주면서도 아이를 압도할 정도로 지나침이 없으며, 형형색색의 심해 생물까지 만날 수 있는 곳이다. 일부 수족관에는 바다 생물과 상호작용이 가능하도록 설계한 수조도 있어서, 뾰족뾰족한 성게와 미끄러운 가오리 등을 만지며 촉자극 경험을 할 수 있다.

- **수영장**. 실내외 구분 없이 수영은 건강에 매우 유익하다. 수중 활동을 하면 부력에서 오는 무중력 상태를 느끼면서 관절과 근육에 전해지는 충격이 완화된다. 동시에 물의 저항을 받기 때문에 전체적인 근력을 키우며 자유롭게 움직일 수 있다. 또

아이가 물을 가르고 나갈 때 신체의 모든 부위가 물에 닿기 때문에 되돌아오는 촉각 신호도 매우 좋다. 수영은 매우 재미있을 뿐만 아니라 아이는 물에 뛰어들고 물속에서 돌거나 숨을 참는 등의 다양한 활동을 할 수 있다.

- **미술 작업실 또는 공작실.** 열린 결과를 추구하는 미술 프로젝트나 공작 프로젝트는 사고의 유연성과 창의성을 기르기에 좋다. 구체적인 목표의 제약이 없는 상태에서 다양한 재료와 작업 대상이 있으면, 아이들은 열린 마음으로 새출발한다. 계획 실행에 제약이 없는 반면, 아이들은 아이디어를 개념화하고, 실행하며, 최종 결과를 평가하는 등 중요한 기술을 터득한다. 이렇게 해서 상상력, 창의력, 문제 해결 능력, 자기 평가 능력도 좋아진다.

- **체험 동물원** petting zoo. 살아 있는 동물과 교감하는 일은 언제나 매력적인 감각 경험이다. 손바닥에 얹은 먹이를 직접 주고 다시 받는 경험에서 배우는 촉각 신호도 매우 좋다. 동물의 소리는 이 경험을 떠올려 중요한 신경 연결고리와 기억을 형성하는 매개가 된다.

요약

시대가 변해서 이제 아이들이 하루에 놀이에 쏟는 시간은 20~30년 전보다 훨씬 적다. 놀이 문화도 변해서 부모가 행여나 아이가 넘어질까 아이 곁에서 일거수일투족을 감시한다. 그런가 하면 놀이 공간도 변해 왔다. 도전을 부추기던 예전과 달리 요즘의 놀이터 시설은 싱겁고 자극도 약하며, 그중 상당수는 실내로 자리를 옮기고 있다. 이런 상황에서 아이가 일상적으로 바깥 놀이를 통해 건강하고 유의미한 감각을 경험하도록 하는 일은 어느 때보다 중요해지고 있다. 형식에 구애받지 않고 감각을 진정시키기에 최고의 환경인 자연에서 오래도록 창의적인 가상 놀이에 몰입하면 감각 발달이 촉진된다.

그러나 자연환경이 마땅치 않거나 변화가 필요한 경우, 신중하게 선택한 놀이터와 실내 공간도 좋은 경험이 될 수 있다. 이 경우에는 아이를 고무시키면서도 압도하지 않는 장소, 다양한 방식으로 신체적 도전과 창의성을 자극하는 시설과 전시물이어야 한다. 그렇더라도 기분 전환 삼아 가끔 이용해야 하며, 일상적인 바깥 활동을 대체하거나 완전히 없애 버릴 정도로 자주 이용하면 안 된다.

⑦ 쉬는 시간과 교실 환경의 중요성

팀버누크에는 규칙이 딱 두 개뿐이다. 첫째, 아이들은 언제든지 어른을 만날 수 있어야 한다. 둘째, 다른 아이와 어른을 존중한다. 이 두 가지가 전부다. 그 외의 것은 무엇이든 할 수 있다. 나무에 올라도 되고 소리를 질러도 된다. 달리고 뛰어오르고 맨발로 다녀도, 도구를 써도, 온몸을 더럽혀도, 자기만의 사회를 만들어도, 숲에서 무엇이든지 찾아 뭔가를 만들어도 된다. 이 모습을 본 어른은 대개 놀란 모습으로 묻곤 한다. "저렇게 내버려 두면 무질서해지지 않나요?" 그들 대부분은 팀버누크 아이들의 모습에서 《파리 대왕》을 떠올리는 모양이다. 그러나 이곳에서 인내를 시험하게 하고 행동상의 문제로 이어지는 상황은 수많은 규칙이 난무하는 지역 초등학교보다 훨씬 적다.

팀버누크의 아이들이 차분해지고 몰입하며 공격성이 줄어들고 열정적으로 노는 모습에 놀라는 것은 부모들뿐만이 아니다. 교사와 교육청 공무원은 물론 체육 강사들도 어리둥절해 한다. 그들은 모두 우리 캠프에서 벌어지는 일을 학교의 쉬는 시간과 교실에도 적용할 수 있는지 공공연히 묻는다. 그러면 나는 가능하다고 대답한다.

5장에서 소개한 뉴질랜드 스완슨초등학교의 브루스 매클라클린의 이야기를 떠올려 보자. 이 학교에서는 쉬는 시간에 모든 규칙을 없애고 나서 아이들의 '행실' 문제가 현저히 줄어들었다. 게다가 쉬는 시간이 끝나고 교실로 돌아온 아이들의 수업 참여와 집중도가 눈에 띄게 좋아졌다. 그와 나는 인습적이지 않은 그 학교의 정책과 팀버누크의 이야기를 공유하면서, 각각의 현장이 질서 정연하고 원만하게 운영될 수 있는 요인 중 몇 가지 중요한 접점을 발견했다. 이번 장에서는 그 중요한 특성을 살펴보고, 학교의 쉬는 시간과 교실·어린이집 환경에 적용하여 아이들의 발달과 학습 활동을 촉진할 수 있는 방안을 모색해 보고자 한다.

쉬는 시간을 다시 생각한다

나는 어린 시절의 쉬는 시간을 마치 어제 일처럼 또렷하게 기억한다. 당시 우리 학교의 놀이터는 숲과 닿아 있어서 우리는 선생님의 시야에서 멀어지지 않는 한 그 안에 들어가 놀 수 있었다. 나는 공주를 비롯해 여러 동화 속 등장인물이 되어 친구들과 함께 나무 사이를 헤집고 다녔다. 이따금 놀이터에서 정글짐에 오르거나 그네에 올라 뛰어내리기도 했다. 때로는 친구 크리스털과 어울려 남자

아이들과 편을 짜 즉석 축구 경기를 벌이기도 했고, 체조 시간에 익힌 손 짚고 뒤돌기를 누가 더 잘하는지 겨루기도 했다.

우리는 꼬박 한 시간을 다 채워서 놀고서야 교실 안으로 들어가곤 했다. 다시 교실에 앉아서도 넘치는 에너지로 흥에 겨워 노래를 하고 과학 프로젝트에 몰두했으며, 선생님이 준비한 수업 활동은 무엇이든지 적극적으로 참여했다. 나는 쉬는 시간이 '좋았고' 학교가 '좋았다.' 그런데 이제 시대가 변하고 있다. 내 딸들은 다섯 살을 넘기고부터 학교가 싫다는 말을 하기 시작했다. 도대체 무슨 변화가 생긴 것일까? 휴식 시간, 그리고 아이들이 활용할 수 있는 시간이 점차 사라지고 있다.

1980년대 말까지만 해도, 한 시간 꽉 채운 쉬는 시간과 여분의 짧은 휴식 시간은 흔한 일상이었다(Nussbaum 2006). 하지만 1990년대에 들어 학업 성취도 향상이 교육계의 중요한 현안으로 떠오르면서, 수업 시간을 늘리면 그 효과가 시험 성적으로 이어질 것이라는 논리가 당연시되었다. 한정된 일과에서 휴식은 단축해야 할 활동의 1순위로 취급받았다. 아동 발달과 학업 성취도 향상에 쉬는 시간의 역할이 중요하다는 연구가 쏟아져 나오는 데도, 쉬는 시간의 단축은 막을 수 없었다(Pellegrini and Bohn-Gettler 2013).

1990년대 말에 이르자, 미국 내 학군의 40퍼센트에서 쉬는 시간을 줄이거나 아예 없애 버렸다(Zygmunt-Fillwalk and Bilello 2005). 2001년 낙오학생방지법No Child Left Behind Act(기초학력 수준을 개선한다는 취지로 만들었으나 평가 기준에 미달하는 학교는 제재를 당하고 미국 교육과정이 시험 준비 과정으로 바뀐다는 등 여러 비판을 받았다.-옮긴이)이 통과되고 새로운 학업 성취도 기준을 충족해야 한다는 사회적 압력이 커지면서, 쉬는 시간은 꾸준히 단축되고 있는 실정이다(Pellegrini and Bohn-Gettler 2013). 이제 아이들은 일과가 이어지는 여섯 시간 동안 15분 내지 20분짜리 쉬는 시간이 한 차례만 있어도 감지덕지해야 하는 것이 현실이 되어 버렸다.

⊗

쉬는 시간의 효과 - 쉬는 아이가 더 잘 자란다

3장에서 살펴보았듯, 아이들이 매일 여러 시간 동안 몸을 움직이고 놀 수 있는 시간을 확보해 주어야 교실에서의 집중력과 건강한 감각 통합을 유도할 수 있다. 따라서 쉬는 시간은 아이에게 만족스러운 놀이 경험을 안겨 주기에 이상적인 기회다. 이제는 지난 시절만큼 충분한 시간은 아니라 해도, 아예 없는 것보다는 잠시라도 움직일 수 있는 활동 시간이 있어야 한다. 쉬는 시간은 몸과 마음을 살지게 한다. 몸을 움직일 여유와 활동적 자유 놀이에 참여할 여유가 생긴다. 이 두 가지는 아이의 발달을 촉진하는 필수 요소다. 쉬는 시간은 아이의 발달과 학업에 수많은 긍정적 효과가 있는데 그중에 몇 가지를 소개한다.

- **비만 방지**. 아동 비만 비율이 높아지는 시기에 쉬는 시간을 늘리면 아이들을 활동적으로 변화시킬 수 있는 중요한 계기가 될 수 있다. 쉬는 시간에 노는 아이들 가운데 적어도 60퍼센트가 신체 활동과 사회성을 동반하는 놀이에 참여한다는 사실이 여러 연구에서 밝혀졌다(Pellegrini 2009). 어느 연구에서는 체계적인 체육 시간과 비교해도 쉬는 시간 동안에 벌어지는 활동적 놀이가 사실상 더 고차원적일 수 있다는 분석도 내놓았다(Kraft 1989). 다시 말해 쉬는 시간, 특히 바깥에서 보내는 시간은 신체 활동과 체력 향상에 유익하다.
- **행동 개선**. 연구에 따르면 쉬는 시간을 보낸 아이는 교실에서 집중력을 더욱 발휘할 수 있고, 가만히 있지 못하고 꼼지락거리는 습관이 줄어들며, 전반적인 행동이 개선된다(Jarrett et al.1998; Pellegrini and Bohn-Gettler 2013). 하루 종일 충분한 활동을 하면 전정계가 든든해져서 수업 집중력과 참여도가 높아지고 감정 조절에 도움이 되기 때문이다. 쉬는 시간이 길

수록 이후 교실에서 집중과 참여도가 올라가는 상황을 현장의 교사들도 목격하고 있다.

- **사회-정서적 기술 발달.** 쉬는 시간은 자유 놀이라는 무대에 다양한 아이들을 등장시킨다. 함께 어울려 노는 사이, 아이들은 절충하고 차례를 정하는 요령, 소통의 기술, 듣는 자세, 주장과 설득, 갈등 해결, 규칙 정하고 따르기, 조직 통솔 같은 중요한 기술을 터득한다. 어른도 사회성 프로그램과 역할 놀이를 도입해 이런 기술을 가르치려 시도해 볼 수는 있다. 그러나 친구들과 어울려 노는 것이야말로 이런 기술을 실생활에서 심층적으로 연습하고 익히기에 가장 좋은 기회다.

- **뇌 활동 촉진.** 적절한 휴식과 뇌는 불가분의 관계다. 학업의 연속인 일과에서 쉬는 시간은 물론 아주 짧은 휴식마저 없다면 뇌의 활동이 원활하지 않고 시간이 지날수록 주의력도 떨어진다(Jensen 1998). 관련 연구에서는 단순히 교실을 옮기거나 다음 수업을 위해 이동하는 수준에 그칠 것이 아니라, 쉬는 시간에 과감하고 획기적인 변화가 있어야 한다고 지적한다. 아이들은 실제로도 적절한 놀이와 활동 시간이 있어야 학업 참여도와 집중도를 높일 수 있다(Ginsburg 2007).

- **스트레스 완화.** 전미유아교육협회에서는 발달의 관점에서 볼 때 아동 스트레스를 줄이는 적합한 방법으로 자유 놀이를 권장한다(Pica 2010). 오늘날 모든 학교에서 일반적으로 볼 수

있는 어른 주도의 규칙과 규제에서 벗어나, 자유 놀이를 할 수 있는 기회는 쉬는 시간에 달려 있다. 아이들은 이 시간에 놀이 계획을 세우고, 같이 놀 상대를 정하며, 놀이와 게임의 방식을 고안한다. 이 시간은 또한 통제에서 벗어나 풀어져도 되는 시간이다. 소리 지르고, 뛰고, 경우에 따라 거절도 하며, 화를 식힐 기회이기도 하다. 긴 일과에서 이런 역할은 매우 중요하다.

자라는 아이에게 쉬는 시간이 여러모로 유익하다는 내용의 연구는 무시할 수 없을 정도로 점점 늘어나고 있다. 또 아이들에게는 쉬는 시간을 확보하는 것 못지않게 쉬는 시간을 보내는 환경과 방식도 중요하다. 이어지는 내용에서는 좋은 놀이 경험을 할 수 있는 쉬는 시간에 담긴 의미와 중요성을 이야기하고자 한다.

⊗
쉬는 시간의 활용 - 놀이 시간이 되도록 하려면
쉬는 시간을 좀 더 체계적으로 조직하자는 이야기가 들린다. 어른이 나서서 아이들의 활동을 짜고 움직이게 하자는 이야기다. 의도는 좋을지 모르지만, 아이들은 어른의 지도에서 벗어나 자기 생각대로 활동하고 자기 몸이 원하는 대로 움직이고 싶어 한다. 그리고 자기의 상상에 푹 빠져 볼 기회도 필요하다. 아이들은 쉬는 시간을 그렇게 쓰고 싶어 하므로, 어른의 손이 닿지 않는 것이 가장 좋다. 쉬는 시간이 아이들에게 유익하게 활용될 수 있는 방법 몇 가지를 제안한다.

쉬는 시간은 충분하게

아이들에게는 건강하게 감각이 통합될 수 있도록 몸을 움직이고 감각을 깨울 시간이 충분해야 하지만, 그에 못지않게 놀이에 깊이 빠져들기 위한 시간도 충분히 있어야 한다. 아이들의 놀이 장면을 수없이 관찰한 결과 아이들이 같이 노는 상대와 내용을 정하고 구체적인 놀이 계획을 세우기까지는 보통 45분 정도의 시간이 흐른다. 고작 20분의 쉬는 시간으로는 부족하다. 이제 겨우 놀이 친구와 호흡이 맞을 만하면 수업을 알리는 종소리가 들려온다. 아이의 몸과 마음을 깨우고 도전이 될 만한 놀이를 하기에는 20분이란 시간은 턱없이 부족하다.

규칙은 적게

흔히 규칙이 많으면 아이들이 고분고분해지고 말을 잘 들으며 올바르게 행동할 거라고 생각한다. 그러나 현실에서는 그와 정반대의 상황이 벌어진다. 뉴질랜드의 스완슨 초등학교는 오클랜드대학교와 공동으로 진행한 연구에서 쉬는 시간에 규칙을 없애면 어떻게 달라지는지 관찰했다. 그 결과 무질서한 행동이 현저하게 줄어 벌칙이 사라지고, 교사들이 놀이 공간을 순찰하기 위해 돌아다녀야 하는 수고도 사라졌다. 아이들은 그야말로 노는 데 정신이 팔려 말썽 부릴 틈이 없었다. 매클라클런 교장은 이 변화를 다음과 같이 전한다. "아이들은 동기가 생기고 쉴 틈 없이 놀이에 빠져들었다. 내 경험으로 보자면, 아이들이 말썽을 일으키는 때는 할 일이 없고, 동기도 몰입도 없을 때다. 다른 아이들을 괴롭히고 낙서나 기물을 파손하는 행동도 이럴 때 나타난다(Saul 2014)."

팀버누크의 상황도 다르지 않아서, 규칙이 적을수록 경계를 시험하는 상황도 줄어든다. 숲에서 또래를 만나게 된 아이들은 놀고자 하는 동기가 생겨 놀이에 흠뻑 빠진다. 또 어른이 일방적으로 규칙을 만드는 대신 아이가 어른과 함께 최소한의 규칙만 만들기 때문에, 규칙의 취지에 공감하고 자발적으로 따를 수 있다. 5장에서 살펴본 내용을 덧붙여 정리하면, 아이는 규칙의 구속에서 벗어나 모험을 하면서 신체의 각 부분이 조화롭게 움직여 발달을 촉진하고 문제 해결 능력을 키운다. 긴 안목에서 보면 아이는 오히려 더 안전해진다.

느슨한 부속

'느슨한 부속loose parts'이 아동 교육 분야에서 점점 인기를 얻고 있다. 이것은 1970년대에 건축가인 사이먼 니컬슨Simon Nicholson이 고안한 개념으로, 그는 주위 환경에 있는 느슨한 부속(쉽게 옮길 수 있는 물건)이 아이들의 창의성을 북돋울 수 있다고 주장했다(Kable 2010).

느슨한 부속이란 기본적으로 아이들이 직접 디자인에 적용할 수 있고, 쉽게 움직이며, 가지고 놀 수 있는 물건을 말한다. 나무판자, 바위, 벽돌, 타이어, 큰 막대기, 건초 더미, 낡은 고무호스같이 부피가 큰 물건도 느슨한 부속이 될 수 있다. 팀버누크의 캠프에서는 이런 물건으로 요새와 가게를 세우고, 함정이나 배 따위를 만드는 아이들을 흔히 볼 수 있다.

조개껍데기, 콩깍지, 도토리, 솔방울, 바구니, 가면, 천 조각, 담요, 방수포, 옷핀, 밧줄 조각, 테이프처럼 작은 물건도 느슨한 부속으로 쓰일 수 있다. 느슨한 부속은 크고 작은 물건을 만들 때 자재로 사용되며 상상 놀이나 소꿉놀이의 소품이 되기도 한다. 가령 솔방울은 아이들 세계의 화폐가 될 수도 있고, 음식의 재료도 될 수 있다. 밧줄과 테이프는 도르래나 요새를 만들 때 이용할 수 있다.

통나무와 벽돌처럼 크기가 큰 물건은 특히 캠프가 시작될 무렵 땅 위에 더미로 쌓아 두면 좋다. 큰 용기에 담아 따로 보관하면 아이들이 미처 보지 못해서 사용할 수 없게 된다. 느슨한 부속은 아이들이 놀이에서 상상력을 발휘하고 건물을 지을 때 기초 자재가 되므로 놀이 공간의 한가운데에 두는 것이 좋다. 가위는 눈에 잘 띄는 곳에 두고, 빨랫줄이나 낮게 드리운 나뭇가지에 걸어 두어도 좋다. 작은 부속은 큰 부속 주변에 모아 둔다. 바구니나 항아리 냄비가 모아 두기에 적당하다. 느슨한 부속에 대해서 아이들에게 설명할 필요는 없다. 아이들은 자기들 나름대로 어떻게 사용해야 할지 터득하게 되어 있다.

느슨한 부속을 찾아 응용하는 일도 발견 과정의 일부이므로 어디에 있는지 정확히 가르쳐 주지 않는 것이 좋다. 자기 힘으로 찾아낸 물건이기 때문에, 아이는 느슨한 부속을 자기 물건처럼 다룬다. 이때 어른은 뒤로 물러나 아이가 느슨한 부속을 응용하여 만드는 과정을 지켜보면 된다. 자기 재량껏 할 수 있는 기회가 주어진다면, 아이는 우리가 상상도 할 수 없던 놀이를 고안해 낸다.

주의할 점이 있다면 느슨한 부속을 한꺼번에 너무 많이 내놓지 않아야 한다는 것이다. 부속이 너무 많으면 시각적으로 혼란스럽고, 아이도 모든 부속을 사용하려 들지 않을 수도 있다. 통나무나 벽돌, 나무 쿠키(나무줄기의 단면을 잘라 낸 조각), 타이어처럼 건축에 흔히 쓰이는 덩치 큰 부속도 늘 아이들의 손에 닿을 수 있도록 해 두어야 한다. 작은 부속은 한 번에 몇 가지 정도만 바꿔 놓으면서, 아이들 사이에 무엇이 인기 있고, 무엇이 가장 자주 쓰이는지 관찰해 둔다.

아이들이 느슨한 부속을 이용해 요새같이 큰 구조물을 만들면, 1주일 정도는 그냥 내버려 두는 편이 좋다. 아이들에게 1주일에 한 번씩은 놀이 공간을 치운다고 설명하고 다음 주에는 작업을 새로 시작할 수 있도록 한다. 그러나 구조물을 더 오래 남겨 둘 수 있는 여유가 있다면, 아이들의 놀이 방식은 시간이 지날수록 더 정교해질 것이다. 아이들의 상상력이 매주 펼쳐질 수 있도록 하려면 무엇을 남기고 무엇을 치워야 할지 신중히 판단할 필요가 있다.

쉬는 시간에 느슨한 부속이 더해진다면, 아이들은 마음껏 실험하고 자기들만의 놀이 세상을 더욱 풍성하게 만들 수단을 손에 쥐는 셈이다.

더러워져도 괜찮아

놀다 보면 엉망진창이 되고 더러워질 때도 있다. 아이

가 마음껏 놀려면 이런 걱정에서 자유로워야 한다. 스완슨초등학교와 팀버누크의 또 다른 접점이 바로 이 부분이다. 아이들은 진흙탕에서 놀고 진흙으로 요리를 하고 그 안에서 미끄럼을 타며 떠들썩하게 논다. 놀이가 끝나면 씻고 옷을 갈아입고 나서 교실로 들어가거나 집으로 향한다. 수건과 갈아입을 옷, 그리고 시간만 있으면 된다.

스완슨초등학교의 교장은 교사들을 설득하느라 애먹었던 지점도 이 대목이라고 설명한다. 대체로 교사들은 아이들이 더러워진 채로 교실에 들어오는 상황이 내키지 않았고, 옷을 갈아입느라 귀한 시간이 허투루 쓰일까 염려했다. 그러나 일단 이 정책이 자리 잡자, 아이들은 옷 갈아입는 것을 자기 일로 여기고 교사에 기대지도 않아서, 쉬는 시간을 마치고 10분도 안 되는 시간에 재빨리 옷을 갈아입었다.

위에 제시한 내용처럼, 쉬는 시간을 유연하게 활용하기만 해도 아이의 학습과 감각 능력, 행동에 두드러진 변화가 보이기 시작할 것이다. 창의력과 감각을 깨울 만한 놀이 공간과 넉넉한 시간을 확보하고, 아이의 모든 행동을 통제하려는 조바심을 접어 두기만 하면 된다. 그러면 나머지는 순조롭게 잘 풀릴 것이다.

> 교실 환경을 다시 생각한다

가지런히 줄 맞춘 책상과 의자, 벽면을 화려하게 꾸민 인쇄물, 매트리스, 교탁. 전형적인 교실의 모습이다. 그러나 이런 환경에서는 창의적인 놀이 경험을 살려 낼 만한 영감이 좀처럼 떠오르지 않는다. 탐구와 창조, 문제 해결 같은 기술을 교실에서도 키울 수 있으려면 일반적인 교실 구조와 운영을 새로운 관점에서 생각해야 한다. 다음은 교실 환경을 바꾸는 데 참고할 만한 전략들이다.

⊗
시각적 단순성 - 소박하고 단순하게

발도르프학교는 교실에서 양모와 면화, 솔방울, 직물 등 천연 소재를 사용한다고 알려져 있다. 모든 물건이 시각적으로 주의를 끌되 단순하다. 아이는 가위나 봉제 인형, 나무 블록을 가지고 놀아도 된다. 교실 디자인의 원칙은 아이들이 단순하되 확장성 있는open-ended 교구를 사용하면서 상상력을 발휘해 물건에 의미와 생명을 불어넣게 하는 것이다. 천연 소재의 물건은 아이의 상상력을 끄집어낼 뿐 아니라 시각적으로 단순하여 플라스틱을 비롯한 인공 소재의 화려한 색깔에서 오는 과잉 자극을 피할 수 있다.

⊗
교실에서의 움직임

꼭 앉아야만 학습할 수 있는 것은 아니다. 실제로는 앉지 않아도 학습이 된다. 유치원에 들어갈 무렵의 아이들은 대체로 신체감각적kinesthetic 학습 유형이 두드러져, 움직이고 만지면서 많은 것을 배운다. 2학년이나 3학년 즈음에는 시각적 학습 성향이 두드러지기도 한다. 초등 고학년에서는 청각적 학습에 강점을 보이는 아이들도 나온다. 그러나 어른이 되어서도 여전히 신체감각적 성향을 유지하는 사람이 많다(Dunn and Dunn 1993). 신체감각적 유형의 학습자는 과학 실험, 연극, 현장 학습, 야외 탐사, 디자인, 무용을 비롯해 많은 활동이 따르는 학습 상황에서 완전히 몰입할 수 있다.

신체감각적 유형 외에도 다양한 학습 유형을 만족시키는 데 가장 효과적인 것은 몸의 활동이 실제 학습에 유기적으로 통합되는 것이다. 쉬는 시간과 방과 후의 놀이가 아이의 건강은 물론 학습에도 영향을 끼치듯, 온몸을 움직이며 배울 수 있는 학습 환경이 좋은 결과를 가져온다.

부피가 큰 고무공이나 위글 쿠션wiggle cushion(돌기가 돋아 있고 공기가 차 있어 상체를 움직이기 좋다. wiggle seat라고도 한다.-옮긴이) 위에 앉으면 전후좌우로 씰룩거리기 좋다. 작업치료에서는 한자리에 오래 앉아 있기 힘들어 하는 아이들에게 이런 기구를 이용해 치료하기도 한다. 이런 방법이(특히 주의력결핍과잉행동장애가 있는) 아이의 집중력을 몇 분 정도 유지하는 데 효과가 있다고 해서 인기를 얻고 있지만, 최근 연구를 보면 아이들 대부분은 그런 방법으로 오히려 산만해질 수 있으며 실제로도 주의 집중에 방해되는 것으로 드러나기도 한다(Reddy 2015). 그러므로 교실에서 기구를 사용하여 간단한 움직임을 가미하는 정도에 그칠 것이 아니라 아이들을 일으켜 세워 몸을 움직이면서도 유의미한 학습 활동에 참여시키는 편이 더 유익할 수 있다. 그 몇 가지 방법은 다음과 같다.

아이의 주의 지속 시간은 짧다 - 의자 생활의 대안

교사의 설명 같은 '외적' 요인으로 아이가 집중할 수 있는 시간은 기껏해야 10분 내외에 불과하다(Jensen 1998). 교사는 설명하고 아이들은 가만히 듣는 수업 방식은 가급적 줄이고, 아이들이 몸을 움직이면서 새로운 정보와 개념을 터득할 수 있도록 수업 방식에 변화를 주는 것이 좋다. 셈법을 연습하면서 공을 주고받는 동작을 결합한다든지 새로운 개념을 이해하기 위해 교실 밖을 거닐며 토론하는 것도 방법이 될 수 있다.

자세를 자주 바꾼다

수업 중에 아이들이 자세를 자주 바꿔 가며 학습할 수 있도록 하는 것이 좋다. 10분 내지 15분마다 움직이게 하거나 자세 변화를 주어 특정 부위나 관절에 중력 하중과 압력이 집중되지 않게 해 주는 것이 좋다. 가령, 10~15분 동안 의자에 앉아 글을 쓰게 한 뒤 같은 시간 동안 원을 만들어 서거나 바닥에 앉게 하여 각자의 글에 대해 이야기를 나누게 한다. 그다음에는 바닥에 배를 대고 누워 이야기를 듣게 할 수도 있다.

의자를 넘어서

꼭 의자에 앉지 않아도 되는 학습 활동이라면 다양하게 몸을 움직일 수 있는 방법을 적용해 본다. 고정관념을 버리자. 의자에 앉는다고 해서 학습이 되는 것은 아니다. 아이가 일과의 대부분을 제한된 공간에 앉아서 지낼 수 있다고 기대하는 것은 애초에 무리이기도 하고, 아이의 본성에도 맞지 않는다. 학습 자세에 변화를 줄 수 있는 방법 몇 가지를 예로 들어 보겠다.

- 글쓰기는 바닥에 앉아서도 할 수 있다. 예를 들어 두 명이 등을 맞대고 앉아 각자의 공책에 한 문장을 쓰게 한다. 그다음 각자의 공책을 바꿔 자기의 문장을 적는 방식을 거듭해 별개의 이야기를 완성할 수 있다. 바닥에 앉으면 다리를 쭉 펴거나 꼬고 앉기 등 개인에 따라 가장 편한 자세로 앉을 수 있다.
- 미술 작업은 이젤 앞에 서서 하거나 작업 대상을 벽에 붙이고 할 수도 있다.
- 수학은 동작을 응용한 게임으로도 배울 수 있다. 가령, 몸으로 도형을 표현하면서 기하학의 개념을 익힐 수도 있다. 사방치기를 하면서 더하기와 빼기의 개념을 응용할 수도 있다. 원을 만들어 돌거나 공을 주고받으면서 숫자에 대한 노래를 부르는 것도 간단하지만 응용하기 좋다.

즐겁게 춤을 추다가

아이들을 밖으로 데리고 나가 걷거나 탐구할 형편이 되지 않는다면, 춤을 추는 것도 좋다. 춤은 신체 발달 효과와 재미를 동시에 얻을 수 있는 활동이다. 춤을 추려면 몸을 모든 방향으로 움직여야 하고, 코어 근육과 균형 감각도 필요하다. 뇌를 깨워 집중력을 높이는 데 모두 꼭 필요한 활동이다. 노래 '즐겁게 춤을 추다가'에 맞추어 춤을 추는 것도 단순하지만 좋은 활동이다. 아이는 노래를 하는 동안 자유롭게 춤을 추다가 노래가 멈추면 특정 동작에 따라 멈추어야 한다. 아이들에게 율동을 짜도록 하는 것도 좋은 활동이 될 수 있다.

일상적으로 춤을 추며 동작에 제자리 돌기와 물구나무서기 같은 동작을 더하면 전정계에 자극을 주어 평형감과 주의력, 협응력을 키울 수 있다.

프로젝트 기반 학습

프로젝트 기반 학습은 전형적인 교실 학습의 대안으로 꼽힌다. 책 속의 얕은 지식이 직접 경험으로 심화되면서 실제 세계의 지식을 습득할 수 있다. 교실 안에 가게를 차리거나 상황극 하기, 과학 프로젝트, 실물 크기의 벽화 그리기, 안무 같은 활동도 프로젝트에 응용할 수 있다.

아이들이 운영하는 식당을 예로 들어 보자. 아이들은 각자 주인과 종업원, 요리사 등의 역할을 맡는다. 앞치마를 비롯한 의상도 직접 제작하고, 실내 장식도 손수 한다. 음식을 만들어 손님으로 온 사람들에게 마음에 드는 음식이 무엇인지 설문 조사도 한다. 이렇게 하면 아이들이 몸을 직접 움직여 참여할 수 있는 것은 물론이고, 식당 운영과 관련된 여러 측면을 배울 수 있다는 점에서 복합적인 학습 활동이 된다. 바깥에서 한다면 바람과 태양, 기온의 변화 등으로 여러 감각을 동시에 깨울 수 있으므로 야외 식당 프로젝트가 더욱 다채로워질 수 있다.

⊗
교실 속 자연

4장에서 보았듯이 자연을 바라보기만 해도 감정을 달랠 수 있고 대체로 차분해진다. 교실에 화초 몇 개만 들여놓아도 아이들을 진정시키는 효과가 있다. 아예 씨를 뿌려 각자의 화초를 가꾸면 더 좋다. 솔방울, 도토리, 밤, 단면을 잘라 낸 나뭇조각 등을 바구니에 담아 놓으면 아이들이 가지고 놀거나 만들기에 좋다. 또 교실에서 키우는 동물이 있다면 생명의 소중함을 깨우치고 소중히 보살피는 법을 배울 수 있으며, 치유 효과도 얻을 수 있다.

아이디어를 조금만 보태면 교실 디자인에 자연의 요소를 입힐 수 있다. 아이들의 작품을 나무 모빌에 묶어 천장에 매달거나 나무껍질을 벽에 둘러도 되고, 교실 한구석을 실내 정원으로 꾸밀 수도 있다. 자연 소재로 만든 벽걸이 장식nature-weaving(깃털, 나뭇잎 같은 자연 소재를 실이나 직물과 엮어 교실의 수직 공간에 늘어놓는다)도 교실에 자연의 기운을 불어넣기에 좋은 방법이다. 달걀과 나비의 고치를 부화시키거나 개미 사육 상자를 만들어 관찰하면 아이들이 자연에 관심을 붙이고 흥미진진하게 관찰하기에도 좋다.

⊗
바깥으로 나간 교실

교실을 바깥으로 옮겨도 좋은 학습 효과를 얻을 수 있다. 둘러앉을 수 있는 피크닉 테이블, 넓은 풀밭, 그늘 밑에 앉을 수 있는 큰 나무 모두 야외 교실이 될 수 있다. 경우에 따라서는 아스팔트 바닥도 교실이 될 수 있다. 바깥에서는 모험과 문제 해결, 온몸 활동, 상상력, 두려움 극복, 모둠 활동, 새로운 감각에 대한 참을성과 감각 통합 등으로 학습 환경이 더 풍성해진다.

앞서 제안했듯이 몸을 움직이며 하는 수학 활동도 밖에서라면 더욱 좋다. 아스팔트 바닥에 분필로 사방치기 칸을 그려 셈을 연습하고, 풀밭에 누워 몸으로 도형을 만들 수 있다.

시나 에세이를 쓰는 일도 가능하다. 밖에 있으면 감각을 깨우고 주의력도 좋아질 뿐 아니라 눈앞에 펼쳐진 풍경을 보며 독창적인 생각이 떠오르기도 한다. 한발 더 나아가 학교 텃밭을 가꾸면 더욱 좋다. 직접 키운 채소는 음식 프로젝트의 재료로 쓸 수 있다. 텃밭을 가꾸고 수확한 작물로 요리를 하면서 글쓰기와 수학에 응용할 수도 있고, 동시에 여러 감각을 깨울 수도 있다.

나는 중학교 교사이자 《똑똑한 엄마는 서두르지 않는다 The Gift of Failure》(북라이프, 2016-옮긴이)의 저자인 제시카 레히 Jessica Lahey를 만나 야외 학습을 주제로 인터뷰를 했다. 그녀는 뉴햄프셔 주의 어느 중학교에서 가르치던 시절, 영어 수업이 되면 종종 학급 전체를 데리고 숲으로 산책을 나갔다. 그녀가 생각할 거리를 주면 학생들은 각자 숲을 거닐며 생각을 하다가 10분쯤 후에 머리를 맞대고 모여 앉아 그 주제로 토론을 했다. 이어서 다른 토론 거리를 내주면, 학생들은 다시 숲을 거닐며 사색에 빠져들었다.

레히는 학생들이 자연을 영감의 원천으로 삼아 시를 쓰도록 장려하기도 했다. 발표 기술을 주제로 수업할 때는 학생 몇 명을 힘차게 흐르는 냇물 위의 다리에 세우고 나머지는 물가에서 지켜보도록 했다. 다리 위에 선 아이들은 물가의 아이들에게 들릴 정도로 크게 발성하는 법을 익혀야 했다.

레히는 도시의 학교에 다니는 아이들도 전원에 사는 아

이들 못지않게 바깥 활동을 할 수 있다는 점을 강조했다. 지역 문화 회관으로, 공원으로, 박물관으로, 마음만 먹으면 걸어갈 수 있다. 아이들이 노트나 스케치북을 가져가 각자 보고 들은 세상과 문화를 글로, 그림으로 남기게 할 수도 있다. 그녀는 학교가 어디에 있든 나갈 수 있는 기회는 찾을 수 있다고 강조하며 덧붙였다. "의자에 앉아야만 공부할 수 있는 것은 아니에요." 중요한 것은 틀에 박힌 구조를 뛰어넘을 수 있는 기지와 유의미한 학습 내용을 창안할 수 있는 상상력이다.

나는 늘 핀란드 학교에서 영감을 받곤 한다. 그곳의 아이들은 교재나 설명으로 물고기를 배우는 대신, 직접 무릎 깊이의 시냇물에 들어가 다리 사이를 유유히 헤엄치는 물고기를 관찰한다. 또 물고기의 먹이가 되는 수생 식물을 비롯해 그곳의 다른 생물 등 서식지 전체의 생태계를 학습하고, 나중에는 물고기를 직접 해부한다. 핀란드 교육에 대한 비디오(Thai Teachers Television 2012)에서는 어느 소년이 큰 물고기를 해부하다가 그 뱃속에서 작은 물고기를 발견하는 장면이 나오기도 했다. 그 주위에 있던 아이들은 신기한 듯 모여들어 그 모습을 자세히 관찰했다. 그 아이들은 그런 직접적인 경험을 통해 물고기가 다른 물고기를 정말로 잡아먹는다는 사실을 배울 수 있었다.

핀란드의 학교에서는 수시로 야외에서 체육 수업도 진행하는데, 요즘의 미국 학교와는 사뭇 다르다. 내가 본 또 다른 비디오(BBC News 2010)에서는 아이들이 들뜬 모습으로 크로스컨트리 스키를 타러 나갈 준비를 하고 있었다. 그 아이들은 자기 힘으로 한 시간가량 스키를 타며 눈 덮인 들판을 가로질렀다. 겨우 열 살 정도밖에 되지 않은 그 아이들은 여러 번 타서 익숙한 듯 스키 타는 곳의 지형을 잘 알고 있었으며, 어른의 도움은 필요하지도 않았다.

한편, 요즘 들어 숲유치원 바람이 불고 있다. 숲유치원은 벽과 천장을 걷어 낸 학교라 할 수 있다. 아이들과 교사는 날씨에 구애받지 않고 일과 시간 대부분을 바깥에서 보낸다. 아이들은 자연환경에서 놀고 탐험하고 학습한다. 교사들은 숲유치원의 장점을 설명하느라 입에 침이 마를 정도다. 그들은 아이들에게서 창의성, 참여, 사회-정서적 기술, 문제 해결 능력이 눈에 띄게 좋아지는 것을 보게 된다(Neate 2013). 이런 학교의 자유 놀이에서 하는 몸 활동은 읽기와 셈하기 성적은 물론 일반 지능의 향상으로도 이어진다(Centers for Disease Control and Prevention 2010).

아이들이 야외 학습으로 꽤 많은 시간을 보낸 결과 얻어지는 효과를 알아보는 사람들이 늘어나면서, 각지에 숲유치원이 나타나고 있다. 버몬트 주의 어느 교사는 숲유치원의 학습 방식에 영감을 받아 '숲속의 월요일'이라는 아이디어를 들고 교장에게 달려갔다. 매주 월요일이면 비가 오든 쾌청하든 상관없이 학생들을 데리고 밖으로 나가 일과 전체를 숲에서 보내겠다는 말이었다. 교장은 뜻밖에도 "그렇게 해 보세요"라는 말로 이 교사를 놀라게 했다고 한다(Hanford 2015).

이 교사와 아이들은 1주일에 한 번씩 학교에 접한 숲으로 들어가 터를 잡고 요새와 화로를 만들었다. 그들은 거기에서 교과 학습은 물론 비공식적 학습도 병행한다. 나뭇가지로 흙 위에 글자를 써 가며 단어를 익히고, 나무와 바위 등 자연에서 볼 수 있는 것들의 치수를 자로 재며 셈을 연습한다. 아이들은 교실 안에서와 마찬가지로 학습할 뿐 아니라 꼭 필요한 생활 기술을 터득하고 '놀라운 뚝심'까지 키운다고 이 교사는 설명한다(Hanford 2015).

고학년 학생에게도 야외 학습이 필요하기는 마찬가지다. 교육과정에 바깥 활동을 포함한다면 어느 정도 이를 충족시킬 수 있다. 1주일에 하루 전체를 할애하든 매일 일정 시간을 할애하든, 야외에서 보낸 시간이 교육에 끼치는 효과는 극명하게 드러난다.

교육과정에 야외 활동을 포함한다는 것을 1주일이나 한 달에 한 번씩 일부러 현장 학습을 나가는 것쯤으로 여기는 교사도 있을 것이다. 그러나 학교 근처에 약간의 녹지나 숲, 들판만 있어도 아이들은 직접 그곳으로 가서 놀고 탐험을 즐길 수 있다. 가령 학교 뒤에 작은 시내가 흐른다면 아이들을 그곳에 데려가, 보고 듣고 만지는 것을 관찰하도록 하자. 만약 학교 주변에 볕이 잘 드는 빈터가 있다면 텃밭이나 정원을 가꾸어도 좋다. 영감이 떠오를 만한 주변 환경을 눈여겨보고, 아이들이 탐험하고 학습하기에 적당한 터가 있는지 물색해 보자.

어린이집에 대하여

자유 놀이와 몸 활동의 효과는 어린아이들에게서 더욱 두드러진다. 그리고 실내에서 많이 노는 아이와 비교하면 바깥에서 많이 노는 아이에게서 발달상의 효과가 더 폭넓게 나타난다. 바깥에서 많이 노는 아이는 더 창의적이고 감정을 더 잘 조절할 줄 알며, 상상력이 풍부해지고 같은 목표를 향해 협업할 줄 안다. 또한 자신의 규칙을 만들고, 어른에게 기대는 일 없이 문제를 해결하는 요령을 터득하기 시작한다.

팀버누크의 자연 프로그램에서 연수를 받아 야외 활동을 진행한 어느 어린이집 교사들은 돌보는 아이들에게서 불과 1주일 남짓한 기간 만에 두드러진 변화를 목격했다. "창의성, 문제 해결, 또래 사이 갈등 해결, 의사소통, 활동량의 증가, 위험 감수, 재미, 평화, 놀라움 등, 우리가 숲에서 관찰한 것들이 어느 정도인지 말로 표현하기 힘들 정도예요. 불과 한 주밖에 되지 않았는데 아이들이 몇 달간 보아 온 것보다 이렇게 많이 성장하리라고는 상상도 못 했어요." 그중 한 교사는 그때의 놀라움을 이렇게 설명했다. 그들은 이러한 변화에 고무되어 아이들을 주기적으로 밖에 데리고 나가기 시작했으며, 아이들에게 모험과 자유 놀이를 할 시간을 더 많이 주었다.

어린아이는 더 나이든 아이와는 정보 처리의 양상이 다르다. 정보 처리가 아직 효율적이지 못하고 한 가지 과제를 끝마치려면 인지적으로 들여야 하는 수고도 더 크다. 따라서 집중을 이어 가는 일이 만만치 않다. 어린아이들은 사고에 앞서 몸이 먼저 반응하는 기능적 경향을 보이며, 이런 유형은 자유 놀이 환경에 안성맞춤이라는 주장의 연구도 많다(Pellegrini and Bohn-Gettler 2013). 이어지는 장에서는 바깥 놀이 중심의 어린이집 환경을 조성할 때 고려해야 할 점을 다루도록 하겠다.

⊗
바깥 활동 시간을 더 많이

어린이집이 아이에게 오히려 스트레스인 경우도 있다. 어린이집이 읽기와 수학 점수를 높이는 역할도 하지만, 그 결과 공격적 행동과 버릇없는 말버릇, 가혹 행위, 투정과 생떼 같은 역효과가 따른다는 사실이 한 연구에서 밝혀졌다. 이런 문제 행동은 스트레스와 코르티솔(항스트레스 호르몬. 지속적인 스트레스로 코르티솔 수치가 높게 유지되면 건강에도 좋지 않다.-옮긴이) 수치가 하루 내내 지속적으로 높게 유지되기 때문이다(Geoffroy et al. 2006). 한 가지 해결 방법이 있다면 아무래도 아이들을 바깥으로 데려가는 것이다.

4장에서 보았듯이, 아이들은 바깥에서 보내는 시간이 많을수록 잘 자란다. 바깥에서 놀면 면역 체계, 감각, 운동 기술이 향상되며 창의력과 상상력, 사회-정서적 기술이 좋아진다. 또 장차 학업에 필요한 토대를 다질 수 있다. 매일 바깥에서 여러 시간 활동하며 보내는 아이는 그렇지 않은 또래보다 회복력과 체력이 좋아지기 시작하고 독립적인 성향도 커지며, 전반적으로 차분해지고 자신감도 올라간다(Harrison, Harrison, and McArdle 2013).

⊗
놀며 배우며 보살핀다 – 연령 통합

수렵 채취 사회에 속한 아이들은 서로를 돌보는 데 익숙하다. 이런 사회에서는 실제로, 나이가 많은 아이들은(겨우 네 살밖에 안 된 아이라도) 더 어린아이들과 아기들을 돌보아야 할 책임이 있다(Dewar 2011). 연구 교수이자 놀이 전문가인 피터 그레이는 나이가 많건 적건 상관없이 다양한 연령의 아이들이 모두 섞여서 놀면 더 좋다고 주장한다(Gray 2013).

그레이는 어린아이들이 그 나이에 비해 복잡하고 어렵거나 심지어 위험해 보이는 활동도 또래와 함께라면 배울 수 있다고 본다. 또한, 나이 많은 아이들이 더 복잡한 활동에서 어울려 노는 모습을 보는 것만으로도 배울 수 있다. 어린아이들은 나이가 같은 또래들과 있을 때는 느끼지 못하는 정서적 지지와 이해, 보살핌을 받을 수 있다. 또한 독립적인 성향이 커지고 회복력과 자신감도 빠르게 늘어난다(Gray 2013).

한편 나이 많은 아이들은 지도력을 키우고 보살피는 요령을 터득하며, 관계 맺기에서 '어른스러워지는' 경험을 하게 된다. 동생들에게 어떤 대상을 설명하는 과정에서 그 개념에 대한 이해가 더 깊어지는 반면, 동생들에게서 영감을 받아 자기들끼리였다면 나오지 못할 수도 있는 창의력과 상상력을 발휘해 놀기도 한다(Gray 2013). 다양한 연령대의 아이들이 어울려 놀 수 있는 효과는 이처럼 매우 크다.

⊗
환경을 놀이에 녹여 낸다

레지오 에밀리아 접근법Reggio Emilia approach에서는 아이가 자극이 풍성한 환경에서 기운을 얻고 영감을 받아 자신의 학습 활동을 주도하는 것에 큰 의미를 둔다. 로리스 말라구치Loris Malaguzzi가 발전시킨 이 교육 방식에서는 환경의 중요성을 크게 강조하여, 환경을 '제3의 교사'라 부르기도 한다. 놀이에 영감을 주는 원천인 바깥 환경을 적극 활용하면 잠재적 치유 효과를 얻을 수 있고 아이의 창의성도 끌어올릴 수 있다. 물과 흙, 불과 같은 요소를 가미하면 어린이집 프로그램의 효과를 손쉽게 높일 수 있다.

물과 흙을 접할 수 있는 환경(옛날식 손 펌프나 작은 냇가의 놀이 구역 등)에서는 놀이의 차원이 달라진다. 양동이를 채우고 진흙 파이를 만들 수 있으며 맨발로 들어가 발가락 사이로 끈적끈적한 진흙을 느낄 수 있다. 냇물에 들어가 그 안의 생물을 탐구할 수도 있다. 주변의 물건으로 배를 만들어 띄울 수도 있고, 냇물을 가로막는 둑을 쌓거나 다리를 놓아 건너다닐 수도 있다. 이런 환경에서는 놀 수 있는 방법이 무궁무진하다. 불을 피우는 것도 갖가지 경험을 녹여 낼 수 있는 풍성한 활동이다. 여러 가지 재료를 모닥불에서 구워 먹을 수도 있고, 조심스럽게 불을 다루는 법이나 재미있게 즐기며 요리하는 법을 익힐 수 있다.

⊗

느슨한 부속을 준비한다

아이가 쉽게 옮길 수 있고 가지고 놀 수 있으며 무언가 만드는 데 응용할 수 있는 물건은 놀이, 특히 바깥 놀이 중심의 어린이집 프로그램에서 매우 중요하다. 느슨한 부속은 정해진 용도가 없고 확장성이 무한해서, 몇 시간이고 이어지는 상상 놀이를 할 수 있게 한다. 이번 장의 앞부분에서 다루었던 쉬는 시간에 대한 부분을 참고하면 느슨한 부속을 활용하는 법을 다시 한번 확인할 수 있다.

모험심을 북돋아 준다

5장에서 살펴보았듯 어른의 제지 없이 모험을 즐길 수 있는 아이는 근력과 협응력, 회복력, 문제 해결 능력, 자신감이 커진다. 아이에게 모험을 하지 못하도록 막으면 발달의 다음 단계로 이행할 때 필요한 운동 기술을 습득하지 못하게 된다. 대단한 모험을 시키라는 말이 아니다. 어른은 그저 한발 물러나 아이가 스스로 위험 요소를 판단하여 자기 능력껏 모험하도록 내버려 두면 된다. 나무에 올라 뛰어내려도 그냥 두자. 자전거로 흙탕물이 고인 구덩이를 달려도 놓아두자. 널빤지에 망치로 못을 박아도 그냥 내버려 두자. 아이는 연습을 거듭하며 새로운 생활 기술을 익힐 것이다.

요약

몸 활동과 자유 놀이는 건강하고 배움을 사랑하는 아이로 키우는 비결이다. 그러나 놀이와 몸 활동을 일과에 살려 내기 위해서는 현재의 교육 관행을 다시 생각해 보아야 한다. 책상 앞에서 오랫동안 앉아 지내는 아이는 잠재력을 총동원해 배움에 빠져들지 못할 수도 있다. 하지만 하루하루 밖에서 놀 시간을 충분히 주면 감각이 깨어나고 탐구심을 자극해 결과적으로 아이에게 이롭다. 더러워져도 개의치 않고 놀게 하고, 큰 비용을 들이지 않아도 되는 느슨한 부속(나뭇가지, 널빤지, 타이어 등)을 넉넉히 마련해 주며 어른은 최소한의 역할만 맡는 등 간단한 변화만 주어도, 아이들의 행동과 배움에는 오래도록 변하지 않을 강력한 변화가 스며들 것이다.

8 아기의 바깥 활동, 어떻게 시작할까?

어느 날 특수교육 아동의 가정을 지원하는 비영리 단체에서 전화가 한 통 걸려 왔다. "선생님의 팀버누크 프로그램에 관심이 있어서 전화 드렸습니다." 전화를 한 사람은 이렇게 용건을 밝히며 말을 이어 갔다.

그는 이 단체의 부모가 참여하는 월례 모임을 팀버누크에서 열고 싶다며 우리의 시설을 둘러볼 수 있는지, 그리고 모임에 적당한 실내 공간이 있는지 물어보았다. 나는 숲이 '시설'이고 우리 가족의 집 말고는 따로 건물이 없다고 설명했다. 어쨌든 나는 그들의 사전 방문을 받아들였다. 약속한 날이 되자, 정장 차림의 남자 두 명이 팀버누크로 찾아왔다. 정장과 넥타이가 어울리는 곳은 아니었지만 우리는 숲으로 가서 야외 교실을 둘러본 후, 집과 주차장으로 돌아왔다.

"선생님 댁 안을 좀 살펴봐도 될까요?" 일행 중 한 사람이 대뜸 물었다.

"아… 괜찮기는 한데, 굳이 집 안을 보시려는 이유가 있나요?" 나는 주저하며 대답했다.

"숲도 좋지만, 모임을 하는 날에는 '아기들'도 오거든요. 아기들을 땅바닥에 둘 수는 없어서요. 그래서 선생님 댁 안에서 모임을 할 수 있는지 궁금해서 여쭙는 겁니다." 그는 이렇게 이유를 설명했다.

자연은 아이는 물론이고 아기의 감각계를 발달시키는 데도 이상적인 환경이다. 사실상, 아기를 바깥에 노출시키는 것이 빠를수록 1장에서 논의했던 갖가지 문제점을 피해 갈 가능성도 크다. 갓난아기에게도 바깥 공기는 매우 좋다. 자연에서 지낸 경험은 장래의 건강과 학업에 든든한 토대가 될 뿐 아니라 아기와 부모 사이의 유대를 더 강하게 만들고, 오래도록 변치 않는 기억을 남긴다.

이 장에서는 신생아에서 12개월까지의 아기를 자연에 내보내는 간단한 방법을 소개한다. 또한, 아기가 별 탈 없이 자연에서 지낼 수 있는 갖가지 조언과 아기와 꾸준히 바깥 활동을 해 온 이들의 경험으로 입증된 여러 효과를 나누고자 한다.

자연은 어린 아기들에게도 매우 이롭다. 이제 막 걸음마를 시작한 아기가 나무 주위를 아장아장 걸어 다니고 심지어 바닥을 기어 다녀도 해로울 것이 없으며, 오히려 유익하다. 비영리 단체에서 온 그 두 사람이 아기들을 바닥에 누이는 문제로 고민할 때 내가 한 말도 바로 이것이었다. 나는 야외에서 모임을 해 보면 어린아이와 아기는 반드시 실내에서 보호해야 한다는 고정관념에서 벗어나게 될 것이라고 설명했다. 무엇보다도 부모 사회에 좋은 본보기가 되리라는 점도 잊지 않았다. 그렇게만 할 수 있다면 부모들은 곧 아기들이 자연을 돌아다니고 직접 탐구하며 매주 새로운 기술을 숙달하고 다양한 감각에 눈뜨는 광경을 생생히 목격하게 될 것이다.

결국 바깥에서 모임을 연 그 부모들이 체험했듯이, 실내에서 유아기 발달의 중요성을 백번 논한다 해도 자연환경에서 아기가 쑥쑥 자라는 모습을 직접 확인하며 느끼는 감격에는 결코 미칠 수 없다. 우리 사회의 막내라 할 수 있는 아기들도 자연이 주는 기쁨을 만끽할 수 있으며 거기에서 오는 감각상의 효과를 맛볼 수 있다. 그러니 주저 말고 당장 아기를 안고 바깥으로 나가자! 다음으로 바깥에서 보내는 시간을 최대한 활용할 수 있는 방법을 나눌 것이다.

갓난아기, 자연에 눈뜨다(생후 여섯 달까지)

아기는 연약하고 다치기 쉽지만 주위에서 오는 감각에 적응할 수 있는 무한한 가능성을 타고난다. 이미 신경세포 대부분을 갖추었으며 모든 감각이 온전한 상태다. 뼈와 근육, 인대도 제대로 자리 잡고 있다. 그러나 몸을 효과적으로 움직이고 세상을 이해하려면 풍부하고 다양하면서도 너무 지나치지 않게 감각적 환경을 자주 접해야 한다. 이런 역할을 할 수 있는 곳이 바로 자연이다. 자연은 아기가 무럭무럭 자라기에 '딱 알맞은' 환경을 갖추고 있다. 이로써 아기는 감각을 깨우는 동시에 마음의 평화를 얻어 환경에 적응하고, 신체의 발달에 도달한다.

⊗
아기와 바깥나들이, 어떻게 할까

이 시기의 아기는 부모 품에 안겨 바깥으로 나가는 것만으로도 다양한 차원의 효과를 충분히 얻을 수 있다. 아기는 온몸을 가둔 장비의 구속에서 벗어나 감각의 불씨를 지핀다. 몸을 펼 수 있는 자유를 얻고, 새로이 몸을 시험할 기회를 찾는다.

아기를 가둔 장비에서 탈출하기

'무엇이든 적당히'라는 좌우명은 내가 일과 생활에서 자주 인용하는 말이다. 부모가 아기를 데리고 다니려고 장만하는 산더미 같은 장비를 보면 이 말이 딱 떠오른다. 사실, 나도 예외는 아니다. 유모차, 아기 띠나 캐리어처럼 나들이의 성격에 딱 맞는 용품은 나도 즐겨 사용한다. 그러나 경우에 따라서는 아기를 직접 안고 다니는 것이 더욱 유익할 수도 있다. 그렇게 하면 아기가 받아들이는 감각의 폭도 넓힐 수 있고 아기의 근육 사용량도 늘어난다.

요즘 나오는 소위 '아기용 컨테이너'는 아기와 부모 모두 편하도록 갖가지 부가 기능을 장착해 꽤 잘 만들어진 편이다. 문제는 아기가 '늘' 이런 장비에 실려 다닌다는 데 있고, 요즘 들어 이런 현상은 더욱 빈번해졌다(2장 참조). 이런 장비는 아기의 신체 조직에 미치는 중력 압박의 유형과 빈도를 바꿔서 신체 발달에 영향을 끼친다. 아기용 컨테이너에 장시간 갇혀 지낸 결과는 앉기·기어 다니기·걷기 등 중요한 전환기 활동이 늦어지는 것에서부터, 심하게는 영구적인 손상에까지 이를 수 있다. 골반 관골구hip sockets(골반과 다리가 연결되는 부위)의 기형과 보행 자세의 변화가 그런 예라고 할 수 있다(Crawford 2013).

신생아는 매우 연약하고 무르다. 뼈와 근육은 아직 완전히 형성되지 못한 상태다. 아기가 어떻게, 얼마나 자주 움직이는가에 따라 신체에 전해지는 부하가 바뀔 수 있으며, 뼈의 모양과 근육 발달에도 영향을 끼친다. 예를 들어, '사두증flat head'은 종종 아기용 컨테이너에 담겨 등을 대고 지낸 시간이 너무 많아서 생긴다. 이 경우 머리 보양이 비뚤어지고 비대칭으로 변한다. 생활 습관이 뼈에 끼치는 영향은 머리에만 그치지 않고 신체의 다른 부위에도 나타난다. 아기용 컨테이너를 지나치게 많이 사용하면 강한 신체의 토대가 되는 근육의 활성도 가로막는다(Crawford 2013).

아기 안고 다니기

바깥에서 아기를 안고 다니면 감각의 입력도 동반된다. 아기 몸을 한쪽에서 다른 쪽으로 번갈아 안으면 아기의 몸에 전해지는 중력도 변한다. 이 효과로 아기의 근육과 뼈가 적응하고 강해질 뿐만 아니라 움직임을 일으키고 자세 감각을 깨운다. 걷는 도중 아기의 위치를 바꾸면 아기의 내이에 있는 액체가 이동하며 전정감각을 자극한다. 2장의 내용처럼 자주 쓸수록 근육이 강해지듯 감각도 자극을 자주 받을수록 잘 조직된다. 아기를 안고 있는 시간의 길이와 위치를 바꾸는 간격에 변화를 주어서, 아기의 전정감각에 꽤 많은 양의 자극을 입력하는 셈이다.

우리가 아기를 안고 다니면 아기는 우리 몸에 대고 팔과 다리를 밀 수 있으며, 이 움직임으로 관절과 근육에 감각 자극이 전달된다. 이런 상호작용은 아기를 진정시키는 효과가 있으며 움직임의 세기와 방향을 조절할 수 있는 바탕이 되기 때문에, 운동 기술의 발달에도 없어서는 안

될 요소다.

아기가 생후 처음으로 익히는 여러 기술 가운데 하나는 머리를 세우고 눈 부위의 근육을 제어하는 것이다. 아기가 어깨에 기대 몸을 꼿꼿이 세우도록 안고 다니면 눈과 목을 안정적으로 가누는 연습을 할 수 있다. 아기를 이 자세로 자주 데리고 다닐수록 눈 부위 근육에서 오는 감각, 내이로 전달되는 움직임과 중력의 감각, 목에서 오는 근육의 감각을 통합할 기회가 늘어난다. 이렇게 해서 결과적으로 아기가 세상을 뚜렷하게 인식할 수 있는 토대가 마련된다. 이들 부위의 감각 통합은 생존에 매우 중요한 역할을 하며, 장차 보고 듣는 기능에 필요한 머리와 눈의 기본 제어를 위해서도 없어서는 안 될 요소다. 이 통합은 이후로도 몇 년에 걸쳐 발달을 지속하여, 읽기와 균형 잡기 같은 복잡한 기술을 익히는 기반이 된다(Ayres 2000).

아기들이 머리와 몸을 완전히 받쳐 주는 장비 안에 늘 갇혀 지내면, 목과 눈 부위 근육과 운동 감각의 통합 과정은 일어나지 않을 것이다. 이 중요한 과정이 없으면 결국 자세 불량과 감각의 혼란을 가져오고, 공간 내에서 자기 신체 부위의 위치에 대한 감각 정보도 받지 못하게 된다. 따라서, 바깥에서 아기가 머리 세우는 연습을 할 수 있도록 안고 다니는 것은 아기에게는 자기 움직임을 분석해 올바로 제어할 수 있는 중요한 기반이 된다.

⊗
아기의 감각을 깨우는 바깥나들이

부모 품에 안겨 바깥으로 나간 아기는 다양한 느낌이 한꺼번에 밀려오는 경험을 한다. 예를 들어, 정원으로 나들이 간 아기는 움직임, 보호자의 품에 대고 미는 팔다리에 전해지는 압력(고유수용성감각), 꽃의 이미지에서 전해지는 시각 피드백, 사방에서 지저귀는 새소리, 꽃내음 등 갖가지 감각을 받아들이면서 통합한다. 이때 갖가지 느낌이 일제히 활성화되면서 연상과 기억을 형성하기 시작해, 세상과 유의미한 접점을 만든다.

갓 태어난 아기는 눈의 기능이 아직 잘 갖추어지지 않은 상태다. 자연은 아기가 관찰하고 바라볼 수 있게 다양한 시자극을 보내면서도 결코 시각계를 압도하지 않는다. 아기는 꽃이나 나뭇잎을 주시하면서 눈이 가운데로 몰리지 않도록 제어하는 요령을 익힌다. 주위에서 나풀거리는 나비나 개미집을 분주히 오가는 왕개미 같은, 움직이는 물체를 따라 눈을 움직인다.

자연의 소리는 주기적으로 밀려오는 파도 소리와 같이

리듬이 실려 있어 마음을 가라앉히기도 하고, 매의 날카로운 고음처럼 경계심을 품도록 만들기도 한다. 자연음은 음색도 가지각색이고 진동수도 수시로 변하며 사방에서 다양한 거리 차이를 두고 들려오기 때문에, 아기의 신체는 자연음에 반응하며 주위 환경에 적응한다. 변화무쌍한 자연 덕분에 아기의 공간 지각도 발달하게 된다. 아기는 또한 소리가 나는 쪽으로 고개를 돌려 소리에 반응하며 웃거나 울기도 한다. 소리에 대한 반응은 언어 발달의 첫 번째 요소이기도 하다(Ayres 2000).

얼굴에 불어오는 바람, 햇볕의 온기, 나무 그늘의 서늘함, 갖가지 냄새와 향, 야생 열매의 달콤한 맛. 야외에서는 이 모든 감각이 하나의 조합을 이룬다. 이러한 감각 자극에 꾸준히 노출되어야 아기의 감각 발달이 촉진된다. 아기가 바깥에 나갈 기회가 제한되면 감각의 입력도 제한될 수밖에 없다.

자연은 자라나는 아기에게는 종합선물세트나 다름없다. 이 점을 좀 더 생생하게 느끼려면 우리가 아기가 되었다고 상상해 보자. 나는 집 안에서 유아용 캐리어에 누워 엄마가 빨래를 정리하는 모습을 바라보고 있다. 이제 엄마가 실내를 돌아다니며 흥얼거리는 소리를 듣고 집 안의 익숙한 냄새를 맡는다. 나는 이따금 내 팔다리가 아무렇지 않게 움직이는 것을 감지한다.

이번에는 바깥에서 빨래를 너는 아빠의 품에 안겨 있다. 아빠가 몸을 움직이면 나도 거기에 따라 몸을 맞추고 몸 여기저기로 전해 오는 압박을 느낀다. 이 때문에 새로운 근육을 쓰고 새로운 동작을 하며 그때마다 위치감각도 새로이 경험한다. 날아가는 새가 보이고 눈길이 그 새를 따라간다. 에너지를 주체하지 못하는 우리 집 강아지가 달려와 잔디에서 장난감을 물어뜯다가 나와 눈이 마주치자 옆으로 달아난다. 멀리서 지저귀는 새소리가 들리지만, 나는 지금 내 귀 높이에 있는 아빠의 성대에서 부드럽게 울리는 소리에 귀를 기울인다. 머리 위로 내려앉는 햇볕은 따사롭고, 미풍이 살갗을 가볍게 간질인다. 얼굴 가까이 빨랫줄에 널린 옷의 냄새와 갓 베어 낸 잔디의 냄새가 느껴진다. 나는 아빠의 품에 착 달라붙어 몸도 마음도 편안하다.

집 안에서와 밖에서 아기는 서로 다른 감각에 노출된다. 그러나 바깥에서는 각각의 감각계로 여러 감각이 동시에 전달된다. 이렇게 받아들이는 감각이 더 많을수록 감각 수용기의 환경 적응도 늘어나, 감각계가 더 잘 조직될 수 있으며, 이러한 적응은 지능의 시작이다. 모든 학습 능력은 영유아기의 다양하고 풍성한 감각 경험과 운동 경험의 산물이다(Ayres 2000).

⊗
자연의 진정효과

자연은 어린 아기들에게 감각적으로 이상적인 환경이다. 감각기를 자극하여 지속적인 적응을 유도하고 더욱 복잡한 체계를 갖추도록 하면서도, 절대로 아기를 압도하지 않는다. 오히려 그 반대다. 자연은 평화롭고 차분한 상태를 가져다주는 것으로 알려져 왔다. 의사가 영아 산통 infantile colic을 겪는 아기를 바깥으로, 야외로 데리고 나가서 가라앉히라고 권하는 것에는 다 이유가 있다. 북유럽 국가(스웨덴, 핀란드, 노르웨이, 덴마크)에서는 부모를 비롯해 아기를 돌보는 사람들이 이 사실을 잘 알고 있어서, 날씨와 기온에 상관없이 아기를 유모차에 태워 바깥으로 데리고 나가 재운다.

스웨덴의 어린이집에서는 추운 날씨에도 아기를 바깥에 두고 재운다. 그곳의 어느 교사는 BBC의 기자에게 기온이 영하 15도로 떨어져도 유모차 위에 담요를 덮는 정도라며, 아기를 늘 바깥으로 데리고 나간다고 확인해 주었다. 스웨덴에서는 아기들이 낮잠을 잘 시간이면 눈이 내려도 바깥에 길게 늘어선 유모차를 흔히 볼 수 있다. 스웨덴 사람들이 이렇게 바깥에서 아이를 재우는 이유는, 실내에서 더 쉽게 퍼지는 세균과 감기에 노출될 가능성을 줄일 수 있고 그래서 아기가 더 건강해지고 몸도 튼튼해 진다고 믿기 때문이다. 이런 양육 습관의 효과는 믿음에 그치는 것이 아니라, 실제 연구로도 입증되고 있다. 핀란드 부모를 조사한 연구에 따르면 아기들은 실내에서보다 바깥에서 낮잠을 더 오래 자는 것으로 확인되었다(Tourula, Isola, and Hassi 2008).

핀란드의 노동부도 아기의 야외 수면을 각별히 권장한다. 노동부가 아기를 둔 부모에게 권고하는 내용에 따르면, 영하 17도에도 아기를 밖에서 재우는 것이 좋고, 이는 생후 2주밖에 안 된 아기에게도 유효하다는 것이다. 노동부의 견해로는 아기는 침실 안에 있을 때보다 맑은 공기가 있는 바깥에서 잠을 더 잘 자며, 영아를 밖에서 재워도 해롭지 않다(Lee 2013). 북유럽 국가의 유치원과 어린이집 대부분은 아이가 깨어 있든 잠들어 있든, 상당히 많은 시간 동안 바깥에서 지내게 한다.

육아에 대한 사고는 자기가 속한 문화의 테두리에 갇히기 쉽다. 우리는 아이의 건강에 꼭 필요한 방식을 찾는다고 하지만 실은 관습적으로 내려오는 육아 방식을 무턱대고 받아들이는 경우가 많다. 또 최근 발행된 잡지나 신문 기사에 최고의 육아법이라고 소개된 내용을 덮어놓고 받아들이기도 한다. 그러나 아기를 건강하게 키워 장차 아이의 잠재력을 온전히 펼칠 수 있게 하려면, 시야를 넓혀 다른 문화의 경험과 연구에 주목해 가장 좋은 방식을 선택하는 융통성도 있어야 한다. 그러자면 우리의 사례는 물론이고 다른 나라의 사례에서도 답을 찾아서 기꺼이 받아들일 수 있는 열린 자세가 필요하다.

⊗

바깥에서도 바닥 활동을

아기가 바닥에 엎드린 자세로 꾸준히 움직이도록 해야 상·하체 근육과 코어 근육이 발달한다. 아기는 중력에 저항하며 바닥을 딛고 움직이면서 자세 제어 능력이 생기고 고유수용성감각도 발달한다. 이런 활동은 신체 안정성, 효율적인 대근육 운동 협응, 그리고 장차 소근육 운동기술이 발달하기 위한 발판이 된다. 깔개 위든 풀 위든 상관없다. 바깥에서 아기를 땅 위에 두면 감각 경험도 크게 늘어난다.

ㅁ 땅에 등과 배를 대고 누워 지내면 팔과 다리를 자유롭게 움직여 주위 환경과 상호작용할 기회가 많다. 팔을 뻗어 풀잎을 만지고 예민한 손바닥으로 전해오는 따끔한 느낌을 즐길 수 있

다. 자기 앞에 있는 흙을 움켜쥐며 손가락 사이로 빠져나가는 흙의 입자를 느낄 수도 있다. 이런 느낌이 감각기를 자극하여 손과 발 등 자연과 접촉하는 신체 부위의 촉각이 발달한다.

- 아기가 배를 대고 엎드리면, 날아가는 새나 곤충을 보려고 고개를 들어 올리게 된다. 그러면서 목과 눈 주위의 근육을 제어할 수 있게 되는데, 이는 모두 보고 듣는 기술을 숙달하려면 꼭 필요하다. 아기에게 감각 환경을 만들어 주려고 굳이 애쓸 필요도 없다. 대자연이 이미 모두 갖추어 놓았기 때문이다. 부드러운 미풍, 살랑거리는 풀과 나뭇잎, 태양의 온기, 낯선 자연의 소리에서 오는 신비로움, 움직이는 곤충. 이 모든 것들이 아기의 감각을 깨우면, 아기는 주의를 돌리고 환경과 상호작용한다. 여기서 기억과 연상이 형성된다. 새로운 상호작용이 나올 때마다, 아기는 환경에 적응하고 그 경험에서 배우며, 운동 기술과 감각 기술도 향상된다.

⊗
아기와 바깥 활동하는 방법

요약하자면, 바깥에서 보내는 시간은 아기의 건강에 효과가 있어서 뼈와 근육을 강하게 하고 진정시키며 감각계의 형성뿐만 아니라 통합을 가져온다. 또한, 감정 조절은 물론 복잡한 신경 계통의 기술과 운동기술을 형성하는 토대가 된다. 다음은 아기와 할 수 있는 바깥 활동들이다.

- **아기 안고 다니기.** 아기를 일상적으로 꾸준히 밖에 데리고 나간다. 특히 아기가 깨어 있는 시간이 좋다. 아기를 태울 수 있는 장비는 아기가 잘 때를 대비해 남겨 두자. 일단 깨어 있는 아기를 안고 다니면 부모와 아기 사이가 밀착된다. 이것은 아기가 부모에게 강한 유대를 느끼고 감정을 조절하는 법을 익히는 데 중요하다. 또 아기는 움직이면서도 자세를 다양하게 바꿀 수 있으므로 운동 감각sense of movement(몸을 움직일 때 근육과 관절 움직임을 의식하게 하는 감각)과 중력 감각(중력의 방향을 감지하는 감각)을 키우는 데 도움이 된다.
- **터미 타임(엎어 놓기).** 일단 아기가 목을 가눌 수 있을 정도가 되면 풀 위에서 터미 타임을 즐기도록 엎어 놓고 내버려 두어도 염려할 필요 없다. 풀 위에 배를 대고 누우면 다양한 감각 경험을 할 수 있다. 볼거리가 풍성한 바깥에서, 아기는 호기심에 이끌려 팔꿈치로 몸을 세우고 세상을 탐구할 것이다.
- **새로운 촉각 경험.** 등을 대고 눕든 배를 대고 눕든, 아기는 손과 발, 입으로 주위 환경을 탐구할 수 있다. 아기가 접촉의 느낌을 감각으로 처리하는 과정은 이렇게 시작한다. 아기를 데리고 다니며 나무 위에 얹어 놓거나 식물을 만질 수 있도록 한

다. 아기가 보드라운 손바닥으로 나무껍질의 거친 질감을 느껴 보게 하자. 나뭇잎을 움켜쥐고 꽃을 찰싹 쳐 보게 하자. 얕은 물가를 거닌다면 아기의 발이 수면에 닿을 정도의 높이로 안고 차갑고 축축한 물의 촉감을 느끼게 하자. 아기가 발을 동동 구르며 물을 첨벙거릴 수 있으면 좋다.

- **야외 수면.** 북유럽 국가의 가정처럼 바깥에서 낮잠을 재우면, 아기는 신선한 공기의 효과를 보는 것은 물론이고 더 오래 낮잠을 즐길 것이다. 스웨덴에 사는 친척의 조언을 듣고 아기를 바깥에서 재우기 시작한 어느 엄마도 그 효과를 확인해 주었다. 아기가 '완전히 잠에 빠져' 평소보다 한 시간이나 더 오래 자더라는 것이다. 준비할 것도 그리 많지 않다. 날씨에 따라 아기 옷에만 신경 써 주면 되는 정도다.

- **수유.** 모유든 분유든 바깥에서 수유하지 못할 이유는 없다. 아기를 데리고 바깥에 있으면 실내 공간에 기대지 않고 좀 더 대담해질 수 있다. 자연 또한 아기를 달래 주기 때문에, 아기는 자연 속의 평화로움을 즐기며 젖을 먹는다.

- **바깥에서 지내는 시간 늘리기.** 아기와 바깥에서 보내는 시간은 많을수록 좋다. 아기가 신선한 공기와 주변의 경치를 즐길 수 있게 하자. 바싹 마른 낙엽을 움켜쥐어 바스러지는 소리를 듣게 하자. 여린 피부에 와 닿는 미풍과 서리 내린 아침 공기가 코끝을 찌르는 감촉을 즐기게 하자. 묵은 느낌과 낯선 느낌이

하나로 섞여 새로운 경험을 만들고, 새로운 기억을 심어 주며, 넘어야 할 도전거리를 안겨 준다. 바깥에 있으면 감각계와 신경계가 끝없이 성장해 간다. 자연은 아기가 탐험하고 새로운 기술을 익혀 궁극의 감각 경험을 하기에 더할 나위 없는 조건이다.

자연 속의 아기(7~12개월까지)

생후 개월 수가 더 많은 아기는 새롭게 움직이는 방식을 터득해 흥분을 만끽한다. 다양한 신체 움직임은 생후 7개월에서 12개월 된 아기가 자기 몸을 지각하고 새로운 운동 기술을 터득하도록 자극한다는 점에서 특히 중요하다. 이 시기의 아기는 공기 중으로 던져지고 마치 말 등에 오르듯이 보호자의 등에 올라타거나, 제자리 돌기, 보호자의 팔에 들려 춤추기 같이 격한 동작을 즐기기 시작한다. 아기는 양손과 무릎을 짚고 기어 다니면서 많은 감각이 깨어나고 독자적인 성향을 드러내 자기 힘으로 주위 환경을 탐구하게 된다(Ayres 2000).

이동이 가능해진 아기는 자연 속을 돌아다니면서 다양

하고 새로운 도전 대상을 맞이한다. 실내 환경에서 늘 부드러운 표면만 접하다가, 바깥을 기어 다니기 시작하면서 풍부하고 다양한 감각을 경험하고, 감각의 구성이 한층 좋아진다.

바깥 놀이는 아기의 역량을 키운다

자라나는 아기에게 바깥 놀이는 매우 중요하다. 아기의 뇌에서 운동·감각 지도motor and sensory maps를 만들기 시작해 공간을 효과적으로 지각하도록 이끄는 요인은 온몸의 움직임이다. 아기는 도토리나 풀잎처럼 작은 물건을 만지면서 손과 손가락을 효과적으로 사용하는 방법을 터득하는가 하면, 고르지 못한 야외의 지형을 기어다니면서 균형감각과 협응력을 향상시키기 시작한다. A. 진 에이어스Jean Ayres 박사는 놀이의 궁극적 역할을 이렇게 기록했다. "놀이는 아이의 역량을 확장한다. 아이는 더 나중에야 그 역량이 필요해질 수도 있지만, 어린 시절에 제대로 놀지 않으면 역량을 크게 갖추지 못할 것이다(2000)."

아이들과 마찬가지로 아기도 일상적으로 꾸준히 바깥에서 움직일 수 있는 시간이 필요하다. 자기가 속한 세상을 탐구하며 몸과 마음, 감각을 시험할 도전의 기회가 필요하다.

울퉁불퉁한 땅은 아기의 시험 무대

바깥의 지형은 고르지도 평탄하지도 않다. 지형의 속성에는 늘 변화가 따른다. 단단하다가도 푹신한가 하면 그 중간 어디쯤으로 변한다. 볕 좋은 곳에서는 따뜻하던 땅이 그늘진 곳에서는 서늘해지며, 축축한 땅이 있는가 하면 바짝 마른 땅도 있다. 솟아오르다가 푹 꺼져 내려가기도 한다. 이러한 변화는 아기가 기어 다니고 걸음마를 배워 가는 동안 아기의 감각계를 시험하며 적응과 조정을 이끌어 낸다. 더 많은 적응이 필요한 환경에서, 감각은 더 조직적이고 정교하게 구성된다. 그와 동시에, 아기는 갖가지 감촉과 온도를 느끼며 다양한 감각에 대한 내성을 키운다.

다시 아기의 눈높이로 세상을 보기 위해 각자 11개월 된 아기라고 상상해 보자.

나는 바깥에 나와 땅 위를 기어 다닌다. 비교적 굴곡이 없는 흙길이다. 근처에서 놀고 있는 나의 오빠 또는 형이 내 눈에 들어온다. 나는 그가 있는 곳으로 기어가기 시작한다. 바지를 입고 있지만 옷감을 통해 흙바닥의 딱딱한 느낌이 전해진다. 움직일 때마다 자갈과 고운 흙이 손바닥에 눌린다. 나는 이 느낌에서 생생한 촉각 피드백을 받고 상대적으로 큰 자갈과 작은 흙의 알갱이 차이를 구분한다. 나는 마침내 풀이 자란 곳까지 기어가서 손바닥과 무릎에 전해지는 부드러운 느낌에 안도하며 울퉁불퉁하면서도 푹신한 지형을 누비기 시작한다. 곧 약간 경사진 지점에 들어선다. 아래를 향해 기어가려면 근육에 힘도 들고 위치 감각도 동원해야 한다.

언덕은 평소 다니던 곳에 비해 가팔라서, 나는 잠시 균형을 잃고 가슴과 배를 대고 엎어진다. 웃옷이 살짝 말려 올라가는 바람에 풀잎이 배를 가볍게 간질인다. 나는 지금 나무를 오르고 있는 형에게 가겠다고 마음을 굳게 먹고, 다시 상체를 들어 올려 울퉁불퉁한 길 위를 움직인다. 손바닥에 전해지는 압력이 변하면서 장심의 아치가 만들어지고 다듬어진다. 소근육 운동기술이 정교해지려면 꼭 필요한 과정이다.

따가운 햇살이 등 위로 내리쬔다. 그러나 미풍이 불어와 열기를 식혀 주고, 나는 마침내 나뭇가지가 그늘을 드리운 곳에 닿는다. 나는 나무를 쳐다보다가 중심을 잃고 옆으로 엎어진다. 넘어지고 몸을 조정해 다시 세우기를 끊임없이 거듭하는 동안 점차 공간 지각력이 좋아지고, 주위 환경을 정확히 조작하는 능력도 향상된다. 이제 드디어 형이 있는 곳에 도착했다.

땅은 푹신하고 온통 솔잎으로 덮여 있다. 나는 형이 앉아 있는 떡갈나무를 향해 기어간다. 형은 높은 가지 위에 올라가 앉아 있다. 나는 엉덩이와 다리에 무게를 실어 딱딱하고 거칠고 홈이 파인 나무껍질을 힘껏 잡는다. 두 손으로 우둘투둘한 나무를 단단히 움켜쥐고 몸을 끌어올려 어정쩡하게 서기 시작한다. 나는 균형을 잡으려고 애쓰면서 형을 올려다본다. 형도 나를 내려다보며 내 이름을 부른다. 형을 향해 웃음으로 대답하는 동안 나무의 냄새가 코끝에 밀려온다. 연상이 만들어지고 기억이 형성된다.

아기가 고르지 못한 지형에서 움직이며 변화무쌍한 환경의 감각을 더 많이 경험할수록, 움직임과 감각 조절은 더 능숙해지고 정교해진다. 몸의 각 부위에 전해지는 중력과 그로 인한 중력 하중이 변하면서 뼈와 근육이 더 단단해진다. 또 관절과 근육으로 입력되는 자극이 많아지고 신체 동선의 거리와 힘을 조절하는 능력도 향상되어서, 효과적으로 동작을 만들어 낼 수 있다. 방향을 바꾸는 동작도 자연스럽게 많아지는데, 그 덕분에 내이에 최대치의 자극이 전해져 평형계의 기능도 향상된다. 아기는 많이 움직일수록 더 많이 넘어지지만, 그만큼 감각 경험도 늘어난다. 또 새로운 운동기술을 더 잘 익히고, 감각 통합과 구성도 좋아진다. 결과적으로 아기는 더욱 튼튼하고 능숙해진다.

언어 발달과 기억 형성의 토대

바깥 놀이는 언어 발달과 기억 형성의 기초가 된다는 점에서 의미가 큰 경험이다. 눈앞에 펼쳐진 풍경과 움직임, 냄새와 같이 새롭고 풍성한 감각의 조합으로, 경험과 그 경험에 의미를 불어넣는 강한 연상작용이 일어난다. 자연에서 오는 다중감각을 경험한 결과 물체나 환경에 대한 피드백이 더 많이 들어오고, 뇌 속에서 그 특정 물체나 환경에 대한 처리를 앞당긴다.

예를 들어 농장에 간 아기가 팔을 뻗어 털이 복슬복슬한 알파카를 만지고 부드러운 털의 느낌이 뇌에서 처리되면, 접촉할 때 그 동물이 보인 반응과 특유의 소리, 농장의 냄새까지 함께 처리된다. 이 모든 느낌과 감각은 아기가 그 경험을 충분히 처리하고 알파카의 소리를 흉내 내면서 초보적인 발화를 시작하는 데 도움이 된다. 이 경험을 기억으로 이어 주는 연결고리가 생기고, 아기는 이 경험을 더 생생하게 기억하게 된다. 아기가 언젠가 알파카를 다시 보게 되면, 알파카 특유의 소리도 흉내 낼 수 있을 것이다.

걸음마기 아기와 바깥 활동하는 방법

좋은 영양이 건강에 꼭 필요하듯 자연은 감각계에 없어서는 안 되는 요소다. 세상을 이해하고 감각 운동계를 발달시켜 건강은 물론 학업을 위한 기초를 다지려면 자연에서 지내는 시간이 반드시 필요하다. 따라서 아기를 일찍부터 자연에서 지내게 하는 일은 매우 중요하다. 돌을 지난 아기들이 바깥에서 지낼 수 있도록 아이디어와 제안 몇 가지를 아래에 제시한다.

- **아기 안고 다니기.** 아기를 안고 다니며 오는 효과는 이 시기에도 유효하다. 이 시기의 아기는 자기 몸을 가눌 수 있는 만큼 자기 체중을 가능한 한 많이 감당하게 한다. 아기가 무언가를 보려고 할 때 몸을 돌려서 방향도 함께 바꿀 수 있으므로, 팔에 안긴 아기가 이러한 동작을 자유롭게 할 수 있도록 해 준다. 아기가 자기 몸을 보호자의 몸에 대고 밀면서 생기는 압박감은 근육과 관절에 중요한 입력을 가져오는데, 이는 결국 신체 지각 향상으로 이어진다.

  또, 아기가 보호자를 단단히 붙잡으면서 견갑대shoulder girdle(팔과 어깨가 이어지는 부위의 골격)와 코어(복부, 등, 횡격막)의 근육이 단련된다. 이 근육들이 발달해야 신체가 안정을 유지할 수 있으며, 자세가 안정적이면 감정과 각성 수준의 조절, 부드럽고 효율적인 협응, 우수한 공간 지각과 같은 고차원의 감각이 구성된다.

▫ **안뜰을 돌아다니도록 내버려 둔다.** 아기가 돌아다니며 탐구하기 위해 아주 넓은 공간이 있어야 하는 것은 아니다. 풀이 난 땅 한 뙈기면 족하다. 아기가 바위에 오르고 풀 위에서 구르며 풀잎을 움켜쥐며 놀게 한다. 낮게 드리운 나뭇가지 아래, 또는 안뜰 구석구석을 기어 다니도록 한다. 이런 경험을 하면서 아기는 운동기술을 연습하고, 자기 몸과 주위 공간을 익힌다.

▫ **진흙에서 논다.** 감각 놀이통이 한창 유행이다. '감각 놀이통'은 쌀, 콩, 모래, 물 등 질감이 다양한 재료를 담은 상자다. 아기가 실내에서 감각 경험을 할 수 있도록 할 목적으로 고안된 것으로, 아기는 감각 놀이통에 손을 넣어 그 안의 재료를 만지고 놀 수 있다. 그렇지만 간단해 보여도 감각 놀이통을 가지고 놀려면 일부러 시간을 들여야 하고 비용도 든다. 게다가 감각을 경험할 수 있는 공간도 제한되어 있고, 종종 집 안을 어지럽히기도 한다. 반면, 진흙탕에서는 제한 없이 자연스럽게 놀 수 있으며, 번거롭게 치울 필요도 없다. 아기만 빼고! 진흙탕에서는 온몸을 적셔 가며 즐겁고 의미 있는 놀이에 빠져 놀 수 있다. 여기에 햇빛, 약한 비, 바람, 자연의 소리까지 더해진다면, 세상의 그 어떤 감각 놀이통도 따라올 수 없는 감각 경험을 할

수 있다. 몇 가지 그릇과 나무 수저를 주변에 놓으면 더 재미있게 놀 수 있다. 아기는 진흙을 뭉쳐 던지기도 하고, 그릇에 담거나 그릇을 비운다. 웅덩이를 발로 차고 물을 튀기면서 신이 나서 소리를 지르기도 한다. 진흙탕에서 노는 것은 확실히 유쾌하고 재미있는 경험이다.

- **빗속에서도 즐겁게 놀 수 있다.** 같은 방식으로 아기를 빗속에서도 놀게 하자. 단, 아기가 감기에 걸리지 않도록 주의한다. 내리는 비의 온기와 상냥한 감촉을 아기가 팔과 이마로 느끼도록 해 보자. 빗물이 고인 웅덩이가 있다면 그 곁에 앉혀 본다 (들어가게 하지는 말고). 들어갈지 말지는 아기가 정하게 한다. 아기가 보고 집어 들 수 있도록 물에 뜨는 물건도 건네 보자. 빗속에서 노는 것은 축축하게 젖는 느낌을 온몸으로 경험할 수 있는 감각 활동이기도 하다.

- **바닷가를 탐구한다.** 바닷가는 다양한 자극을 받을 수 있는 곳이다. 평평하지는 않지만 부드러운 지형을 손과 무릎을 짚고 기어 다니며 모래의 촉감을 마음껏 느껴 보게 하자. 바닷물의 짠 내, 마음을 매만져 주듯이 밀려와 부서지는 파도, 바닷새의 소리. 모두 아기의 감각을 깨우면서도 차분하게 가라앉혀 준다. 다양한 크기와 모양의 그릇에 물과 모래를 채우면서 놀게 하자.

- **공원으로 소풍을 간다.** 집 주변에 마땅히 갈 만한 자연환경이

없으면 공원을 찾는 것도 좋다. 도시락을 챙겨 가면 더 오래 머무를 수 있다. 아기를 공원 잔디에 내려놓고 주위를 다니며 탐구하도록 둔다. 공원은 물소리, 숲, 바위 구조물 등 집 주위에서는 경험하기 힘든 새로운 풍경과 소리를 보고 듣기에 좋은 장소다.

안 된다는 말 대신 해도 된다고 말하기

우리가 아이에게 끊임없이 "안 돼!"라고 말하는 것은 결국 풍성해야 할 감각 경험을 막고 감각이 건강하게 발달하는 것을 방해하는 것이나 다름없다는 내용을 앞선 5장에서 살펴보았다. 이 말은 아기에게도 똑같이 적용된다. 아기도 매일매일 자기 몸을 시험하고 모험과 같은 상황에 맞닥뜨려야 한다. 무거운 물건을 집어 들고 평평하지 않은 바닥을 기어다니며, 마지막 계단에서 뛰어내려 몸의 기능을 넓히고 자기 주위의 세상을 알아 가는 것이다.

A. 진 에이어스 박사는 이것을 '내적 욕구inner drive'라고 부른다. 모든 아이에게 감각을 통합하려는 강력한 내적 욕구가 있다고 본 것이다. 하고 싶은 대로 내버려 두면,

아기는 어떤 기술을 숙달하기 위해 감각의 입력을 찾아다 닌다(Ayres 2000). 예를 들어, 배밀이를 할 수 있는 아기는 작은 바위를 기어 오르내리기를 거듭하여 마침내 익숙해지는 경지에 이른다. 일단 이 기술을 익히고 나면, 바위 위에 앉거나 서기, 또는 바위를 뒤로 기어 내려오기와 같이 발달 과정상의 다음 단계로 넘어 간다.

부모의 역할은 아기의 독립심과 움직이려는 욕구가 점점 커져 감에 따라 뒤에서 그것을 받쳐 주는 것이다. 도움이 꼭 필요한 상황에는 대비해 두고, 그저 곁에서 아기가 새로운 경험을 시도해 볼 수 있도록 북돋아 준다. 아무 말도 할 필요 없다. 부모의 존재와 미소만으로도 아기는 안심하고 새로운 모험을 시도할 것이다.

한편, 아기가 아직 혼자 힘으로 오를 수 없는 높은 기구에는 절대 올려놓지 않도록 주의한다. 아기가 어려운 환경에 적절히 대처할 정도로 힘과 신체 지각이 채 발달하지 않았을 가능성도 염두에 두어야 한다. 아기를 너무 일찍 그런 환경에 노출시키면 떨어져 다치거나, 실패로 낙담하게 될 수도 있다. 앞장서는 아기의 뒤를 따르다 보면, 아기는 자기가 할 수 있는 것과 아직 능력이 미치지 못하는 것을 드러낼 것이다.

이 정도면 아기가 자연을 탐구하며 놀게 하는 사이에

얻을 수 있는 수많은 효과에 대해 알게 되었을 것이다. 그러나 여전히 몇 가지 고정관념이나 두려움 때문에 아기를 바깥에 내보내는 것을 주저하는 독자도 있을 것이다. 독이 있는 식물을 먹거나 벌레 물릴 수도 있고, 혹시 모를 부상이나 상처를 입을 수도 있다고 생각하면 아기를 내보내는 일이 망설여지기도 한다. 그러나 '집 밖은 위험하다'라는 생각은 반대로 집 안에 도사리고 있는 수많은 위험 요소를 따져 보면 궁색해진다. 집 안 구석구석의 독성 물질에서부터 날카로운 칼에 이르기까지, 아이 손에 닿지 않을 뿐이지 집 안에도 수많은 위험이 도사리고 있다. 그에 비하면 바깥의 위험은 대단치 않아 보인다. 그러나 우리는 집 안에 그런 위험이 있다는 것을 알면서도 밖으로 나오기는커녕, 잠금장치를 달거나 날카로운 물건을 아기 손이 닿지 않게 치우는 정도로 안전해졌다고 여긴다.

이제는 그런 상황을 바깥에, 자연에 적용하고 실행해야 할 시점이다. 자연에서 멀어지는 것이 아니라, 위험 요소를 정확히 파악하고 적절히 예방 조치를 취하면 그 효과는 아기에게 고스란히 전해질 것이다. 5장에서 이미 자세하게 안전에 관한 이야기를 했지만, 아기가 가장 흔히 겪는 상황 세 가지만 추려 보기로 한다.

- **작은 상처.** 타박상, 찔림 같은 작은 상처는 10개월짜리 아기에게는 매우 추상적인 개념이다. 그러나 실제로 살갗을 긁히고 손끝에 가시가 박히면 다친다는 것이 무엇인지 실감하고 주위 환경을 더 잘 이해할 수 있다. 즉, 아기는 이와 같은 경험을 통해 값진 교훈을 얻는다. 한번 찔려 본 아기는 가시 돋친 덤불을 만지면 손이 아플 것이라는 사실을 안다. 그래서 다음에 같은 나무를 발견하면 선뜻 손을 뻗지 않을 것이다. 아기는 또 작은 상처에서 아픔을 참는 법, 두려움 같은 감정을 감당하고 조절하는 법도 배운다.

- **더러워질 때.** 아기가 머리와 온몸에 나뭇잎을 뒤집어쓰고 흙을 묻히더라도 꾸짖지 말아야 한다. 2장과 4장에서 보았듯이, 지저분해질 만큼 충분히 흙에서 놀면 촉각 발달에 도움이 된다. 4장에서 위생 가설과 함께 살펴본 것처럼, 흙을 묻히고 놀면 걱정과 달리 실제로는 면역 체계가 건강해져서 알레르기와 천식을 막아 준다.

- **흙이나 물건을 입에 물 때.** 흙이나 모래, 풀은 로션이나 세제 등 갖가지 집 안 물건보다 덜 해롭다. 아동의 발달 단계에 구강기가 있듯이 아기는 본디 물건을 입에 가져가는 일을 좋아한다. 구강에 전해지는 자극으로 물건의 크기와 감촉, 온도, 맛을 깨우친다. 솔방울, 흙, 막대기를 입에 넣으면 자연 세계에 대해 알 수 있으며, 어느 정도의 세균은 오히려 면역 체계를 강화한다.

아기는 자연의 다양한 물건을 만지면서 모든 감각을 깨우고 세상을 탐구할 수 있기 때문에, 좀 더러워지더라도 이해하고 격려해 주어야 한다. 물론 기어다니는 아기가 있다면 쓰레기, 동물 배설물, 벌레, 식물, 기도를 막을 수 있는 돌멩이 등 작은 물건은 만지지 않도록 잘 지켜보아야 한다.

요약

무엇보다도 아기와 함께 즐기는 것이 중요하다. 영유아기는 쏜살같이 지나간다. 사회의 통념과 달리, 생후 첫 돌까지 아기가 경험하는 바깥 생활이 가장 중요하다. 생후 첫 몇 해의 기간 동안, 아기는 감각 사이의 신경 연결과 연상을 급격히 형성하며 세상에 대한 배경지식을 쌓는다. 좀 더 나이가 들어야 세상을 알아 갈 수 있을 것이라며 이 소중한 시기를 흘려보내서는 안 된다. 아기를 밖으로 데리고 가서 세상을 탐구하게 하자. 자연에서 보낸 시간과 경험으로 아기의 감각기관과 운동신경은 발달할 것이고, 장차 아기가 튼튼한 신체와 높은 학습 능력을 가질 수 있도록 단단한 기초가 마련될 것이다.

# 9 아이가 잘 놀게 하려면 ?

내 두 딸이 각각 일곱 살과 아홉 살이던 무렵, 둘은 서로를 잡아먹지 못해서 안달이었다. "그만 좀 해!" 하나가 투덜거리면 다른 하나도 지지 않고 쏘아붙였다. "아니. 네가 그만 해!" 그렇게 나란히 그네를 타다가 작은아이가 약 올리듯이 곡조를 읊조리며 언니의 신경을 건드리기 시작했다. 결국 큰아이는 짜증을 참지 못해 귀를 막고 투덜거렸다. 둘이 한동안 그렇게 으르렁거리는가 싶더니 마침내, 큰아이가 내게 와서 이렇게 물어보았다. "나, 플레이데이트playdate(부모끼리 약속을 정해 만나 아이들이 놀게 하는 미국 놀이 문화. 사고나 낯선 이에 대한 두려움이 확산되면서 미국 사회에 유행하고 있다.-옮긴이) 시켜 주면 안 돼요?"

나는 해야 할 일정이 따로 있어서 플레이데이트를 잡을 상황이 아니었기 때문에, 대뜸 새로운 제안을 했다. "둘이 자전거 타고 존슨 씨네 집에 가 보지 그러니? 그 집 꼬마들하고 놀아 보든가."

존슨 씨네 집은 우리 집에서 자전거로 5분 거리에 있었다. 그 집에 가려면 자전거로 흙길을 타고 내려가야 했다. 큰아이는 신이 나서 내게 다시 확인했다. "정말요? 그래도 돼요?" 아이들끼리 자전거로 그 집에 가는 일은 처음이었기 때문에, 나는 친구이기도 한 그 집 아이들 엄마에게 문자를 보내, 우리 아이들이 갈 텐데, 그 집 아이들과 같이 놀 수 없다면 다시 돌려보내 달라고 알렸다.

친구인 존슨 씨도 이런 식으로 아이들끼리 놀게 해 보기는 처음이었다. 그런데 아이들에게 이렇게 소박하게나마 자유를 만끽하게 해 주었더니 새로운 세상이 열렸다. 자율성을 얻은 아이들은 해방감을 맛보았고, 부모인 우리도 아이들이 새로 발견한 자립의 가능성에 놀라워했다. 그 일이 있고 나서 우리 딸들은 다른 친구들의 집에도 자전거를 타고 놀러 다니기 시작했다. 반대로 우리 집에 다른 집 아이들이 자전거를 타고 놀러 오는 횟수도 점점 늘어나면서, 아이들은 공터로 향하거나 냇가에 가서 둑을 쌓고 놀았다. 아니면 자기들이 고안한 놀이를 하며 놀기도 했다. 아이들이 돌아다니는 범위는 점점 넓어지고 놀이 방식도 점점 기발해졌다. 이는 낯선 이에 대한 두려움, 아이들이 다칠지도 모른다는 막연한 두려움을 넘어서야 하는 일이었다. 한편, 부모들은 아이들과의 외출과 플레이데이트 계획에 더 이상 머리를 싸매지 않아도 되었다.

그런데, 아이가 자주적으로 노는 일과 관련해서는 부모로서의 두려움 말고도 넘어서야 할 것이 더 있다. 아이가 동기를 잃고 권태에 빠져 모든 놀이를 시들하게 여기는 경우가 생긴다. 아이를 밖에서 마음껏 놀게 해 주어도, 정작 아이는 무엇을 하며 놀아야 할지 몰라 막막했다고 이야기하기도 한다. 바깥에서 놀아 볼 기회가 많지 않은 아이는 노는 일에도 자신감이 떨어지고 기술이 부족해, 혼자서는 창의적으로 놀지 못한다. 놀이를 시작한 지 오래지 않아 금세 지루해하다가 그나마 위안이 되는 실내로 들여보내 달라고 조른다.

이번 장에서는 아이가 바깥 환경에서 놀며 창의성과 독립성을 키우기 위해 넘어서야 할 장애물(아이의 권태와 부모의 공포)을 다시 한번 짚어 보고 극복방안을 모색해 본다. 도시, 근교, 시골 등 사는 지역에 상관없이 참고할 지점을 발견할 수 있을 것이다. 그러자면, 부모는 공포에서 벗어나 아이가 바깥에서 충분히 놀 수 있게 하고, 아이가 독립적으로 놀 수 있도록 작지만 커다란 첫발을 내딛어야 한다.

독립적 놀이의 장애물 걷어 내기

아이의 독립성을 키워 주려면 부모가 공포와 두려움을 극복하고 아이가 지루해하지 않도록 미리 조치해야 한다는 책임감에서 먼저 벗어나야 한다. 실제로는, 지루함을 느껴 봐야 아이도 상상력을 동원해 창의적으로 놀게 된다.

⊗
놀이에 대한 공포 극복하기

최근 영국에서 실시된 여론 조사를 보면, 조사에 참가한 부모의 53퍼센트가 아이들끼리 바깥에서 놀게 두기 어려운 이유로 교통을 꼽았다. 40퍼센트는 낯선 사람이 아이들을 데려갈까 두렵다고 했다. 나머지는 이웃 사람들이 어떻게 볼지, 자녀가 다치지는 않을지 염려된다고 했다. 한편 대부분의 부모는 바깥에서 노는 아이들이 더 많다면, 자신들도 기꺼이 아이들을 바깥에서 놀게 할 것이라고 답했다(Levy 2013). 그렇다면 우리는 무엇이 두려운 것일까? 우리 아이들이 이웃의 친구를 새로 사귀지 못하도록 막는 것은 무엇 때문일까? 같은 동네 사는 아이들끼리 편을 갈라 농구조차 하지 못하게 하는 것은 무엇 때문일까?

앞서 5장에서, 대중의 통념과 달리 요즘 세상이 30년 전에 비해 더 안전하지는 않더라도 그때만큼은 안전하다는 사실을 확인했다. 이어지는 글에 우리 곁을 떠도는 공포를 완화하는 방법 몇 가지를 제시한다.

- **길게 보면 아이의 독립성이 아이의 안전을 위한 길임을 기억한다.** 지금부터 아이의 독립성을 키워 주면 결국 아이는 더 유능해지고 똑똑해지며, 자립심도 강해진다.

- **소박하게 시작하자.** 마음에 크게 걸리는 점이 있다면 일단 보류한다. 작은 일부터 독립심을 북돋아 주며 시작한다. 아이가 바깥에서 노는 동안 주변에 있으면서 아이가 혼자 돌아다니는 범위를 점차 늘려 가는 방법을 쓰는 것도 좋다. 이런 기법은 뒤에서 더 자세히 다루도록 한다.
- **지켜보고 연습한다.** 처음 몇 번은 아이와 동행하면서 아이가 걷거나 자전거로 이웃집까지 스스로 다닐 수 있는지 본다. 아이가 바깥에서 어떻게 노는지 멀찍이서 주시하되, 눈치 채지 못하도록 주의한다. 아이가 갖가지 상황을 맞이했을 때 어떻게 대처하는지 지켜보는 것만으로도, 아이와 부모 사이에 적절한 거리를 두면서 생기는 걱정을 덜 수 있다.
- **한계를 명확히 정하고 약속한다.** 아이가 언제까지 들어와야 하는지, 어디까지 돌아다닐 수 있는지, 나가 있는 동안 연락을 해야 할지 말지, 한다면 얼마나 자주 해야 하는지 구체적으로 정한다. 이와 관련한 자세한 내용은 뒤에서 다시 다룬다.

⊗

지루함을 넘어서

아이들이 딱히 할 일이 없으면 지루함을 견디지 못해 사고를 치지 않을까? 또는 서로 유치한 장난을 주고받다가 나를 귀찮게 하지는 않을까? 이런 걱정을 하는 부모가 많은 모양이다. 방과 후에, 주말에, 방학 동안에, 아이들이 한시도 빈둥거리지 않게 하려고 갖은 노력을 기울이는 부모가 요즘 들어 부쩍 늘었다. 그래서 플레이데이트를 정하고, 스포츠 활동에 등록을 하고, 방학 계획을 세우고, 캠프에 보낸다. 모두 한가한 시간을 없애기 위해서다. 그러나 아이에게 조금도 지루할 틈을 주지 않기 때문에, 도리어 독립적이고 창의적으로 놀 수 있기까지 겪어야 할 과정조차 없애 버리는 결과를 가져오고 만다.

아이들도 이따금 지루함을 겪어 봐야 그 상태에 눌러앉지 않고 자기만의 놀이 계획을 만들 수 있다. 아이가 지루해 하면, 아이를 즐겁게 하고 갖가지 활동할 거리를 찾아 주는 것이 '부모의' 일인 양 여기기 쉽다. 아이들이 느끼는 지루함을 어떻게 판단해야 할지, 몇 가지 방향을 제시해 보겠다.

▫ **지루함도 겪어 봐야 한다.** 때로는 지루해지는 시기를 겪고 난 후에, 익숙하게 보던 물건에서 새로운 용도가 보이기 시작한다. 볼품없던 막대기가 음식을 휘젓는 국자가 되고, 고여 있던 웅덩이는 뜨거운 용암 구덩이가 된다. 지루함을 딛고 나면 놀이가 한층 창의성을 띤다.

- **아이의 공상을 깨뜨리지 않는다.** 자기 생활과 하고 싶은 놀이가 무엇인지 조용히 사색할 시간이 있으면, 아이는 독창적인 아이디어를 만들어 내기 시작한다.
- **선입견을 버린다.** 아이가 아무 생각 없이 돌아다니더라도 내버려 둔다. 아이가 자리에 앉아 무언가를 조용히 바라보고만 있다 해도 내버려 둔다. 때때로 어른이 생각하는 '놀이'는 아이들이 생각하는 놀이와 달라 보이기도 한다. 게다가 아이는 탐색하고 생각할 시간이 있어야 창의적인 놀이에 본격적으로 뛰어들 수 있다.
- **일정을 유연하게 열어 둔다.** 일정을 비워 두어 아이가 스스로 지루함을 이겨 낼 기회를 준다. 방학이나 주말이면 하루도 빠짐없이 무언가 해야 마음이 놓이는 습관을 버린다. 쉬는 날까지 빽빽하게 할일을 짜 놓는 대신, 온 가족이 아무 계획 없이 쉬는 날을 가져 보자. 가령 토요일에 바닷가에 놀러 간다면, 일요일에는 집에 머물며 쉬는 시간을 보내도록 한다.

독립심과 창의성을 키우며 놀려면

우리는 어느 시점이 되면 아이들이 독립적인 존재가 되기를 바란다. 그러나 이런 성향이 나타났으면 하고 바라는 시기는 사람마다 다양하다. 독립이라고 하면 10대 후반을 떠올리는 부모도 있다. 이 시기에 운전 면허증을 따고, 첫 일자리를 얻을 수도 있기 때문이다. 그러나 그 시기가 되어서야 아이의 독립을 밀어 준다면 그야말로 잘못된 선택이다. 아이들은 어려서부터 독립적으로 생활할 수 있는 법을 배워야 한다. 자신의 선택권을 느끼고, 의사 결정 능력을 익혀야 한다. 그런 연습은 아기 때부터 시작해도 지나치지 않다. 사실상, 어려서부터 자신에게 자유나 재량이 있다고 느끼지 못하면 욕구 불만과 갈등이 쌓이면서 분노와 불안, 특정 감각에 대한 혐오, 편식 습관, 문제 행동으로 번진다. 아이는 나이에 맞게 설정된 자연스러운 보호망 속에서 안심하고 자라야 하지만, 어른의 공포감에 좌우되지 않고 자유롭게 놀 수 있는 공간과 시간도 필요하다. 그래야만 잘 성장할 수 있다. 공간과 시간은 아이가 독립적 놀이를 해 나갈 수 있도록 고취하는 기본적인 조건이다.

⊗
공간

아이에게 적절한 공간을 주는 일은 아마도 부모가 감당하기 가장 힘든 일일지도 모른다. 우리 부모들은 아이들을 사랑하며, 아이에게 가장 좋은 것만 주고 싶어 한다. 아이 삶의 매 순간에 함께하여 기념비적인 사건을 담아 두고 한순간도 놓치지 않으려 한다. 그러나 우리가 업무와 바쁜 일정, 사람들의 무리에서 떨어져 자신만의 공간이 필요하듯이, 아이에게도 자기만의 공간이 필요하다.

아이도 혼자서 사색하고 놀며, 어깨너머로 일거수일투족을 주시하는 부모의 시선에서 벗어나 자기만의 생각을 펼쳐 볼 시간이 있어야 한다. 아이들도 어른의 시선을 피할 수 있는 공간이 필요하다. 아이에게 그런 공간을 주려면 구속의 고삐를 풀고 한발 물러서서 자유를 허락해야 한다. 처음에는 뒤로 물러서는 일이 망설여질 수도 있지만 조금씩 노력을 기울이면 그런 거리 두기가 자연스러워지고, 부모와 아이가 모두 불안하지 않게 지낼 수 있다.

아이에게 자기 힘으로, 자기의 계획에 따라 놀 기회를 주면 아이의 성장과 발달에 지대한 영향을 끼친다. 우리가 늘 아이와 함께 놀아 주어야 한다는 짐을 지고 있는 한, 아이는 우리의 안내와 지원만 기다리게 될지도 모른다.

그렇다면, 어떻게 아이에게 자기만의 공간을 줄 수 있을까? 우선, 아이가 몇 살이 되었을 때 그런 공간을 주어야 할지 판단해야 한다. 두 번째로, 아이가 공간을 얻으려면 어떤 능력을 갖추어야 할지 판단한다. 세 번째로, 아이에게 적당한 공간이 무엇이고, 아이가 실제 이용 가능한 공간이 무엇인지 판단한다. 이 조치들을 적용하려면 사는 지역에 따라 약간의 융통성과 기지를 발휘해야 할 수도 있다. 공간에 대해 염두에 두어야 할 점 몇 가지는 다음과 같다.

뜰

아이를 뜰로 데리고 나가, 같이 있어 주기만 해도 좋다. 아이는 자신이 보호자의 시야에 있다는 것을 알면, 안심하고 주변을 탐색하며 논다. 이것은 바깥일을 하기에 적절한 기회이기도 하다. 다음은 뜰에서 지내며 아이의 독립성을 키울 수 있는 방법들이다.

- **텃밭 가꾸기.** 텃밭이나 정원을 가꾸는 동안, 아이도 영감을 받아 흙에 구멍을 파고 삽으로 뜨거나 벌레를 찾기도 한다. 이곳저곳을 파헤치고 다니다 마침내 근처에 있는 나무 밑에 구멍을 파거나 바위 밑을 뒤져 벌레를 찾기도 한다. 독립적인 놀이의 시작을 보여 주는 장면이다.

- **가지치기.** 가지치기를 해서 나온 나뭇가지로 요새나 다리를 만들기도 하고 상상극의 소품으로 이용할 수 있다(가령, 마법사의 지팡이나 공룡의 화석을 발굴하는 도구로 쓸 수 있다).
- **낙엽 모으기.** 뜰에 쌓인 낙엽을 그러모으고 나서 아이가 놀 수 있도록 낙엽 더미를 남겨 둔다. 아이는 낙엽 더미 안에 뛰어들어 파묻히거나 낙엽을 허공에 흩뿌리며 놀 수 있다.
- **아이와 놀아 주기.** 아이가 독자적으로 뜰을 탐구하도록 하면서, 아이와 씨름하거나 그네 타기, 공 주고받기 등을 하며 스스럼없이 놀아 주면 좋다. 아이와의 애착도 깊어지고 부모의 장난스러운 면모도 드러낼 수 있다.
- **함께 만들기.** 아이가 뜰에서 갖고 놀 수 있는 놀이 기구를 함께 만든다. 아이가 직접 참여한 만큼 그 기구를 가지고 잘 놀 것이다.
- **작은 일감.** 뜨개질이나 스크랩북 등 작업하던 일이 있으면 밖에서 한다. 자연스럽게 아이 곁에 있으면서도 아이는 간섭 받지 않고 놀 수 있다.

공원

도시에서 사는 아이에게는 공원이야말로 일찍부터 독립성을 키우며 놀기에 적절한 공간이다. 부모라면 처음에는 가능한 한 노는 아이 곁에 가까이 머물고 싶을 것이다.

그러나 그저 근처에 있는 것만으로도 아이는 자신감을 느끼고 혼자 힘으로 주위 환경을 탐색하기 시작할 것이다. 도시에서 아이의 독립성을 키우려면 다음과 같은 몇 가지를 염두에 두어야 한다.

- **자연의 요소가 많은 장소를 찾는다.** 물과 흙, 나무와 숲 등 탐구할 만한 자연의 요소가 풍부한 공원을 물색한다.
- **읽을 책이나 소소한 일감을 가져간다.** 아이가 근처에서 노는 동안 책을 읽거나 뜨개질을 할 수 있다. 걱정스럽게 아이의 일거수일투족을 지켜보는 시간을 점점 줄이면서 보호자가 자신을 위한 시간을 보낼 수 있다.
- **다른 집 아이들도 데려간다.** 다른 아이들과 함께 어울리면, 아이가 새로운 환경이나 장소에서도 독립적으로 오래 놀 수 있는 동기가 생긴다.
- **물가에서는 아이 곁을 지킨다.** 호수나 냇물이라면 곁에서 아이의 놀이를 주시해야 한다. 아이가 어느 정도 자라면 괜찮을 수 있지만, 물가에서는 시야에서 아이를 놓치지 말아야 한다.

거리

아이가 아홉 살 이상이고 기본적인 방향을 이해할 수 있을 정도로 자라면 걸어서 또는 자전거나 킥보드, 스케이트보드를 타고 동네를 돌아다닐 수 있다. 아이가 본격적으로 거리를 돌아다닐 즈음이면 안전수칙이나 유의사항을 알려 주고, 거리 상황에 적절히 대처하고 현명하게 이용할 이른바 '길거리 안전수칙'을 지도한다. 안전이 확보되면 아이가 독립적으로 이동할 수 있는 능력도 좋아질 것이다. 다음은 안전과 관련된 사항들이다.

- **기본적인 이동 요령을 지도한다.** 길을 잃지 않고 동네와 도시의 거리를 잘 다닐 수 있는 요령을 가르친다.
- **도로와 교통 표지를 분명히 설명한다.** 각각의 표지가 무슨 의미이며 그에 따라 어떻게 행동해야 하는지 가르쳐 준다.
- **먼저 연습을 시킨다.** 아이가 어떻게 행동해야 할지 정확히 알고 안전 사항을 제대로 인지하여 능숙하게 다닐 수 있도록, 함께 거리를 건너고 이동하는 연습을 되풀이한다.
- **돌아다닐 수 있는 범위를 명확히 정한다.** 경계를 명확히 짚어 약속한 후 아이가 다니게 한다. "토니네 집이나 도서관 너머까지 가면 안 돼"처럼 어디까지 갈 수 있는지 범위를 명확히 정해 준다.
- **만약의 경우 휴대용 무전기나 휴대전화를 준다.** 무전기나 휴대전화가 있으면 아이가 혼자 길을 걷고 이동하는 동안 소통할 수 있다.

- **아이와 식사를 같이 한다.** 점심 시간에는 집에 돌아오도록 해서, 아이가 혼자 나갔던 일을 확인하고 같이 점심을 먹는다.
- **아이가 연락하게 한다.** 친구 집에 도착하면 전화를 하도록 하거나 나가 있는 동안 몇 시간마다 연락하게 한다.
- **다른 아이들과 함께 다니도록 한다.** 친구나 형제·자매가 같이 다닌다면 다치거나 도움이 필요한 상황에서 크게 도움이 된다.
- **간식과 물을 챙겨 나가게 한다.** 메고 다니기 편한 작은 배낭이나 자전거 바구니에 간식과 물을 챙겨 다니면 에너지와 수분을 보충할 수 있다.
- **다음의 예와 같이 '길거리 안전수칙' 요령을 가르친다.**
  - 가지 말아야 할 곳과 그 이유
  - 낯선 사람에게 말을 걸어야 할 때
  - 낯선 사람의 도움이 필요한 경우, 도움을 요청하기 좋은 사람(경찰 등)
  - 길을 잃어버렸을 때 행동 요령
  - 곤란한 상황에서 행동 요령
  - 다쳤을 때 행동 요령
  - 낯선 사람의 차에 타거나 낯선 사람과 다니지 않기

아이의 독립성을 키워 주려면 작은 일부터 시작하자. 처음에는 자전거를 타고 이웃집까지 다녀오게 하고, 점점 경계를 넓혀 나간다. 아이마다 정도가 다르다는 점을 유념하자. 아직 홀로서기에 나설 준비가 부족한 아이도 분명 있다. 아이가 준비될 때까지는 거리에서 벌어지는 갖가지 상황에 현명하게 대처하는 요령을 가르치고, 아이의 여행에 동행한다. 아이가 무사히 거리를 돌아다닐 수 있겠다는 확신이 들 때까지 연습을 시킨다. 위의 요령들을 응용하면, 아이는 점차 이웃이나 도시의 거리를 쉽고 자신 있게 돌아다닐 수 있게 된다.

숲

다행히도 사는 곳 주변에 숲이 있다면 아이들의 놀이와 탐험에 최적의 장소가 될 것이다. 4장에서 살펴보았듯이, 나무와 더불어 놀면 진정 효과도 얻을 수 있으며, 창의성도 키워진다. 숲이 우거진 장소는 빨려들어 가는 분위기가 있어 아이의 상상력을 자극하고, 아이는 어른의 세계에 영향 받지 않고 몰입할 수 있다. 숲에서 안전하게 놀 수 있도록 지침이 되는 사항들을 알려 주면, 안전도 확보되고 아이가 독립적으로 숲을 돌아다닐 수 있는 능력도 생길 것이다.

◻ **처음에는 아이와 동행한다.** 뜰이나 공원. 다른 도시 공간에서

와 마찬가지로 처음에는 아이 곁에 있으면서 놀이를 소개해 줄 수 있다. 아이가 숲에서 노는 동안 읽을거리를 가져가면 좋다.

- **나뭇가지를 줍는다.** 아이가 노는 동안 나뭇가지를 주우면서 시간을 활용한다. 바닥의 나무를 주우면서 숲을 둘러보고, 아이에게 유익한 정보도 줄 수 있다. 결과적으로 아이의 숲속 놀이가 더 풍성해질 수 있다.
- **아이가 점차 노는 범위를 넓히도록 한다.** 아이가 자라 독립적인 성향이 커지면 그에 따라 공간의 범위를 점차 넓혀 준다. 소리가 들리는 범위 내에서 시야가 미치지 않는 곳까지 가 보도록 허용해 주면서, 아이가 눈치 채지 못하게 수시로 확인하는 방법도 고려해 보자.
- **친구와 함께 숲을 탐험한다.** 숲과 가까이 살면서 아이가 숲을 잘 파악하고 대처할 능력을 갖추었다고 판단되면, 친구나 형제자매와 함께 들어가 놀도록 허락해 준다.
- **경계를 확실히 정한다.** 숲에서 길을 잃고 헤매지 않도록 갈 수 있는 경계를 명확하게 정한다. 이동로에 눈에 띄는 '표식을 달아 놓거나 경계를 쳐 놓는 방법도 생각해 보자.
- **독성 식물과 야생 동물에 대해 알려 준다.** 5장에서 살펴보았듯 위험한 식물과 동물, 피해야 할 곤충에 대해 미리 교육한다.
- **충분한 대비를 한다.** 점심을 먹으러 집에 오도록 하거나 무전기 또는 휴대전화를 지니고 다니도록 한다. 아이의 실제 능력

을 정확히 파악하는 일이 중요하다. 그에 맞게 대비해야 아이를 독자적으로 놀게 하면서도 안심할 수 있다.

⊗
시간

아이의 독립적 놀이에 중요한 또 하나의 요소는 바깥에서 놀 시간이 충분해야 한다는 것이다. 적어도 바깥에서 매일 두세 시간 이상은 방해받지 않고 노는 것이 이상적이다. 팀버누크에서 아이들이 어른의 간섭 없이 놀 수 있도록 충분한 시간을 주면, 빠르면 1주일이라는 단기간 안에 아이들의 놀이에 큰 변화가 나타난다. 아이들은 캠프가 시작되고 첫 며칠간은 단순한 놀잇감을 찾는다. 보통은 숲을 돌아다니며 무엇이 있는지 찾아보거나, 이따금 밧줄 그네를 타려고 줄을 서거나 나무를 탄다. 개구리를 찾거나 모험 놀이 코스에 도전하는 아이도 있다. 그러다 우리에게 와서 다음 '일정'이 무엇인지 묻고는 나뭇가지를 가지고 놀거나 큰 바위에 오르기 같은 활동들을 할 수 있는지 확인하곤 한다. 시간이 더 걸리는 아이도 있지만, 아이들은 대체로 주 중반이 되어서야 창의적이고 독립적으로 놀이에 빠져들기 시작한다. 팀버누크에 처음 온 아이들일수록 이런 경향은 두드러진다. 여러 해에 걸쳐 팀버누크의 캠프에 참여해 온 아이들은 더 빨리 독립적으로 놀기 시작하는 경향이 있으며, 놀이도 초기부터 복잡한 양상을 띤다.

우리는 또한 캠프 초기에 아이들이 '심층' 놀이에 빠지기까지는 보통 45분 정도가 걸린다는 사실을 확인했다. 심층 놀이는 단순히 자연을 탐험하는 정도에 그치지 않고, 목적에 따라 움직이는 놀이를 말한다. 놀이가 심층 수준에 접근할 때 즈음이면, 아이들은 같이 놀 대상과 무엇을 하고 놀지를 정한다. 이에 따라 각자 역할을 정하고 놀이에 필요한 준비물도 갖춘다. 이 상황이 되면 숲에 평화로운 기운이 감돌고 조용해지기 때문에, 금세 감지할 수 있다. 아이들은 놀이 계획에 흠뻑 빠져든 채 숲 여기저기에 흩어진다.

캠프가 점차 무르익으면, 아이들은 더 빠른 속도로 심층 놀이에 뛰어든다. 캠프 막바지가 되면 거의 몇 분도 걸리지 않아 즉시 역할을 나누고 놀이에 빠져든다. 그러나 이렇게 되려면 아이들에게는 시간과 인내가 필요하며, 어른과도 거리를 둘 수 있어야 한다. 심층 놀이에는 적절한 환경과 그 기술을 연마할 기회가 충분히 있어야 한다.

매일 적어도 45분 동안 바깥에서 간섭받지 않고 놀 수 있는 시간을 마련하는 것이 어렵다면, 짬을 낼 수 있는 아이디어 몇 가지를 제안한다.

- **방과 후 시간.** 수업이 끝난 후 바로 노는 시간을 준다. 레슨이나 스포츠 활동이 잡혀 있다면, 더 늦은 시간이나 주말로 일정을 조정한다.
- **아침 시간 활용하기.** 학교 가기 전 아침 시간에 아이에게 만화를 보게 하며 집안일이나 출근 준비를 하는 부모가 많다. 그 시간에 바깥에서 놀게 할 수 있는지 고려해 본다.
- **주말에 시간 내기.** 주말에 하루 정도는 가족이 집에서 함께 보낼 수 있도록 시간 계획을 세운다. 아이가 바깥에서 노는 동안은 부모가 집안일을 하기에도 좋다.
- **학교의 쉬는 시간 늘리기.** 쉬는 시간을 더 늘릴 수 있는지 학교 측과 상의하는 방법을 고민해 본다. 학교 일과 시작 전에 쉬는 시간을 추가할 수 있는지 문의해도 좋다. 쉬는 시간의 중요성과, 쉬는 시간을 최적의 놀이 시간으로 만드는 방안에 관해서는 7장을 참조한다.

⊗
여럿이 놀아야 재미있다 - 친구와 함께 놀기

아이들은 여럿이 함께 있으면 자연스럽게 서로 영감을 주고받으며 논다. 나도 늘 두 딸에게서 이런 모습을 확인하곤 한다. 두 아이는 집에 함께 있으면 보통 뜰에서 논다. 아이들은 가끔 진흙탕에서 놀기도 하지만 대개 그네나 미끄럼틀을 타며 자전거도 타고 돌아다닌다. 그러다 친구가 집에 놀러 오면 함께 더 멀리까지 돌아다니거나, 숲에 들어가 둑을 쌓거나 더 기발한 놀이를 하며 보낸다. 어떻게 하면 놀이에 더 많은 아이들을 끌어모을 수 있을까? 몇 가지 아이디어를 아래에 제시한다.

- **온종일 놀 수 있도록 집에 초대하거나 플레이데이트를 잡는다.** 집에 온 친구들과 온종일 지내다 보면 여유롭게 놀며 지루해지다가도 같이 식사하고 상상하며 탐험하는 가운데 새로운 놀이를 고안해 빠져들게 된다.
- **많이 돌아다니게 한다.** 자전거를 타고 친구의 집을 방문하다 보면, 친구의 가족도 아이를 내보낼 동기를 찾는다. 아이들은 함께 어울리며 더 멀리까지 다닐 수 있다.
- **성향이 비슷한 부모를 찾는다.** 아이를 자주 내보내 독립심을 키우려는 부모들을 찾아 교류한다. 그런 가정의 아이들이라면

자신 있게 바깥에서 놀 것이고, 우리 집 아이도 같은 영향을 받을 수 있다.
- **오픈 하우스를 기획한다.** 사전 약속이나 별도의 준비 없이 한 달에 한 번, 또는 1주일에 한 번 정도 아이가 집으로 친구들을 불러 놀 수 있게 한다. 가족의 형편이 허락한다면 더 많이 불러도 좋다.

⊗
환경은 놀이에 영감을 주는 원천

영감을 줄 만한 요소가 많은 환경은 놀이에 상상력을 불어넣고 독립적 놀이를 할 수 있도록 북돋아 준다. 찾아볼 것들이 많은 시냇물, 지저분해지도록 놀기에 충분한 진창, 숲과 같이 다양한 요소가 있는 환경은 놀이를 풍성하게 하고 갖가지 방식의 놀이를 부추긴다. 환경에 따라 놀이가 얼마나 풍성해질 수 있는지 몇 가지 사례를 들어 보면 다음과 같다.

- **시냇물.** 시냇물은 다양한 활동을 할 수 있는 영감으로 가득하다. 둑을 쌓아 물의 흐름을 막고, 다리를 놓아 냇물을 건너다닐 수도 있다. 자연물로 배를 만들어 띄울 수도 있다.

- **바닷가.** 바닷가에서는 모래성을 쌓거나 모래 조각을 만들어 손재주를 펼칠 수 있다. 물가에서 가볍게 놀 수도 있으며, 수영하거나 파도에 뛰어드는 신체적 도전을 할 수도 있다.
- **숲.** 갖가지 재료가 풍부한 숲에서는 큰 나무를 모아 요새를 만들거나 작은 나뭇가지로 요정의 집을 지을 수도 있다.
- **진흙탕.** 진흙탕이나 물이 고여 있는 곳에서는 개구리를 잡기도 하고 진흙으로 물건을 빚으며 놀 수 있다. 맨발로 다니거나 다리를 놓으며 물 위에 띄울 물건을 만들 수도 있다. 물건을 던져 흙탕물을 튀기고, 배를 대고 미끄럼을 타며 놀 수도 있다.

느슨한 부속

7장에서 살펴보았듯이, 위와 같은 환경이나 집 뜰에 느슨한 부속을 갖다 놓으면 아이의 놀이에 창의성을 더해 줄 수 있다.

- **플라스틱이나 아동용 장난감은 피한다.** 이런 물건은 대개 놀이 용도가 정해져 있어 확장성이 없다. 반면에 자유 놀이에서는 평소 같으면 가지고 놀지 않을 법한 물건에 상상력을 불어넣어 다양한 용도로 사용할 수 있다.
- **쌓고 지을 만한 재료를 준다.** 나무판자, 타이어, 파이프 조각, 나무 쿠키, 천 조각, 나뭇가지 같은 재료는 상상 놀이의 소품으

로 활용하기에 좋다. 큰 자재로 집을 짓고 그릇, 조개껍데기, 바구니 등 더 작은 느슨한 부속으로는 소꿉놀이를 할 수 있다.

- **중고품.** 창고 세일이나 중고품 가게, 벼룩시장은 의외의 물건을 큰돈 들이지 않고 얻을 수 있는 보물 창고와 같다. 각종 그릇과 식기, 바구니, 장신구 등 주로 어른의 손을 타는 물건은 아이의 흥미를 불러일으키고, 새로운 놀이에 대한 영감도 준다. 중고품은 다른 물건으로 바꾸지 않는 한 두고두고 사용하기에도 좋다.
- **이따금 다른 물건을 내놓는다.** 물건에 변화를 주면 새로운 아이디어가 생기고, 가지고 놀 수 있는 물건의 목록도 풍성해진다.
- **은밀하게.** 느슨한 부속을 내놓을 때는 아이에게 알리지 않고 은밀하게 하면 좋다. 물건을 어떻게 이용할지는 아이에게 맡기자. 어른의 생각은 아이의 놀이를 제한할 뿐이고, 아이를 의존적으로 만든다. 느슨한 부속의 진가는 독립적이고 창의적인 사고를 끌어낸다는 데 있다. 아이는 느슨한 부속에서 어른은 한 번도 상상하지 못한 무언가를 끄집어 낼 수 있다. 그저 멀찍이서 아이가 어떻게 노는지 조용히 지켜보는 것이 좋다.

⊗
단순하고 소박한 놀이 환경

놀이 환경은 단순해야 좋다. 시설이 과도하거나 느슨한 부속이 지나치게 많으면 아이가 압도되거나 산만해져서, 도리어 창의적으로 몰입하며 놀 수 없다. 집 마당에서 창의적으로 놀 수 있도록 물건을 단순하게 하는 요령 몇 가지를 소개한다.

- **거대한 놀이 구조물은 치운다.** 아이가 커다란 구조물에 관심을 빼앗기면 나머지 공간에서 놀 동기도 사라진다.
- **놀이 시설을 군데군데 설치한다.** 놀이 시설 몇 가지를 마당 곳곳에 설치해 아이가 골고루 찾아보도록 한다.
- **단순하면서도 도전정신을 불러일으키는 시설을 설치한다.** 지형을 따라 자연스럽게 긴 철제 미끄럼틀을 놓는다. 다른 구석에는 밧줄 그네나 타이어 그네를 넓은 폭으로 움직이도록 달아서 나이에 상관없이 타게 한다.
- **들어가 놀 수 있는 널찍한 모래상자sand pit를 놓는다.** 모래와 흙은 감각(촉각과 고유수용성감각)을 발달시키며 놀기에 좋다. 주위에 물을 댈 만한 시설이 있다면 진흙으로 만들어 모양을 빚으며 창의성을 키우기에도 좋고, 물의 감각을 익히기에도 좋다. 아이들은 다양한 모양의 그릇에 물을 채우며 노는 것도 좋

아하지만, 흙이나 모래와 섞어 반죽을 만들며 놀기도 좋아한다.
- **느슨한 부속**. 느슨한 부속은 뒷마당에서도 쓰일 수 있으며 놀이에 창의성을 더한다. 아이들이 쓸 만한 단순한 건축 자재(나무판자, 타이어, 벽돌 등)를 늘 바깥에 둔다. 더 작은 부속의 경우 한 번에 내놓는 가짓수를 몇 가지로 제한한다.

요약

아이가 다칠지 모른다는 공포와 아이를 즐겁게 해야 한다는 강박을 극복하는 것이 아이가 활동적으로 놀며 독립성을 키울 수 있도록 만들어 주는 첫걸음이다. 일상적으로 꾸준히 놀 수 있는 시간과 자유롭게 탐구할 수 있는 바깥 환경이 아이에게 주어진다면, 그 효과는 더욱 두드러진다.

아이의 삶에 독립적이면서도 자유로운 놀이가 스며들게 하려면, 느슨한 부속과 아이의 마음을 사로잡는 환경에서부터 시작하자. 아이의 놀이에 끼어들거나 주의를 분산시킬 수도 있는 어른 노릇은 자제하자. 아이가 독립적이고 창의적으로 커 갈수록 어른의 그림자와 느슨한 부속은 점점 줄여 나간다. 계속 연습한다면, 아이는 점점 느슨한 부속과 어른을 필요로 하지 않게 될 것이다. 아이는 곧 환경에 의존하거나 자극에 기대지 않고도 자기만의 아이디어와 계획에 따라 노는 요령을 터득한다. 최종 목표는 아이가 놀이를 통해 독립성을 키우고 창의적이며 열린 사고 능력을 갖추는 것이다. 이것이 바로 아이가 장차 강하고 유능한 어른으로 성장할 수 있는 열쇠다.

추천 도서

- Biel, L., and N. K. Peske. 2009. 《Raising a Sensory Smart Child: The Definitive Handbook for Helping Your Child with Sensory Processing Issues》. New York: Penguin Books.
- Bronson, P., and A. Merryman. 2011. 《Nurture Shock: New Thinking About Children》. Boston, MA: Hachette.
- Gray, P. 2013. 《Free to Learn: Why Unleashing the Instinct to Play Will Make Our Children Happier, More Self-Reliant, and Better Students for Life》. New York: Basic Books.
- Hirsh-Pasek, K., and R. M. Golinkoff. 2003. 《Einstein Never Used Flashcards: How Our Children Really Learn – And Why They Need to Play More and Memorize Less》. Emmaus, PA: Rodale.
- Jensen, E. 1998. 《Teaching with the Brain in Mind》. Alexandria, VA: Association for Supervision and Curriculum Development.
- Kranowitz, C. 2006. 《The Out-of-Sync Child: Recognizing and Coping with Sensory Processing Disorder》. New York: Perigee Books.
- Lahey, J. 2015. 《The Gift of Failure: How the Best Parents Learn to Let Go So Their Children Can Succeed》. New York: HarperCollins.
- Lansbury, J. 2014. 《Elevating Child Care: A Guide to Respectful Parenting》. CreateSpace Independent Publishing Platform.
- Louv, R. 2008. 《Last Child in the Woods: Saving Our Children from Nature-Deficit Disorder》. Chapel Hill, NC: Algonquin Books.
- Mogel, W. 2008. 《The Blessing of a Skinned Knee: Using Jewish Teachings to Raise Self-Reliant Children》. New York: Scribner.

- Payne, K., L. Llosa, and S. Lancaster. 2013. «Beyond Winning: Smart Parenting in a Toxic Sports Environment». Guilford, CT: Lyons Press.
- Payne, K., and L. Ross. 2010. «Simplicity Parenting: Using the Extraordinary Power of Less to Raise Calmer, Happier, and More Secure Kids». New York: Ballantine Books.
- Siegel, D., and T. Bryson. 2012. «The Whole-Brain Child: 12 Revolutionary Strategies to Nurture Your Child's Mind». New York: Bantam Books.
- Skenazy, L. 2009. «Free-Range Kids: How to Raise Safe, Self-Reliant Children (Without Going Nuts with Worry)». San Francisco, CA: Jossey-Bass.
- Tough, P. 2012. «How Children Succeed: Grit, Curiosity, and the Hidden Power of Character». Boston, MA: Mariner Books.
- Ward, J. 2008. «I Love Dirt!: 52 Activities to Help You and Your Kids Discover the Wonders of Nature. Boulder», CO: Roost Books.

참고 문헌

- Alter, A. 2013. "How Nature Resets our Minds and Bodies." Atlantic, March. http://www.theatlantic.com/health/archive/2013/03/how-nature-resets-our-minds-and-bodies/274455.
- Alvarsson, J. J., S. Wiens, and M. E. Nilsson. 2010. "Stress Recovery During Exposure to Nature Sound and Environmental Noise." International Journal of Environmental Research and Public Health 7 (3): 1036–1046.
- American Academy of Pediatrics. 2013. "Managing Media: We Need a Plan." October 28. https://www.aap.org/en-us/about-the-aap/aap-press-room/pages/Managing-Media-We-Need-a-Plan.aspx.
- American Physical Therapy Association. 2008. "Lack of 'Tummy Time' Leads to Motor Delays in Infants, PTs Say." News release, August 6. Retrieved from http://www.apta.org/Media/Releases/Consumer/2008/8/6.
- Asher, M. I., S. Montefort, B. Björkstén, C. K. Lai, D. P. Strachan, S. K. Weiland, H. Williams, and the ISAAC Phase Three Study Group. 2006. "Worldwide Time Trends in the Prevalence of Symptoms of Asthma, Allergic Balanced and Barefoot 222 Rhinoconjunctivitis, and Eczema in Childhood: ISAAC Phases One and Three Repeat Multicountry Cross-Sectional Surveys." Lancet 368 (9537): 733–743.
- Ayres, J. A. 2000. Sensory Integration and the Child. Los Angeles: Western Psychological Services.

- BBC News. 2010. "Finland's Education Success." The World Videos 1. April 10. https://www.youtube.com/watch?v=rlYHWpRR4yc.
- Biel, L., and N. K. Peske. 2009. Raising a Sensory Smart Child: The Definitive Handbook for Helping Your Child with Sensory Processing Issues. New York: Penguin.
- Brody, J. E. 2009. "Babies Know: A Little Dirt Is Good for You." New York Times, January 26. http://www.nytimes.com/2009/01/27/health/27brod.html.
- Bundy, A. 1997. "Play and Playfulness. What to Look For." In Play in Occupational Therapy for Children, edited by L. D. Parham and L. S. Fazio. St. Louis, MO: Mosby.
- Campbell, D. 2011. "Children Growing Weaker as Computers Replace Outdoor Activity." Guardian, May 21. http://www.theguardian.com/society/2011/may/21/children-weaker-computers-replace-activity.
- Case-Smith, J. 2001. Occupational Therapy for Children. St. Louis: Mosby.
- Centers for Disease Control and Prevention. 2010. The Association Between School-Based Physical Activity, Including Physical Education, and Academic Performance. Atlanta, GA: US Department of Health and Human Services.
- Clements, R. 2004. "An Investigation of the Status of Outdoor Play." Contemporary Issues in Early Childhood 5 (1): 68–80.
- Cohen, L. J. 2013. "The Drama of the Anxious Child." Time, September 26. http://ideas.time.com/2013/09/26/the-drama-of-the-anxious-child.

- Crawford, N. 2013. "Katie Bowman and the Biomechanics of Human Growth: Barefoot Babies." Breaking Muscle.com. http://breakingmuscle.com/family-kids/katy-bowman-and-the-biomechanics-of-human-growth-barefoot-babies.

- Dewar, G. 2011. "When 'Daycare' was Run by Kids." Babycenter Blog. March 4. http://blogs.babycenter.com/mom_stories/when-daycare-was-run-by-kids.

- Dunn, R., and K. Dunn. 1993. Teaching Secondary Students Through Their Individual Learning Styles: Practical Approaches for Grades 7–12. Michigan: Allyn and Bacon.

- Fearn, H. 2015. "Child Kidnappings and Abductions Could Be Four Times Higher than Authorities Admit, Charities Warn." Independent. February 21. http://www.independent.co.uk/news/uk/crime/child-kidnap-and-abduction-increaseas-crimes-come-under-greater-scrutiny-10062014.html.

- Fisher, A. V., K. E. Godwin, and H. Seltman. 2014. "Visual Environment, Attention Allocation, and Learning in Young Children: When Too Much of a Good Thing May Be Bad." Psychological Science 25 (7): 1362–1370.

- Frick, S. M., and S. R. Young. 2012. Listening with the Whole Body: Clinical Concepts and Treatment Guidelines for Therapeutic Listening. Madison, WI: Vital Links.

- Geoffroy, M. C., S. M. Côté, S. Parent, and J. R. Séguin. 2006. "Daycare Attendance, Stress, and Mental Health." Canadian Journal of Psychiatry 51 (9): 607–615.

- Ginsburg, K. R. 2007. "The Importance of Play in Promoting Healthy Child Development and Maintaining Strong Parent-Child

Bonds." Pediatrics 119 (1): 182–191.

- Grahn P., F. Martensson, B. Llindblad, P. Nilsson, and A. Ekman. 1997. "Ute på Dagis." Stad and Land 145. Håssleholm, Sweden: Nora Skåne Offset.
- Gray, P. 2013. Free to Learn: Why Unleashing the Instinct to Play Will Make Our Children Happier, More Self-Reliant, and Better Students for Life. New York: Basic Books.
- Greenfield, B. 2015. "Parents Under Investigation for Neglect." Yahoo Parenting, January 15. https://www.yahoo.com/parenting/parents-under-investigation-for-neglect-after-108180228512.html.
- Hamilton, J. 2014. "Scientists Say Child's Play Helps Build a Better Brain." NPR Ed. August 6. http://www.npr.org/sections/ed/2014/08/06/336361277/scientists-say-childs-play-helps-build-a-better-brain.
- Hanford, E. 2015. "Out of the Classroom and Into the Woods." NPR Ed. May 26. http://www.npr.org/sections/ed/2015/05/26/407762253/out-of-the-classroom-and-into-the-woods.
- Harris, E. A. 2015. "Sharp Rise in Occupational Therapy Cases at New York's Schools." New York Times, February 17. http://www.nytimes.com/2015/02/18/nyregion/new-york-city-schools-see-a-sharp-increase-in-occupational-therapy-cases.html.
- Harris, L. No date. "Are Too Many Kids Receiving Occupational Therapy?" Babble.com. http://www.babble.com/kid/are-too-many-kids-receiving-occupational-therapy.
- Harrison, K., T. Harrison, and K. McArdle. 2013. "Outdoor Play and Learning in Early Childhood from Different Cultural Perspectives." Journal of Adventure Education and Outdoor

Learning 13 (3): 238–254.

- Hedström, E. M., O. Svensson, U. Bergström, and P. Michno. 2010. "Epidemiology of Fractures in Children and Adolescents." Acta Orthopaedica 81 (1): 148–153.
- Hubbard, S. B. 2005. "Are too Many Vaccines Destroying Kids' Immune Systems?" Newsmax.com. February 5. http://www.newsmax.com/Health/Headline/vaccines-children-immune-system/2015/02/05/id/622900.
- Jarrett, O. S., D. M. Maxwell, C. Dickerson, P. Hoge, G. Davies, and A. Yetley. 1998. "Impact of Recess on Classroom Behavior: Group Effects and Individual Differences." Journal of Educational Research 92 (2): 121–126.
- Jensen, E. 1998. Teaching with the Brain in Mind. Alexandria, VA: Association for Supervision and Curriculum Development.
- Juster, F. T., H. Ono, and F. P. Stafford. 2004. Changing Times of American Youth: 1981–2003. Ann Arbor, MI: Institute for Social Research. http://ns.umich.edu/Releases/2004/Nov04/teen_time_report.pdf.
- Kable, J. 2010. "Theory of Loose Parts." Let the Children Play (blog). February 10. http://www.letthechildrenplay.net/2010/01/how-children-use-outdoor-play-spaces.html.
- Kawar, M. J., and S. M. Frick. 2005. Astronaut Training: A Sound Activated Vestibular-Visual Protocol for Moving, Looking, and Listening. Madison, WI: Vital Links.
- Kelley, B., and C. Carchia. 2013. "Hey Data, Data—Swing!" ESPN.com. July 16. http://espn.go.com/espn/story/_/id/9469252/hidden-demographics-youth-sports-espn-magazine.

- Kraft, R. E. 1989. "Children at Play: Behavior of Children at Recess." Journal of Physical Education, Recreation, and Dance 60 (4): 21–24.
- Kranowitz, C. S. 1998. The Out-of-SyncChild: Recognizing and Coping with Sensory Integration Dysfunction. New York: Perigee Books.
- Lee, H. 2013. "The Babies Who Nap in Sub-Zero Temperatures." BBC News Magazine, February 22. http://www.bbc.com/news/magazine-21537988.
- Levy, A. 2013. "Parents' Anxieties Keep Children Playing Indoors: Fears About Traffic and Strangers Leading to 'Creeping Disappearance' of Youngsters from Parks." Daily Mail.com. August 6. http://www.dailymail.co.uk/news/article-2385722/Parents-anxieties-children-playing-indoors-Fears-traffic-strangers-leading-creeping-disappearance-youngsters-parks.html.
- Manier, J. 2008. "Experts Say 'Tummy Time' Key for Tots." Chicago Tribune, January 27. http://articles.chicagotribune.com/2008-01-27/news/0801270067_1_tummy-time-benign-source-bouncy-seat.
- National Space Biomedical Research Institute. No date. "The Body in Space." http://www.nsbri.org/DISCOVERIES-FOR-SPACE-and-EARTH/The-Body-in-Space.
- Nationwide Children's. No date. "Dance-Related Injuries by the Numbers." http://www.nationwidechildrens.org/dance-injuries-by-the-numbers.
- Nationwide Children's. 2009. "New National Study Finds Increase in P. E. Class-Related Injuries." August 3. http://www.

nationwidechildrens.org/news-room-articles/new-national-study-finds-increase-in-pe-class-related-injuries?contentid=49229.

- Neate, R. 2013. "Campfire Kids: Going Back to Nature with Forest Kindergartens." Spiegel Online International, November 22. http://www.spiegel.de/international/zeitgeist/forest-kindergartens-could-be-the-next-big-export-from-germany-a-935165.html.
- Nussbaum, D. 2006. "Before Children Ask, 'What's Recess?'" The New York Times on the Web Learning Network. December 10. https://www.nytimes.com/learning/students/pop/20061214snapthursday.html.
- Ogden, C. L., M. D. Carroll, B. K. Kit, and K. M. Flegal. 2012. Prevalence of Obesity in the United States, 2009–2010. National Center for Health Statistics Data Brief 82. US Department of Health and Human Services, Centers for Disease Control and Prevention. Retrieved from http://www.cdc.gov/nchs/data/databriefs/db82.htm.
- Ohio State University College of Optometry. 2014. "Scientists Study Effects of Sunlight to Reduce Number of Nearsighted Kids." November 20. http://optometry.osu.edu/news/article.cfm?id=330.
- Okada, H., C. Kuhn, H. Feillet, and J. F. Bach. 2010. "The 'Hygiene Hypothesis' for Autoimmune and Allergic Diseases: An Update." Clinical and Experimental Immunology 160 (1): 1–9.
- Palmer, B. 2013. "Why Are So Many Kids Getting Myopia?" Slate, October 16. http://www.slate.com/articles/health_and_science/medical_examiner/2013/10/myopia_increasing_indoor_light_may_be_impairing_children_s_vision.html.
- PBS Parents. No date. "Raising a Powerful Girl." http://www.pbs.

org/parents/parenting/ raising-girls/body-image-identity/raising-a-powerful-girl.

- Pellegrini, A. D. 2009. "Research and Policy on Children's Play." Child Development Perspectives 3 (2): 131–136.
- Pellegrini, A. D., and C. M. Bohn-Gettler. 2013. "The Benefits of Recess in Primary School." Scholarpedia 8 (2): 30448.
- Pica, R. 2010. "Why Kids Need Recess." Pathways to Family Wellness 25. http://pathwaysoffamilywellness.org/Children-s-Health-Wellness/why-kids-need-recess.html.
- Rao, U. B., and B. Joseph. 1992. "The Influence of Footwear on the Prevalence of Flat Foot: A Survey of 2300 Children." Journal of Bone and Joint Surgery 74-B (July): 525–527.
- Reddy, S. 2015. "The Benefits of Fidgeting for Students with ADHD." Wall Street Journal, June 22. http://www.wsj.com/articles/the-benefits-of-fidgeting-for-students-with-adhd-1434994365.
- Reed, A. C., T. M. Centanni, M. S. Borland, C. J. Matney, C. T. Engineer, and M. P. Kilgard. 2014. "Behavioral and Neural Discrimination of Speech Sounds After Moderate or Intense Noise Exposure in Rats." Ear and Hearing 35 (6). Retrieved from http://www.researchgate.net/publication/264393720_Behavioral_and_Neural_Discrimination_of_Speech_Sounds_After_Moderate_or_Intense_Noise_Exposure_in_Rats.
- Rideout, V. J., U. G. Foehr, and D. F. Roberts. 2010. Generation M2: Media in the Lives of 8-to 18-Year-Olds. A Keiser Family Foundation Study. Retrieved from https://kaiserfamilyfoundation.files.wordpress.com/2013/04/8010.pdf.

- Roley, S. S., E. I. Blanche, and R. C. Schaaf. 2001. Understanding the Nature of Sensory Integration with Diverse Populations. San Antonio, TX: Therapy Skill Builders.
- Rosin, H. 2014. "The Overprotected Kid." Atlantic, April. http://www.theatlantic.com/magazine/archive/2014/04/hey-parents-leave-those-kids-alone/358631.
- Russia Today, 2015. "UK Child Kidnappings and Abductions Soar By 13%." February 22. https://www.rt.com/uk/234499-child-abductions-kidnappings-increase/.Sandseter, E., L. E. O. Kennair. 2011. "Children's Risky Play from an Evolutionary Perspective: The Anti-Phobic Effects of Thrilling Experiences." Evolutionary Psychology 9 (2): 257–284. Retrieved from http://www.epjournal.net/ articles/children's-risky-play-from-an-evolutionary-perspective-the-anti-phobic-effects-of-thrilling-experiences/getpdf.php?file=EP092572842.pdf.
- Saul, H. 2014. "New Zealand School Bans Playground Rules and Sees Less Bullying and Vandalism." Independent, January 28. http://www.independent.co.uk/news/world/australasia/new-zealand-school-bans-playground-rules-and-sees-less-bullying-and vandalism-9091186.html.
- Scrivens, D. 2008. "Rebounding: Good for the Lymphatic System." Well Being Journal 17 (3). Retrieved from https://www.wellbeingjournal.com/rebounding-good-for-the-lymph-system.
- Shaw, B., B. Watson, B. Frauendienst, A. Redecker, T. Jones, and M. Hillman. 2013. Children's Independent Mobility: A Comparative Study in England and Germany (1971–2010). London: Policy Studies Institute.

- Skenazy, L. 2009. Free-Range Kids: How to Raise Safe, Self-Reliant Children (Without Going Nuts with Worry). San Francisco, CA: Jossey-Bass.
- Southern Illinois University School of Medicine. 2007. "Weak Bones in Children." Press release, December 11. Retrieved from http://www.siumed.edu/news/Newsline%20TEXT08/12-11-07.html.
- St. George, D. 2015. "Parents Investigated for Neglect After Letting Kids Walk Home Alone." Washington Post, January 14. http://www.washingtonpost.com/local/education/maryland-couple-want-free-range-kids-but-not-all-do/2015/01/14/d406c0be-9c0f-11e4-bcfb-059ec7a93ddc_story.html.
- Stevenson, P. 2006. "Banning Tag at Recess Is Dumb." CBS News. June 27. http://www.cbsnews.com/news/banning-tag-at-recess-is-dumb.
- Szabo, L. 2011. "One in Six Children Have a Developmental Disability." USA Today, May 22. http://usatoday30.usatoday.com/news/health/story/health/story/2011/05/One-in-six-children-have-a-developmental-disability/47467520/1.
- Taylor, A. F., F. E. Kuo, and W. C. Sullivan. 2001. "Coping with ADD: The Surprising Connection to Green Play Settings." Environment and Behavior 33 (1): 54–77.
- Thai Teachers Television. 2012. "Finland Lessons—Secondary Science, the Fishing Line." NeoEdutainment. January 22. https://www.youtube.com/watch?v=pkNEVNNeWdQ.
- Theodore Roosevelt Association. No date. "Quotations." To Cuno H. Rudolph, Washington Playground Association (WPA),

February 16, 1907. Presidential Addresses and State Papers VI, 1163. Retrieved from http://www.theodoreroosevelt.org/site/c.elKSIdOWIiJ8H/b.9297493/k.37C4/Quotations.htm.

- Tierney, J. 2011. "Can a Playground Be Too Safe?" New York Times, July 18. http://www.nytimes.com/2011/07/19/science/19tierney.html?_r=0.
- Tourula, M., A. Isola, and J. Hassi. 2008. "Children Sleeping Outdoors in Winter: Parents' Experiences of a Culturally Bound Childcare Practice." International Journal of Circumpolar Health 67 (2–3): 269–78.
- Ulrich, R. S. 1984. "View Through a Window May Influence Recovery from Surgery." Science, New Series 224 (4647): 420–421. Retrieved from http://www.majorhospitalfoundation.org/pdfs/View%20Through%20a%20Window.pdf.
- University of Maryland Medical Center. 2011. "Aromatherapy." August 9. http://umm.edu/health/medical/altmed/treatment/aromatherapy.
- US Food and Drug Administration. 2015. "Asthma: The Hygiene Hypothesis." January 26. http://www.fda.gov/BiologicsBloodVaccines/ResourcesforYou/Consumers/ucm167471.htm.
- Visser, S. N., M. L. Danielson, R. H. Bitsko, J. R. Holbrook, M. D. Kogan, R. M. Ghandour, R. Perou, and S. J. Blumberg. 2013. "Trends in the Parent-Report of Health Care Provider-Diagnosed and Medicated Attention-Deficit/HyperactivityDisorder: United States, 2003–2011." Journal of the American Academy of Child and Adolescent Psychiatry 53 (1): 34–46.
- Wang, B. 2013. "More Schools Banning 'Tag' Because of

Injuries." FindLaw (blog). October 11. http://blogs.findlaw.com/injured/2013/10/more-schools-banning-tag-because-of-injuries.html.

- Zygmunt-Fillwalk, E., and T. E. Bilello. 2005. "Parents' Victory in Reclaiming Recess for Their Children." Childhood Education 82 (1): 19–23.

찾아보기

Ⓐ
A. 진 에이어스 096, 324

Ⓕ
F. 세션즈 콜 210

ⓒ
감각
　감각 통합 096, 099, 104~105
　고유수용성감각 088, 091~093
　균형 잡힌 감각 경험 163~165
　미각과 후각 102~104
　시각 054~057, 097~099
　시자극 과잉 252
　전정감각 088, 094~096, 099, 101
　청각 095, 099~101
　촉각 090~091
감각 구성 089
감각 과부하 089, 217
감각 놀이봉 183, 184, 327
감각 처리 031, 089, 126, 184
감각 통합 096, 099, 104~105, 110, 152, 164, 170, 176, 179, 240, 266, 283, 305, 320
감각 해체 089
감기 050~052, 102, 152, 309, 323
감시 202, 204, 213, 219, 260
감정
　감정 조절 문제 028, 058~060, 065, 099, 112, 155, 158, 166, 178, 180, 190, 267, 312
　사회-정서적 기술 107~110, 112, 136, 208, 290
거리 344~347
걸음마 033, 069, 072, 080, 317
걸음마기 아이 107, 155, 321~324
경쟁 132, 135
고유수용성감각 088, 091~093, 148, 149, 192, 306, 311, 356
골절 046, 047, 092, 147, 148
공감능력 135
공격성 028, 052~054, 263
공공놀이터 안전핸드북 237
공상 125, 339
공작실 259

공포
  낯선 이에 대한 공포 203~204
  놀이에 대한 공포 336~337
  부상에 대한 공포 209~212
과잉보호 받는 아이(해나 로진)
  202
과잉(지나친) 스케줄 129~137
관절 탈구 046
교실 환경
  교실 속 자연 282~283
  교실에서의 움직임 277~278
  시각적 단순성 276~277
  야외 교실(바깥으로 나간 교실)
  283~288
  프로젝트 기반 학습 281~282
구름사다리 78, 84, 213, 214, 236, 246
국립아동보건·인간발달연구소 120
국립정신건강연구소 061
국제천식알레르기아동조사 051
그네 038, 081, 096, 099, 213, 224, 235, 236, 242, 243, 250, 343
근시 054~057, 176~178
근육
  코어 근육 072, 073, 076, 077, 082, 084, 122, 280, 311, 321
기억 형성 320
길 찾기 228

ⓝ

나무 타기 070, 083, 104, 194
나쁜 자세 041~043
낙상 038, 046, 048~050, 092, 209, 211
낯선 이에 대한 공포 203~204
내이 095~096, 101, 150, 239, 245, 304, 305, 319
내적 규칙 138
내적 욕구 324
냄새 088, 097, 102~104, 171, 190, 192, 193, 195, 307, 308, 319, 320
널찍한 활동 공간(넓은 놀이 공간)
  250~251
노출 치료
놀이
  놀이 문화의 변화 062~064
  놀이와 뇌 변화 166
  놀이와 신체 단련 145~148
  놀이의 특성 137~142
  모험 놀이 218~221, 349

면역 체계 028, 051, 052, 079, 145, 152~154, 185~186, 189, 290, 327
아이가 주도하는 놀이 134~136, 216~224
힘든 일 148~149

놀이터
과거의 놀이터 234~236
구름사다리 078, 084, 213, 214, 236, 246
규제의 증가 237~238
그네와 미끄럼틀 241~245
널찍한 활동 공간 250~251
놀이 시설의 변화 234~236
놀이터에서 발생한 부상 211
시소 236, 238, 246~247, 248, 253, 254
실내 놀이터 254~259
자연주의 놀이터 248~250
정글짐 078, 210, 245~246, 247, 264
좋은 놀이터의 조건 248~254
회전기구 081, 151, 224, 239~241, 247, 248, 253

농장 동물 190, 193

뇌
놀이와 뇌 변화 166
대뇌변연계 102, 190
휴식과 뇌 268
눈의 기능 054~056
느슨한 부속 257, 272~274, 293, 354~357

ⓒ

단순하고 소박한 놀이 환경 356~357
대근육 운동기술
근력 키우기 073~075
대근육 운동 협응 082~083
상체 근력 078
자세 조절 080~081
지구력 079~080
코어 근력 075~077
대뇌변연계 102, 190
대인 지능 141
더러워질 때 226, 274~275, 327
데이브 스크립스 153
데이비드 브라운스타인 52
데이비드 클라크 151
데이비드 핀켈러 203
도널드 무티 177
독립적 놀이
공간 341~349
놀이에 대한 공포 336~337

느슨한 부속 257, 272~274, 293, 354~357
  단순하고 소박한 놀이 환경 356~357
  독립적 놀이와 사회-정서적 기술 109, 208
  지루함 338~339
  친구 352~353
  환경 353~355
독성 식물 225, 226, 348
독자적 이동성 207
동물
  동물과의 교감 193
똑똑한 엄마는 서두르지 않는다 (제시카 레히) 284
뜰 342~343

ⓛ
라라 매켄지 050
레지오 에밀리아 접근법 292
로런스 코헨 060
로리스 말라구치 292
리노어 스커네이지 205
림프계 152~153

ⓜ
메리 루부시 189

매리 카와르 180
맨발 032, 061, 090, 091, 163, 164, 165, 168, 182, 186~187, 191, 292, 354
면역 체계
  림프계 152~153
  어린 세대의 면역 체계 052
  위생 가설과 면역 체계 185~186
모닥불에 요리하기 194~195
모험
  모험 놀이 218~221, 349
  모험심 118, 294
  모험심을 북돋아 주기 294
목 근육 043, 077, 098, 122
몸치 048, 050
물리치료 030, 031, 043, 121, 187
미각 088, 102~104, 188~189
미국소아과학회 127
미국 소아청소년정신의학회 저널 033
미국인의 신체활동 가이드라인 153
미술 작업실 259
미취학 아동 155

ⓑ
바닥 활동 077, 311~312

바닷가 놀이(바닷가에서 놀기) 183, 193
바로 눕혀 재우기 캠페인 120
바깥 놀이
  균형 잡힌 감각 경험 163~165
  바깥 놀이와 눈의 기능 173~178
  바깥 놀이의 치유 효과 161~196
  실내 놀이(터) 254~259
  심리 고무 효과 165~168
  자연의 치유 효과 170~195
  바깥 환경에서 시도하는 모험과 도전 168~170
박물관 111, 256, 285
발달장애 028, 031, 033, 055
발도르프 학교 276
벌레 물림 227
부상
  부상에 대한 공포 209~212
  운동 중 부상 049
부상 연구와 정책 센터 049, 050
북유럽 국가 309, 310, 314
브루스 매클라클런 214, 263, 271
비 323
비디오게임 127~129
비만 051, 143, 267
비타민D 148

뼈
  골절 사고 046
  뼈가 약한 아이들 045~047

(ㅅ)
사이먼 니컬슨 272
사회-정서적 기술 107~110, 136, 208, 290
상상 놀이 064, 256, 272, 293, 354
상체 근력 078, 146
새소리 099, 105, 165, 170, 179, 181, 192, 306, 308
세르지오 펠리스 166,
셰레프 우날 147, 148
소근육 운동기술
  소근육 운동 근력 084~085
  소근육 운동 협응 086~087
소리
  소음 089, 100~101, 109, 164, 171, 178~179, 181
  자연음 179, 180, 181, 307
소비자제품안전위원회 211, 237
소아청소년과 저널 31, 121
수분 섭취 227
수영장 258~259
수유 314

수족관 258
수파인플렉션 039
숙제 081, 100, 105, 118, 131, 135, 242
술래잡기 052, 053, 063, 080, 093, 144, 149, 192, 208, 213
숲 037, 061, 070, 104, 139, 144, 166, 171, 174, 200, 221, 225, 226, 249, 252, 264, 271, 284, 286~287, 288, 289, 324, 344, 347~349, 350, 352, 353, 354
숲유치원 286~287
쉬는 시간
  쉬는 시간 늘리기 270, 351
  쉬는 시간의 단축 265~266
  쉬는 시간의 효과 266~269
  쉬는 시간의 활용 269~275
슈퍼맨 자세 039
스완슨초등학교 214, 215, 263, 271, 275
스크린(스크린 타임) 014, 020, 055, 063, 127~129
스포츠 049, 050, 079, 119, 132~134, 138, 143~145, 157, 338, 351
스트레스 완화 268~269
습진 051

시각 054~057, 097~099
자연과 시각 173~178
시각적 단순성 276
시소 236, 238, 246~247, 248, 253, 254
시각적 단순성 276~277
시어도어 루스벨트 235
식용 식물 104, 226~227
신경 압박 042
신발 073, 084, 087, 186~187, 191
신시내티아동병원 047
신체
  놀이와 신체 단련 145~148
  대근육 운동기술 071~083
  소근육 운동기술 084~087
  신체 지각 054, 092, 095, 148, 149, 150, 214, 223~224, 235, 242, 258, 321, 235
신체감각적 학습 유형 277
신체복원운동협회 046, 187
실내 놀이(터)
  유익한 실내 공간 256~259
  실내 암벽등반 258
심리
  사회-정서적 기술 107~110, 112, 136, 208, 290
  심리 고무 효과 165~168

심박 활동 079, 153
심층 놀이 350

ㅇ

아기
   바깥 놀이 316~320
   바닥 활동 311~312
   아기와 바깥 활동하는 방법 312~315
   아기용 장비의 문제점 302~302
   아기의 바깥나들이 306~308
   아기 안고 다니기 304
   아동기를 다시 생각한다(팀 길) 207
아동기 불안 060~062
아동 대상 범죄 203
아동 스포츠 143
아로마세러피 190
아이스하키 051, 144
아트리움 257
안전
   감시 202~203
   낯선 이에 대한 공포 203~204
   놀이에 대한 공포 336~337
   모험과 안전 218~221
   부상에 대한 공포 209~212
   아이가 주도하는 놀이와 안전 216~224
   안전 규칙 213~215
알레르기 051, 052, 152, 185, 186, 327
애나 피셔 174
애틀랜타 어린이건강관리기구 121
애덤 알터 171
야외 수면 310, 314
어린이집
   느슨한 부속 257, 272~274, 293, 354~357
   모험심을 북돋아 주기 294
   연령 통합 291~292
언어 발달 307, 320
언어치료 030, 031
엘런 샌드세터 218, 219, 220
역할극 139, 142
연령 통합 291~292
연장 085, 141, 219
열매 따기 104, 191
영아 155, 309, 310
영아돌연사 증후군(SIDS) 120
운동 중 부상 049
움직임
   교실에서의 움직임 277~282
   면역 체계 152~154
   움직임 제한의 영향 118~136

워터파크 257
위생 가설 185~186
윤리 132, 135
융통성 170, 182, 311, 342
의자 생활 051, 123~126, 278~280
인대 046, 047, 126, 147, 187, 301
인지 기능 107, 110~111

ㅈ

자신감 넘치는 딸 키우기(조앤 덕) 220
자기 조절 058, 060
자상과 찰과상 225~226
자신감 079, 083, 108, 110, 142, 163, 169, 170, 188, 206, 208, 220, 221, 222, 223, 243, 245, 258, 190, 291, 335, 344
자세 변화 279
자세 조절 076, 080~081, 150
자연
   고양 효과 175
   교실 속 자연 282~283
   바닥 활동 077, 311~312
   식용 식물 104, 226~227
   아기의 바깥나들이 301~315
   자연과 미각, 후각 188~190
   자연과 시각 173~178
   자연과 청각 178~181
   자연과 촉각 181~185
   자연의 진정 효과 171~173, 176, 252, 347
   자연주의 놀이터 248~250
자연음 179, 180, 181, 307
자연의 진정 효과 171~173, 176, 252, 347
자유방목 아이들 205
작업치료 028, 030~033, 039, 107, 179, 180~181, 252, 278
작은 상처 226, 327
장애교육·장애이해 통합 프로그램 31
적절한 도전 107
전국어린이병원 049
전정감각 082, 088, 094~096, 099, 101, 150~151, 180, 193, 214, 217, 240, 242, 244, 246, 257, 304
절충 요령 108
점프 153
정글짐 078, 210, 245~246
정중선 교차 083
제시카 레히 284
조직되지 않은 놀이 062, 064

조직 스포츠 119
조앤 딕 220
조 프로스트 238
졸린 퍼날드 059
주의력결핍과잉행동장애ADHD
   019, 022, 027, 033
즉흥 게임 134
지구력 028, 044, 075, 076,
   079~080, 132, 145, 153
지루함 335, 338~339
진흙 169, 181~182, 185, 226,
   251, 275, 292, 293, 322~323,
   352, 354, 356
질병 050~052, 152, 153
질병통제센터CDC 143

ㅊ

창의성 018, 023, 063, 128, 136,
   140, 141, 144, 162, 166, 184,
   202, 253, 259, 272, 286, 289,
   292, 335, 339, 340~357
천식 051, 052, 185, 186, 327
청각 099~101
   자연과 청각 178~181
   청각활용 작업치료 프로그램
      180~181
청소년 127, 155

체력 감소 044~045
체육 시간 049, 050, 075, 267
체험 동물원 259
촉각
   맨발과 촉각 186~187
   위생 가설 185~186
   자연과 촉각 181~185
촉각 방어 091
춤 049, 096, 136, 224, 280~281,
   315
친구와 함께 놀기 352~353

ㅋ

칼슘 047, 147
캐리 고드윈 174
캐스린 로즈 055
컨테이너 아기 증후군CBS 121
케이티 보먼 046, 146, 187
코어 근력 075~077
코어 근육 072, 073, 076, 077,
   082, 084, 122, 280, 311, 321
코어 내근육 076, 082
코어 외근육 076
콜린 쿨터 오베리 121

ㅌ

타박상 327

터미 타임 077, 313
텃밭 가꾸기 085, 103, 172, 192, 284, 288, 342
텔레비전 063, 117, 127~130
투쟁-도피 반응 089, 091, 101, 164, 178
팀 길 207
팀버누크 017, 018, 037, 044, 053, 061, 070, 127, 139, 171, 181, 209, 214, 221, 263, 271, 272, 275, 289, 299, 349, 350

ㅍ

팔꿈치 아탈구 046
팔꿈치 탈구 046
평발 186~187
평형감각 095, 224
표준근력측정 039
프로젝트 기반 학습 281~282
프랜 파머 034
프랭크 넬슨 237
플랭크 자세 039
피지팅 035, 125
피터 그레이 291
핀란드 학교 285~286

ㅎ

하워드 셀트먼 174
학교
  교실 환경 276~288
  쉬는 시간 264~275
  의자 생활 278~280
해나 로진 202
햇빛 074, 148, 177, 178, 228
행동 개선 267~268
협응
  대근육 운동 협응 082~083, 311
  소근육 운동 협응 086~087
활동적 자유 놀이
  놀이와 뇌 변화 166
  놀이의 특성 137~142
  단체 스포츠 132~134, 143~145
  면역 체계 152~154
  연령별 적정 놀이 시간 154~156
  제자리 돌기 150~152
  신체 단련 145~148
  힘든 일 148~149
회전기구 081, 151, 224, 238, 239, 240, 241, 247, 248, 253
후각 102~104, 188~190, 192
후각로 102

흙이 몸에 좋은 이유(메리 루부시)
 189
힘든 일 148~149
힘줄 047, 147

놀이는 쓸데 있는 짓이다
작업치료사가 전하는 아이의 미래를 바꾸는 바깥 놀이의 힘

지은이 앤절라 핸스컴
옮긴이 오필선

1판 1쇄 펴낸날 2019년 7월 10일
1판 3쇄 펴낸날 2023년 1월 5일

펴낸이 전은정	이메일 moonlittree@naver.com
펴낸곳 목수책방	블로그 post.naver.com/moonlittree
출판신고 제25100-2013-000021호	페이스북 moksubooks
대표전화 070 8151 4255	인스타그램 moksubooks
팩시밀리 0303 3440 7277	스마트스토어 smartstore.naver.com/moksubooks

제작 야진북스
디자인 studio fttg

Balanced and Barefoot by Angela J. Hanscom
Copyright ⓒ 2016 by Angela J. Hanscom
New Harbinger Publications, Inc., 5674 Shattuck Avenue Oakland, CA 94609 U.S.A.
www.newharbinger.com
All rights reserved.

Korean translation edition ⓒ Moksu Publishing Company by 2019
Published by arrangement with New Harbinger Publications, Inc., Oakland,
California, USA
Through Bestun Korea Agency, Seoul Korea
All rights reserved.
이 책의 한국어 판권은 베스툰 코리아 에이전시를 통하여
저작권자인 New Harbinger Publications, Inc.와 독점 계약한 목수책방에 있습니다.
저작권법에 의해 한국 내에서 보호를 받는 저작물이므로
어떠한 형태로든 무단 전재나 복제, 광전자 매체 수록 등을 금합니다.

ISBN 979-11-88806-08-9 03370   가격 17,000원